El libro negro de los enigmas históricos

Grupo ROBIN BOOK
Barcelona - México
Buenos Aires

David Collins

El libro negro de los enigmas históricos

Traducción de Jaime Sanz

HISTORIA enigmas

Diseño de cubierta: Regina Richling

Fotografía de cubierta: © iStockphoto / Duncan Walker

Diseño interior: iScriptat

ISBN: 978-84-9917-089-3

Depósito legal: B-1.167-2011

Impreso por S.A. DE LITOGRAFIA,
Ramón Casas, 2 esq. Torrent Vallmajor,
08911 Badalona (Barcelona)

Impreso en España - *Printed in Spain*

Índice

Introducción

Territorios míticos cuya ubicación ha provocado diversas controversias como el lejano país de Ofir, o la construcción de templos y monumentos como las catedrales —libros de piedra procedentes del medievo que nos hablan en un lenguaje que ya no comprendemos— o las pirámides, cuyas características han sido estudiadas por científicos desde las misteriosas muertes ocurridas en 1942. Ciudades como Troya o El Dorado, tesoros como los del rey Salomón, el secreto de los Illuminati o el enigma de los cátaros siguen emitiendo un halo de misterio presto a ser desvelado y nos plantean múltiples incógnitas: ¿Era la saga homérica una leyenda, o una crónica poética de un hecho histórico? ¿cuáles eran los verdaderos motivos del viaje de Cristóbal Colón? ¿Es posible descifrar y leer los mensajes de la Piedra del Sol? ¿Podemos saber cuál es su predicción para el mundo en el año 2012 de nuestra civilización?

Esta obra nos ofrece un repaso de algunos de los descubrimientos documentales y arqueológicos sobre lugares sagrados que obedecen a una disciplina desconocida por el momento o a una ciencia analógica que los sitúa en consonancia matemática con las dimensiones de la Tierra, del Universo y de la Creación, así como a diversos misterios que todavía siguen escondidos entre las enigmáticas escrituras jeroglíficas o entre la compleja simbología que trasciende del arte y nos cuenta mitos ancestrales a los que podemos y debemos acudir para lograr descifrar aquello que se nos ha legado en el transcurso de los siglos.

Conocimientos perdidos o tesoros prohibidos, puras coincidencias o estratégicos cálculos, son cuestiones que siguen siendo enigmáticas y sobre las que he tratado de arrojar luz para clarificar su significado.

David Collins

1

El rey Salomón, su templo y su fabuloso tesoro

El rey Salomón entró en la historia como tercer rey de los hebreos (1016-976 a. C.). Heredó, a los 17 años, un inmenso imperio conquistado por su padre, el rey David, que se extendía desde el Nilo hasta el río Éufrates, en Mesopotamia. Además de su gran riqueza y reconocida sabiduría, administró su reino a través de un sistema de doce distritos y consagró su reinado a grandes proyectos de construcción, como su famoso templo, el palacio real o las murallas de Jerusalén, entre otros.

¿Qué nos dicen de él las Sagradas Escrituras?

Las Sagradas Escrituras convierten a este hombre en un modelo de sabiduría y de sensatez aparte de glosar el esplendor de su corte y la prosperidad de su reino. Transcurridos 3.000 años desde entonces, los buscadores de tesoros siguen planteando interrogantes referidos al legado de este extraño monarca, a la vez artístico, espiritual y material. Entre sus pasiones destacan las expediciones marítimas que llevaron su prestigio hasta el lejano país de Ofir, territorio mítico cuya ubicación ha sido objeto de múltiples controversias. Hay quien lo sitúa en la India, otros en el sur de África, en la actual Zimbabwe, donde abundaba el oro, lo cual daría verosimilitud a la fabulosa riqueza de que disponía el rey Salomón.

Aparte de sus fabulosas riquezas, el rey Salomón también es célebre por sus obras literarias, que incluyen 3.000 proverbios, 1.005 cántigas y su gracioso Cantar de los cantares, *pero su legado artístico y espiritual radica sobre todo en la construcción del templo, ese famoso templo de Jerusalén cuya historia resumiremos a continuación. ¿Cuál era su mayor particularilad?*

El templo y la leyenda de Hiram

La construcción de este templo se llevó a cabo siguiendo el modelo de los templos egipcios. Según se desprende de su planta y los materiales empleados, era este un templo simbólico. Templarios primero y otros ejércitos armados y francmasones después lo convirtieron en el símbolo por excelencia de la obra que permite que el espíritu humano ascienda gradualmente hasta la perfección total.

El arquitecto fenicio Hiram fue quien concibió este templo contando con canteros distribuidos en tres categorías: aprendices, oficiales y maestros; cada una de estas categorías poseía sus propias contraseñas, costumbres y reglas.

Un día, tres compañeros descontentos por no haber ascendido al rango de maestros asesinaron a Hiram, pero a los ojos de los demás constructores, Hiram resucitaba en el plano divino, pues seguía siendo el modelo ideal para todos los iniciados en el *arte real,* incluso en nuestros días, para alcanzar el grado de maestro, un francmasón deberá revivir la leyenda de Hiram.

El templo propiamente dicho se divide en cuatro partes, que simbolizan los tiempos profanos y los tres grados de la iniciación, de forma análoga, la Jerusalén terrestre —aseguran— no es más que un reflejo de la Jerusalén celeste. Reino de Dios, el templo visible tiene su réplica en el templo espiritual e invisible al que los hombres acceden por etapas a medida que van perfeccionándose.

Esto en lo concerniente a la faceta espiritual de dicho templo, pero precisemos que los planos diseñados por Hiram jamás fueron descubiertos. Hay quien sigue buscándolos. Sin embargo, altas personalidades de la francmasonería declaran sin titubeos que tales documentos podrían haber sido conservados y que permanecen custodiados por quienes los conservan y consideran que sus revelaciones, en nuestros tiempos convulsos, podrían

El rey Salomón junto a la Reina de Saba.

acarrear graves repercusiones en los cimientos de nuestra humanidad. ¿Cabe considerar que estos planos son un tesoro maldito?

La implantación de lugares sagrados obedece a una disciplina actualmente desconocida, a una ciencia analógica que sitúa cada uno de estos lugares en consonancia matemática con las dimensiones de la Tierra, del Universo y de la Creación misma.

Del templo de Salomón a la catedral de Chartres

La catedral de Chartres es un libro de piedra que hay que saber leer, pero, lamentablemente, hemos perdido esta noción, y estos libros de piedra procedentes del medievo nos hablan en un lenguaje que ya no comprendemos.

Descubrimos, sin embargo, que el monumento fue construido siguiendo la regla áurea; una proporción mágica para el estudio del equilibrio y la armonía. Encontraremos asimismo bastantes figuras geométricas procedentes de la pirámide de Keops, del templo de Salomón y de varios monumentos de la antigüedad helénica. Todos estos tesoros arquitectónicos quedan vinculados entre sí por las mismas reglas sagradas, por las mismas leyes de la perfección total.

Consideremos asimismo que la superficie del monumento equivale exactamente a la centésima parte de la base de la Gran Pirámide, que la construcción de Chartres por los templarios es una síntesis entre la pirámide de Keops y el círculo de Stonehenge, en Inglaterra. Añadiremos que en la catedral de Chartres se agrupan además toda la ciencia de los antiguos egipcios y de los pitagóricos.

Otra rareza a tener en cuenta: en el solsticio de junio, el Sol incidió periódicamente sobre una piedra blanca sujeta por una pieza de metal y situada en mitad del coro. Esta pieza de metal recibe un sólo rayo de Sol al año, pero no es un rayo de sol cualquiera: es el del 21 de junio a mediodía, correspondiente al solsticio de verano. La vidriera que recibe esta única pincelada de luz es la de san Apolonio. Cientos de personas se desplazan cada año hasta allí para asistir a este extraño fenómeno, pero prosigamos la visita a Chartres, siguiendo los pasos del guía...

Otro detalle maravilloso fue descubierto: que las dimensiones de la catedral obedecen a un patrón de medida evaluado en 73 cm y resulta que 73 cm representa la cienmilésima parte del grado del paralelo de Chartres. Abordemos otros detalles, por ejemplo, el acuífero del pozo céltico sobre el cual reposa parte de la catedral. Este acuífero se halla a 37 metros de profundidad y la parte superior de la bóveda se halla precisamente a 37 metros del suelo.

¿Qué extraña resonancia se pretendía obtener con el agua benéfica y el conjunto de la construcción?

Hay cosas aún más extraordinarias. Comprobamos que al calcular las distancias que separan las distintas plantas y pilares se obtiene una gama geométrica perfecta comparable a una escala cromática musical. Lo cual nos induce a pensar que Chartres podría comportarse como un fantástico instrumento musical cuyos sonidos nacerían de las vibraciones transmitidas por corrientes telúricas existentes bajo el suelo de la catedral. Vibraciones ultrasónicas cuyo significado tal vez ignoramos, pero que podríamos definir como una música silenciosa, desconocida, que se dirige hacia el cielo. Hacia Dios.

¿Conocimiento perdido o tesoro prohibido?

El conocimiento de tales secretos desmontaría las nociones conocidas de causa y efecto, conduciendo a nuestra sociedad materialista hacia los engranajes de un esoterismo peligroso. Esto es lo que nos induce a creer que el templo de Salomón representa la imagen del conocimiento ultrahumano. Conocimiento actualmente desfigurado y que pertenece a los tesoros prohibidos.

El templo de Salomón, al igual que la pirámide de Keops y la más cercana catedral de Chartes, son vestigios de una arquitectura sagrada, de un conocimiento perdido del mundo antiguo que sólo unos pocos iniciados, en nuestra Tierra, nos han podido transmitir, pese a codicias, rivalidades y soberanismos procedentes de imperialismos religiosos cristianos, musulmanes o judíos. ¿No son precisamente las susodichas religiones quienes se disputan en la actualidad los orígenes de este templo?

Sin embargo, revisemos la cuestión en el plano material.

Hoy sabemos que, bajo el reinado de Salomón, la ciudad de Jerusalén era considerada una de las más ricas de la Antigüedad. Si consultamos documentos antiguos y descontamos la parte de exageración añadida por los cronistas de la época, alcanzamos a una estimación de 2.200 toneladas de oro sólo para el templo de Salomón.

Se deduce de ello el interés de diferentes poblaciones de Oriente Medio y los motivos por los cuales este templo fue destruido varias veces, primero por Nabucodonosor y los caldeos en el año 585 a. C., después por los griegos en el año 168 a. C. y, finalmente, por los romanos de Tito en el año 70 de nuestra era, que destruyeron definitivamente el tercer templo construido por Herodes.

Los romanos, tal y como lo demuestra el arco triunfal de Tito, que se encuentra en Roma, y sus numerosos bajorrelieves, transportaron a esta ciudad todo lo que encontraron. En el botín destaca el candelabro de siete brazos que representaba el patrimonio espiritual del rey Salomón, pero también un elemento primordial de su fabuloso tesoro.

Los visigodos entran en escena

El tiempo fue transcurriendo y el 24 de agosto del año 410 de nuestra era los visigodos de Alarico saquearon Roma. La historia nos cuenta que tras un pillaje que duró seis días y seis noches, estos bárbaros se llevaron a su vez los restos del templo. Este tesoro de guerra fue transportado hasta Tou-

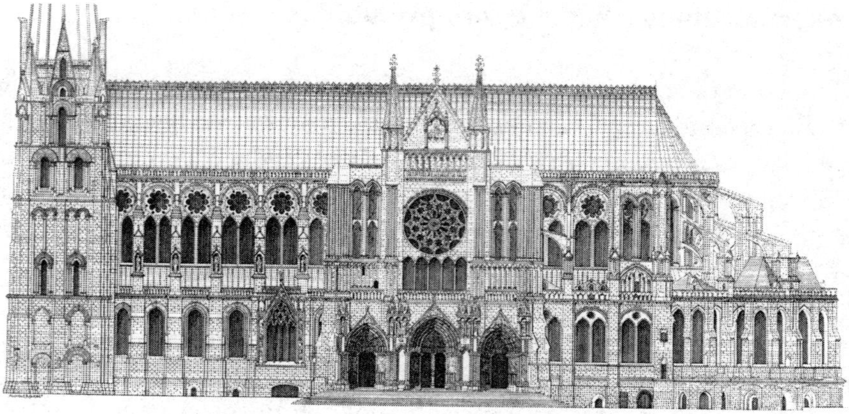

La impresionante fachada sur de la Catedral de Chartres.

louse, donde permanecería hasta que los francos de Clodoveo, en el año 508, reanudaron su ofensiva contra los visigodos obligándolos a replegarse hasta la región del alto Razès, en Redac, una villa fortificada hoy denominada Rennes-le-Château.

Siguiendo este recorrido, podemos pensar que una parte del tesoro de Salomón se hallaría al pie de los Pirineos. Un tesoro cuyo valor intrínseco podría estimarse, según los documentos de archivo y teniendo en cuenta el valor histórico de las monedas de oro de la época, en cuatro mil trescientos millones de euros. Y si añadimos a este fantástico tesoro otros valores no cuantificables y mucho más importantes, la realidad histórica se vuelve fantástica.

Este recorrido que conduce hasta los pies de los Pirineos, y más particularmente a la región de Carcasona, se basa en diversos documentos, sobre todo los de san Ambrosio y del historiador Procopio, cuyos originales se hallan en la biblioteca del Vaticano. Merece la pena recordar que san Ambrosio era natural de esta región y que la conocía perfectamente. En sus últimos años de vida fue nombrado protector y obispo de la ciudad de Milán, extremo que confirma un cuadro del Vaticano donde aparece durante su ceremonia de consagración como obispo. Fue precisamente en esta ciudad donde san Ambrosio saldría al encuentro de los visigodos llegados hasta allí con la intención de saquearla.

Sin embargo, el obispo reúne todas las riquezas que atesora Milán —oro, platería, piedras preciosas— y se las ofrece al invasor. «También puedo indicaros en Francia un lugar donde podréis almacenar todas estas cosas y donde nadie las vendrá a buscar.» Es un lugar conocido.

Se trata de antiguas minas de oro y cobre de la región de Carcasona del tiempo de los celtas, que fueron, no lo olvidemos, los primeros pobladores de estas tierras del bajo Languedoc. Los escritos de san Ambrosio fueron a parar al Vaticano, donde aún permanecen, de lo cual se deduce que la Iglesia no desconoce este hecho.

Algunos siglos más tarde, el historiador Procopio, que realiza interesantes investigaciones relativas al tesoro de Salomón, indica en su libro que un importante tesoro fue diseminado en esta región y que se hizo siguiendo los consejos de san Ambrosio.

Volvamos al abad Saunière

¡No olvidemos Rennes-le-Chateau! Recordemos primero la inquietante aventura del abad Saunière. A finales del siglo XIX descubrió en su iglesia dos extraños documentos procedentes de los antiguos visigodos. Intrigado y sospechando la existencia de un tesoro oculto en alguna parte, marchó a París, los hizo descifrar y comenzó poco después lo que sería su loca aventura.

El cura llevará a partir de ahí una vida mundana, con dinero fluyendo a espuertas. Mandó construir un palacete esplendoroso, la villa Betania. Ordenó restaurar la iglesia a lo grande. Se hace traer monos desde África como ornamento de su jardín exótico. Compró terrenos, casas y encadenó amoríos. Acabó por amancebarse sin disimulo con una de las cantantes más célebres de su época, Emma Calvet. El Vaticano tomó cartas en el asunto, pero todo quedó en agua de borrajas, como si prefiriesen ignorar todo lo sucedido.

¿Descubrió Saunière un tesoro? Estamos convencidos de ello. Este extremo quedó confirmado por Marie Dénarneau, que fue simultáneamente ama de llaves y amante del sacerdote.

Las traducciones de los documentos visigóticos no daban datos precisos del tesoro oculto, pero posiblemente algunas indicaciones habían permitido al cura y a su joven compañera orientarse hacia el cementerio vecino donde comenzarían la búsqueda siguiendo elementos reveladores hallados sobre la lápida que cubría la tumba de la condesa de Hautpoul-Blanchefort. Apuntemos que Bertrand de Rochefort, sexto gran maestre de los Caballeros Templarios fue, asimismo, uno de los fundadores de la Orden de Sion, orden fundada por Godofredo de Bouillon en el año 1098.

Menudo embrollo... pero el cura Saunière no ignoraba nada de estos lazos familiares tejidos en el esoterismo de las sociedades secretas. Por precaución, una vez descifrado el rompecabezas de la lápida, borró él mismo las inscripciones y a continuación, con la ayuda de la joven Marie Dénarneau, partió en busca del famoso tesoro. Recordaron entonces que en aquel mismo lugar, en el siglo XVII, se produjo un descubrimiento, por un joven pastor llamado Ignace Paris, que halló una cripta con huesos humanos y muchas monedas de oro cuando buscaba una oveja extraviada. Cuenta la historia que el pastor, súbitamente enriquecido, fue acusado de robo, e incluso de asesinato, y que fue ejecutado sin siquiera haber podido revelar su secreto.

Con el paso del tiempo, este caso cayó en el olvido. Hasta 1892, año en que resurge el tema con los descubrimientos del cura Berenguer Saunière y su joven amante. Se encontraron monedas de oro, candelabros de oro, joyas, vajillas preciosas. Increíble; un verdadero tesoro de Alí-Babá.

Al cura ni se le pasó por la cabeza dar parte de su descubrimiento a las autoridades locales. Por eso él mismo se hizo cargo de su descubrimiento viajando a Alemania, Suiza, Bélgica y España, donde pudo vender todas aquellas riquezas. El dinero en divisas sería enviado directamente a Marie Dénarneau por medio de los servicios postales de Suiza. A partir de entonces, empezó la buena vida.

¿De dónde procedían tantas riquezas?

El tesoro de los visigodos

Los buscadores de Carcasona creyeron que quizá podía tratarse del tesoro real que, en el año 1250, la reina Blanca de Castilla, a la sazón regente y temerosa de una revuelta de sus grandes vasallos, puso a buen recaudo en la antigua villa fortificada de Rhedae que conocía bien. Buena parte de aquel tesoro serviría para pagar el rescate exigido por los árabes que mantenían en cautiverio a su hijo, Luis IX (san Luis) en Mansura.

No creo que sea esta la pista correcta, pues no explicaría la relación existente entre Blanca de Castilla y los documentos visigóticos vinculados al asunto, documentos del siglo VI. Sería mucho más lógico pensar que fueran monedas de oro y objetos preciosos transportados por Alarico y su ejército después de saquear Roma, riquezas que procederían a su vez de Jerusalén, del templo de Salomón. Por tanto, parece ser que buena parte de este tesoro acabaría siendo enviado a España, más concretamente a la región de Toledo. Por eso, el oro de Toledo, estaría relacionado, por mediación de los visigodos, con el famoso tesoro de Salomón.

Estas informaciones que acabo de relatar están, en gran medida, corroboradas por Noël Corbu, que trató mucho a Marie Dérarneau, la compañera del abad Saunière, por desgracia ya fallecida (el 18 de enero de 1953) y que se llevó su secreto a la tumba.

Así acabaría la historia del tesoro de Rennes-le-Château, siempre y cuando demos por buenas las peregrinaciones antedichas desde el templo de Salomón, pero quizás también habría que considerar algunas revelaciones históricas y espirituales.

El oro de los templarios

Nos consta que, aparte del tesoro de los visigodos que acabarnos de relatar, existían en esta región asentamientos templarios, como el de Bezu, actualmente en ruinas, y otras que pertenecieron a los templarios de Rosellón. Entre ellos destaca las de Albédune y el de la tàmilia de Pierre de Voisins, del que se conocía estrecha relación con la Orden del Temple. Esto nos induce a creer que, tras la disolución de la Orden, los «de Voisins» se encargaron de custodiar las riquezas templarias para evitar que cayeran en manos de los caballeros Hospitalarios.

Es posible que el sacerdote Saunière descubriera, en una tumba, objetos preciosos escondidos allí para salvaguardarlos de las frecuentes invasiones sarracenas. ¡Ah! Si la efigie del diablo que decora la entrada de iglesia de Rennes-le-Chateau pudiera hablar...

Intentemos formular algunas preguntas a este demonio

El nombre de este demonio es *Asmodeo* en latín *y Aschma Daeva* en hebreo. Bastará primero con traducir su nombre (el hebreo se traduce letra a letra pues cada letra tiene un significado particular) y así obtendremos la expresión «Guardián del tesoro». Si consultamos la Biblia y otras escrituras sagradas descubriremos que Aschma Daeva era considerado como el guardián del templo de Salomón y de su fabuloso tesoro.

Creen haber hallado en Jerusalén, entre las ruinas de dicho templo, algunos fragmentos de la estatua de tan extraño personaje. Si las comparáramos comprobaríamos que ambas estatuas enmarcan el recorrido del tesoro de Jerusalén. La primera en las ruinas del templo y la segunda en la iglesia de Rennes: siendo esta última, por supuesto, mucho más reciente, ya que data de principios del siglo XX.

Así pues, dos símbolos muy curiosos aparecen representados en este diablo:

- Una asimetría entre las dos mamas (una está más baja que la otra).
- Una costilla con un tajo de un centímetro en toda su longitud.

Bien pudiera tratarse de la «teta del diablo» o de la «costilla del diablo», dos lugares cercanos a Rennes que siguen acaparando el interés de buscadores que se obstinan en explorar allí creyendo que el diablo les indicará el lugar idóneo.

De hecho no identifica sólo dos pedanías, sino seis, todas equidistantes y que configuran, mediante trazos de unión surgidos de la iglesia, una estrella de seis puntas. Algunos investigadores han creído ver ahí la estrella de David señalando sobre el sello de Salomón, su hijo, el tesoro de Jerusalén traído por los visigodos. Parece ser que la historia presenta a veces extrañas coincidencias...

He tenido ocasión de dedicarle mucho tiempo a la historia de Rennes-le-Château y, más particularmente, a este curioso símbolo de seis puntas que aparentemente reúne los dos fantásticos tesoros. Pude comprobar que estas seis puntas en absoluto están situadas desordenadamente. Todas convergen: son seis vestigios templarios (la cruz templaria en las encrucijadas de caminos, capilla templaria, comandancias todavía más o menos conservadas o en ruinas, cimientos aún existentes en determinados lugares y siempre con precisión). Una o dos veces podría ser pura coincidencia, pero en un círculo de varios centenares de kilómetros, la disposición geográfica de estos puntos es demasiado matemática, demasiado mecánica para ser cosa del azar. Todo ello nos conduce de vuelta a los templarios y al papel primordial que aquellos caballeros desempeñaron en el bajo Languedoc; una «presencia» que sigue siendo uno de los grandes misterios de esta región.

¿Qué más podría contarnos este demonio?

2

El secreto de las pirámides

En mayo de 1964, el Primer Ministro soviético, Nikita Jruschov, hizo un viaje de dieciséis días por Egipto. El motivo de su visita era la inauguración de la primera fase de la presa de Assuán, construida con ayuda técnica y económica de la Unión Soviética. Poco antes de su regreso a Moscú, Jruschov se alojó en el célebre Mena House Hotel. Este hotel, construido en 1869 al pie de la altiplanicie en la que se levantan las grandes pirámides de Gizé, ha albergado entre sus muros, en sus más de cien años de existencia, a reyes y gobernantes de todo el mundo.

En él tuvo lugar, en 1943, la conferencia cumbre, en la que Winston Churchill, Franklin D. Roosevelt, presidente de los Estados Unidos, y el generalísimo Chang Kai-chek, de la China Nacionalista, trataron de su política conjunta, frente al Japón. Los estadistas británico y chino aprovecharon la oportunidad para visitar las cámaras reales del interior de la pirámide de Keops. Franklin Roosevelt rehusó cortésmente. Nadie sabe por qué.

Cuando, en 1964, el día siguiente de su llegada al Mena House, Nikita Jruschov se disponía a entrar en las pirámides acompañado de guías y egiptólogos, se recibió un teletipo de Moscú. El KGB, el Servicio Secreto ruso, recomendaba encarecidamente que se abstuviera de entrar en las pirámides. Jruschov obedeció. No hubo explicación oficial. ¿Qué temía el servicio secreto ruso?

Desde hace más de cien años, los científicos de todo el mundo se ocupan del fenómeno de la única de las Maravillas del Mundo que se conserva íntegra, las pirámides. Desde que, a finales del siglo XIX, se hicieron las primeras mediciones e investigaciones más minuciosas, apenas hay un solo especialista que crea que estos monumentos únicos se construyeron en aquel lugar y con aquella forma por casualidad.

Snofru fue el primer faraón que, al final de la Dinastía III, hizo construir una pirámide de gran tamaño, pero la obra, empezada cerca de Medun, no fue terminada porque Snofru trasladó su residencia al Norte. En Dahshur, al norte de Sakkara, Snofru hizo construir una segunda pirámide que tenía noventa y siete metros de altura y un pliegue hacia fuera en los cantos. Keops y Kefrén, sucesores de Snofru, construyeron sus pirámides-sepultura cerca de Gizé. Dedfra hizo lo mismo en Abu Roasch y Micerino, también cerca de Gizé. Durante la Dinastía V, las pirámides de Sahu-Ra y de los faraones sucesivos se construyeron en Abusir y durante la Dinastía VI en Sakkara. Hoy existen en todo Egipto sesenta y nueve pirámides mayores. ¿Eran simples panteones o, bajo su forma arquitectónica, única en el mundo, se esconde algún secreto?

El gran egiptólogo Richard Lepsius afirma que, en el momento de iniciar su reinado, los faraones ponían la primera piedra de su tumba y la obra se iba ampliando posteriormente, al modo de los anillos de crecimiento de los árboles, pero esta teoría, como tantas otras, ha sido ya superada. Las pirámides son construcciones cuya ejecución había sido calculada minuciosamente antes de poner la primera piedra, aunque durante las obras solían rectificar los planos.

Enigmas encierra la pirámide de Keops, cuya construcción fue modificada tres veces durante los veinte años que se tardó en levantarla, aunque sin variar en absoluto la orientación geográfica de la obra. Cuando, en 1925, el Gobierno egipcio mandó comprobar la orientación exacta de las grandes pirámides, con instrumental moderno, los resultados fueron tan asombrosos que los técnicos repitieron varias veces cada medición. La desviación máxima de los ángulos de la planta cuadrada respecto a los puntos cardinales es apenas de una duodécima parte de grado: la desviación del ángulo Este de la pirámide que va de Norte a Sur era de + 5'± 30" de la recta de grado cero.

Sin embargo, parece ser que los antiguos egipcios no conocían la brújula. Nadie ha podido explicar cómo pudieron amontonar un millón trescientos mil bloques de granito de hasta dieciséis toneladas con una tal precisión que las desviaciones de las aristas de la planta, de doscientos treinta metros de largo, representan apenas unas fracciones de milímetro, y encajar los bloques sin argamasa y sin dejar resquicio por el que pasar un cabello. No sería por razones de estética, pues una fisura incluso de un centímetro no sería visible en una obra tan grande, y hay que señalar, además, que encima de la obra que se conserva hasta hoy había un revestimiento de piedra caliza de Tura. La causa por la que las pirámides se construían con tanta precisión tiene que ser otra.

Cuando un faraón toma medidas...

La base de todas las medidas es la vara egipcia, compuesta por siete manos (1 mano=4 dedos). El dedo tiene 1,9 centímetros; la mano, 7,5 centímetros y el codo, 52,5 centímetros. Se medía con varitas de madera, de las que se conservan algunas, y con cuerdas.

Ambos instrumentos de medida plantean problemas. La alineación de cientos de varas da lugar a un considerable margen de error, igual que las mediciones hechas con cuerdas largas, sometidas a los efectos de contracción y dilatación provocados por la temperatura y la humedad del aire. Nos preguntamos cómo con medios tan rudimentarios podían los antiguos egipcios hacer mediciones tan exactas.

Sabemos cómo conseguían esa fantástica exactitud de los ángulos en la construcción de las pirámides. El papiro Rhind que se conserva en el Museo Británico de Londres da unos ejemplos de medición de los que se deduce que dos mil años antes de Jesucristo ya se conocían las funciones trigonométricas. El papiro contiene una copia de varios ejercicios de pirámides, de los que podemos deducir que, por lo menos hasta el Imperio Medio, era desconocida la goniometría o medida de los ángulos. El ángulo de elevación de una pirámide no se da en ángulos, sino en medidas lineales, indicándose la distancia de traslación de la piedra superior con respecto a la inferior. Un ángulo de pirámide de $5^1/_4$ menos significa, pues, que la segunda hilera de piedras debe colocarse a $5^1/_4$ manos más atrás que la primera, es decir, unos 39,3 centímetros. Los egipcios utilizaban sólo fracciones con el numerador 1: $^1/_4$, $^1/_5$, $^1/_{25}$. Sin embargo, también mediante la sustracción de estas fracciones unitarias de un entero se obtenía otro quebrado. Por ejemplo, $2-^1/_4 = 1^3/_4$ o $2- ^1/_5 = 1^4/_5$.

Al estudiar los cálculos de las pirámides que aparecen en el papiro Rhind, llama la atención el hecho de que el plano y la altura de la pirámide se indiquen en números enteros, mientras que el ángulo de elevación, por el contrario, se expresa en fracciones, algunas muy complicadas. El ejercicio número 56 de este documento de tres mil setecientos años de antigüedad se refiere a una pirámide de 360 codos de arista de la base y 250 codos de altura y pregunta cuál será el ángulo de elevación, que resulta ser de 5 $^{1}/_{25}$ manos (o 54° 15'). Dado que en otros ejemplos la base y la altura se dan siempre en números enteros, no cabe duda de que las pirámides de Egipto, dejando aparte las más antiguas, no son formas caprichosas, sino cuerpos geométricos que se calculaban con toda exactitud antes de ser construidos.

Entonces, ¿por qué precisamente esta forma?

Es evidente que la forma de pirámide no responde al ideal estético de los egipcios. Sólo ofrece a la mirada dos de sus caras que, vistas en perspectiva, resultan hasta desconcertantes. Tampoco, ni con la mejor voluntad, puede hablarse de economía de materiales en estas macizas obras. Sólo hay dos explicaciones: o se trataba de una forma simbólica o de una forma puramente funcional.

Las pirámides de los faraones podrían representar unas simbólicas escaleras para subir al cielo, pero esta explicación es demasiado fácil. En tal caso, los numerosos factores que se han hallado durante las investigaciones responderían a la casualidad, y esto no parece probable.

Todas las caras de una pirámide egipcia sólo pueden verse al mismo tiempo desde el aire. Por tanto, en la construcción de estos obras, parecen haber desempeñado un papel importante el Sol, la luz, rayos o fuerzas cósmicas. Que el Sol tiene cierta relación con las pirámides lo demostró el investigador inglés doctor Brown Landone, que dedicó veintidós años al estudio de su arquitectura. La arista de la base de la pirámide de Keops, mide 365,24 codos, exactamente el número de días de nuestro año solar. ¿Juego de números? ¿Coincidencia? El faraón era la encarnación del hijo de Ra, el dios del Sol. Para los antiguos egipcios el Sol y la religión estaban, pues, estrechamente relacionados.

Si contemplamos los principios de la astronomía, veremos que el Sol y la Luna, con sus fases cambiantes y su influencia sobre lo que sucede en la Tierra, son los dos astros por los que el hombre se regía en su astrología primitiva. Si el Sol podía abrir el cáliz de las flores por la mañana y la Luna cerrarlo por la noche, ello era señal de que estos astros poseían un poder divino que también podía influir en los actos de los hombres.

El Sol y la Luna fueron los primeros astros en los que los antiguos egipcios pudieron observar un sistema. En el cielo nocturno descubrieron después otros cinco astros que se movían y cambiaban de luminosidad y de co-

Las medidas perfectas de la Gran Pirámide de Keops hizo que los helénicos la incluyeran como una de las siete maravillas del mundo.

lor. Eran, con los nombres con que hoy los conocemos, Saturno, Marte, Mercurio, Venus y Júpiter. Siete astros fueron sus primeros dioses. He aquí, pues, el origen de la cifra sagrada 7.

El observatorio

Richard A. Proctor, renombrado astrónomo británico que dedicó unos años al estudio de la pirámide de Keops, dice en su libro *The Great Pyramid* (La gran Pirámide):

> *Si tenemos en cuenta que en tiempos del faraón Keops la astronomía no era más que astrología y que la astrología formaba una parte muy importante de la religión, empezaremos a comprender por qué los egipcios amontonaban estas enormes moles de piedra.*

R. A. Proctor estaba convencido de que antes de los tiempos de Keops la pirámide era una gran meseta que se levantaba hasta la altura de la cámara real (quincuagésima hilera de piedras) que se utilizaba como observatorio astronómico. Por descabellada que esta teoría pueda parecer en un principio, hay que recordar que en la construcción de las pirámides, los factores astronómicos desempeñaban una función muy importante. ¿Es realmente simple casualidad que en un momento determinado una estrella determinada aparezca frente al corredor inclinado que conduce a la cámara real?

También Duncan MacNaughton, otro especialista en pirámides, afirma que los corredores estaban orientados para la observación de la estrella Sirio. En su opinión, al final de los largos y oscuros pasillos, era posible observar a Sirio incluso de día, cuando su órbita estaba entre 26° 18' y 28° 18' Sur. Sirio era la estrella que desempeñaba la misión más importante. Anunciaba el año nuevo y las inundaciones del Nilo.

El alba matutina de Sirio anunciaba que el Nilo pronto se desbordaría. El investigador holandés B. L. van der Waerden, que ha estudiado los principios de la astronomía, afirma que antes de la introducción del año de 365 días, había en Egipto otra división anual que empezaba también con las inundaciones, pero sólo tenía tres estaciones.

Este año fue sustituido por el llamado «año viajero», de doce meses de treinta días y cinco días intercalados al final del año. Total, 365 días, pero como sea que el año solar tiene 365 días más seis horas, es decir, que con respecto al Sol, el calendario solar se retrasa un día entero cada cuatro años, en el curso de los siglos el comienzo del año egipcio recorrió todas las estaciones.

El año se dividía en tres períodos de cuatro meses. Los cuatro primeros (Thot, Phaopi, Athyr, Choiak) se llamaban «Meses de la Inundación», los cuatro siguientes (Tybi, Mekir, Famenot y Farmuti) eran los «Meses del Crecimiento» y los cuatro últimos (Pakon, Payni, Epifi, Mesori) se llamaban «Meses del Calor».

Observando la incidencia del Sol y la sombra en la pirámide de Keops, descubrimos que los antiguos egipcios tenían, en el curso del año, otros puntos de referencia. Durante la primera mitad del año, el triángulo norte estaba siempre en la sombra. Durante la segunda mitad, en que el Sol sale por el nordeste y se pone por el noroeste, sus rayos bañan también la cara norte. Existe una época de transición, muy interesante, que se marca de manera muy clara, durante la cual esta cara recibe los rayos del sol oblicuamente. Este fenómeno se observa dos veces al año, catorce días antes del equinoccio de primavera y catorce días después del equinoccio de otoño. Antiguamente, cuando las pirámides estaban recubiertas en el exterior de una capa pulimentada, esta refracción se observaba con mayor claridad que hoy.

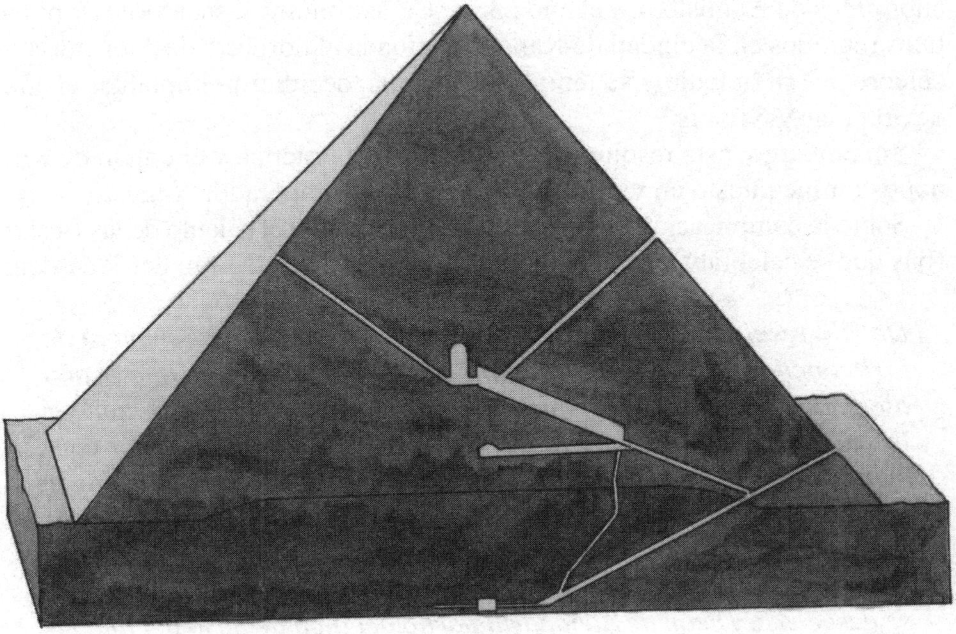

La Pirámide de Keops. Mide 146 metros de alto. Tiene tres cámaras mortuorias, ya que durante su construcción el faraón cambió de opinión en tres ocasiones acerca de dónde quería ser sepultado. La función de la gran galería inclinada central, continúa siendo un gran misterio a día de hoy.

Para los egipcios, el cálculo del pasado y del futuro sobre la base del año de 365 días era cosa fácil, pero, en cambio, era dificil fijar la fecha de las fiestas religiosas que debían celebrarse en una estación determinada. Finalmente, estas festividades eran fijadas cada año por los sacerdotes, ya que se carecía de un medio de orientación constante.

Este calendario egipcio se mantuvo vigente hasta la época de Augusto, primer emperador romano (63 a. C. a 14 d. C.) en que en Alejandría empezó a intercalarse un día más cada cuatro años. A esta medida del tiempo se llamó Calendario Alejandrino. Los escritos de Ptolomeo, el más célebre astrónomo de la antigüedad (hacia 140 d. de J.C., Alejandría) y las tablillas planetarias egipcias del tiempo de los emperadores romanos, indican que durante siglos se usaron los dos calendarios simultáneamente.

En realidad, la modificación del calendario debió realizarse doscientos años antes de Augusto. En el año 238 a. C., astrónomos, sacerdotes y políticos reunidos en la ciudad de Kanopos, situada al nordeste de Alejandría y célebre por su oráculo y su templo de Serapis, decidieron implantar el año de 365 días y 6 horas.

Sin embargo, esta resolución no se llevó a la práctica y el edicto de Kanopos no fue puesto en vigor hasta la época del emperador Augusto.

Sobre la complicación de fechas que esto acarreó y el cálculo de las fiestas fijas que se celebraban en el antiguo Egipto, escribe B. L. van der Waerden:

De ello resulta que en el calendario alejandrino el alba primera de Sirio apenas varía de año en año o, dicho de otro modo, que el año alejandrino es casi igual al año de Sirio, pero ahora hay que aplicar la ecuación: 1460 años alejandrinos = 1661 años egipcios. Por consiguiente, al cabo de 1661 años egipcios, el alba de Sirio tiene lugar aproximadamente en la misma fecha. A este período le llaman de Sothis, por ser Sothis el nombre egipcio de Sirio. Partiendo de cualquier observación, pueden contarse hacia atrás los períodos de Sothis que se desee. Así, Theón de Alejandría partió del alba de Sirio del año juliano de 139, que en el calendario egipcio cayó el 1.° de Thot, para calcular que también en los años 4241, 2781 y 131 el alba se produjo también el 1.° de Thot.

Estrellas y milagros

En un principio, la astronomía no fue para los egipcios materia de investigación científica, sino auxiliar práctico para orientarse en la inmensidad del tiempo. ¿Y dónde buscar las constantes que permitieran reconocer fases y períodos más que en el cielo? ¿Y no es realmente un milagro que una estrella a la que durante meses se ve salir y ponerse por el horizonte, desaparezca bruscamente y reaparezca al cabo de setenta días con igual brusquedad?

El poeta griego Hesíodo (siglo VII a. C.) es un adepto de la antigua doctrina egipcia. En su libro *Los trabajos y los días* describe las fases de las estrellas fijas y los planetas. Sobre el fin del invierno dice:

Habiendo transcurrido sesenta días desde que el Sol ha cambiado, Zeus ha terminado los días de invierno, la estrella Arturo dejará las aguas sagradas del océano y surgirá en el crepúsculo con un brillo resplandeciente.

Finalmente, la observación de las estrellas se plasmó en el primer calendario del mundo. Los calendarios egipcios más antiguos que se conservan datan del siglo XX a. C. y, por curioso que parezca, están inscritos en la parte interior de las tapas de los sarcófagos. Era tan firme la fe de los egipcios en la resurrección que a los muertos se les proveía no sólo de alimentos y enseres, sino también de calendarios.

De estos calendarios pueden extraerse claras indicaciones sobre estrellas y constelaciones periódicas. El círculo aparente que parece recorrer el Sol, la eclíptica o Zodíaco, está dividido en treinta y seis partes.

Los griegos llamarían a estas divisiones *dekan.* El papiro astronómico Carlsber 1 habla de la vida y la muerte de un *dekan* cada diez días y de los setenta días en que el (invisible) *dekan* permanece en casa de Geb (dios de la Tierra) para purificarse.

En el Imperio Medio, el sistema de *dekans* dio origen a la astrología. La aparición de un *dekan* y el nacimiento de una persona es asociada para siempre. La astronomía, cuyo objeto era medir el tiempo, se convirtió así en la astrología mágica de los sacerdotes. En muchos templos, como los de Edfu, Esneh y Dendera, y en tumbas como las de Ramsés II, Seti I y Senmut, ministro de Hatsepsut, se conservan tablillas para la lectura de las estrellas.

Si la astrología, o ciencia que estudia los astros, subsiste aún en nuestros días, la piramidología, o estudio de las pirámides, pertenece al pasado, a pesar de que durante siglos estas dos ramas científicas fueran de la mano. La causa es fácil de explicar. Mientras la astrología puede practicarse, y se practica, en cualquier país, las pirámides sólo pueden ser estudiadas en Egipto. Porque, dejando aparte las pirámides mexicanas, de geometría muy distinta, únicamente hay pirámides en Egipto. El examen de las pirámides con aparatos modernos y las explicaciones paracientíficas no empezaron hasta la segunda mitad del siglo XIX.

Objeto y finalidad de la forma geométrica

En un principio, entre los investigadores de todo el mundo despertó interés la geometría simbólica de las pirámides que, en la base, forma un cuadra-

Isis es una de las divinidades que forman la «Trinidad divina». La forma de las pirámides se inspiran en esta triada. Pintura mural, de 1360 a. C.

do y en los lados, un triángulo. El triángulo, símbolo de divinidad (Osiris, Isis, Horus, trinidad divina), está sobre el cuadrado, símbolo de la materia. Puesto que entre los egipcios el culto a los muertos era el primero de los deberes del hombre, no hay que descartar que esta forma de construcción tuviera un significado simbólico. Sin embargo, lo más probable es que esa caprichosa forma de la pirámide tuviera una finalidad funcional, dictada por los conocimientos de magos y sacerdotes, a fin de que el faraón depositado en su interior fuera sometido a unas influencias determinadas. De esta teoría se ocupaba ya el filósofo griego Plotino (205-270 d. de J.C.), místico neoplatónico que nos habla de la existencia de cultos secretos en el antiguo Egipto, pero tampoco da detalles. Plotino aduce que era porque en estos cultos secretos existía la premisa de que no debía hacerse partícipe de ellos a los no iniciados, y toda transgresión era castigada con la muerte, no sólo del indiscreto, sino del que ilegítimamente recibía la información. Lo que esperaba al que debía ser iniciado en estos cultos misteriosos lo explica el investigador inglés A. P. Sinnett:

Los novicios debían someterse a una serie de terribles pruebas con las que se probaba su resistencia, su valor y su inteligencia. Bajo una presión psicológica producida por golpes y drogas, se hacía creer al novicio que caía en el abismo, que era aplastado por las piedras, que atravesaba unos puentes que se columpiaban en el vacío, que saltaba unas barreras de llamas, que se ahogaba en las aguas y que era atacado por unas fieras.

En el gran templo de Filé está representado un rito de iniciación. A diferencia de los relieves egipcios, de un perfecto naturalismo, esta imagen es puramente simbólica, lo cual, teniendo en cuenta el secreto en que se mantenía el culto, es comprensible.

William Kingsland, en su libro *The Great Pyramid, in Fact and Theory* (La Gran Pirámide, hechos y teoría) pregunta si estas ceremonias no se celebrarían en las numerosas cámaras contiguas. De diversos libros de muertos pueden entresacarse indicios que lo sugieren así y que se refieren a unas terribles fuerzas hostiles a las que se expone el muerto al dejar tras sí las cosas de este mundo, antes de entrar en el reino de Osiris.

Trastornos mentales en la cámara real

Si en este punto formulamos la pregunta de si las pirámides podían ser utilizadas realmente para cultos misteriosos, es porque hay muchos indicios que así lo señalan y no hay ninguno que lo desmienta. Porque el Faraón era siempre un «iniciado», y puesto que el entierro y el cuidado de los muertos dependían de los sacerdotes y de los magos, no tendría nada de extraño que en estos colosales monumentos funerarios se hubieran celebrado ceremonias místicas. La pregunta se refiere solamente a si la aludida iniciación de los novicios tenía lugar en realidad bajo la influencia de golpes y drogas. Como ya hemos visto, la forma piramidal influye en la deshidratación y conservación de cadáveres. Ensayos realizados con animales y tejidos orgánicos han demostrado claramente que, por causas inexplicables, los organismos muertos que se conservan en el interior de una pirámide no se descomponen. Naturalmente, estos últimos descubrimientos no son casuales si se tienen en cuenta los cuidados que los antiguos egipcios dedicaban a la conservación de los cadáveres. A este respecto, es interesante observar que no implantaron la complicada momificación de sus muertos hasta que dejaron de construir pirámides. Hasta entonces, se limitaban simplemente a embalsamarlos.

Igualmente inexplicable es esta otra observación. Si permanece largo tiempo en una pirámide, el hombre llega a sufrir trastornos mentales ¿Fue este el motivo por el cual el Servicio Secreto ruso disuadió a Jruschov de entrar en la pirámide de Keops?

Paul Brunton, que no es egiptólogo ni parapsicólogo, sino especialista en las antiguas culturas india y africana, ha estudiado el fenómeno. Una noche, se quedó encerrado en la cámara real de la pirámide de Keops, experimento dificil de realizar, porque en Egipto no había autoridad que quisiera concederle el permiso que finalmente obtuvo del jefe de policía de El Cairo. Brunton pasó las primeras horas en la gran galería, el corredor inclinado alto y estrecho que conduce a la cámara real. Después se instaló en un rincón de la cámara. De pronto, advirtió que no podía pensar con claridad. Cerró los ojos y empezó a ver visiones. Paul Brunton lo describe así:

> *La angustia, el miedo y el terror me mostraban insistentemente su feo rostro. Sin quererlo yo, mis manos se retorcían como en un torno... Tenía los ojos cerrados, pero aquellos espectros grises, huidizos, vaporosos, se agolpaban ante mi vista, y siempre, una hostilidad implacable. Me rodeaba un círculo de seres malévolos, enormes criaturas elementales, espantosas, engendros del inframundo, formas grotescas, apariciones delirantes, descomunales y diabólicas, terriblemente repulsivas.*

El explorador, que en su vida había corrido muchas aventuras, estaba al borde de la crisis nerviosa. Sentía los músculos agarrotados, paralizado por una fuerza desconocida que le trastornaba el juicio. A la mañana siguiente, lo sacaron en un estado de completa apatía.

Sin duda, incluso un aventurero como Paul Brunton tuvo que experimentar fuertes emociones durante su experimento. ¡Quedarse solo, de noche, en la cámara funeraria de la pirámide de Keops! Sin embargo, hay testigos de casos que han ocurrido durante el día y en presencia de numerosas personas.

Cuando, en 1972, visité la pirámide de Keops, encontré un grupo de una agencia de viajes alemana que entraban en la pirámide acompañados de guías egipcios. De pronto una española que se había unido al grupo se puso a gritar desde el extremo superior de la gran galería. Se dejó caer en la pasarela, sin poder moverse. Tuvieron que sacarla por una puerta de apenas un metro de alto y llevarla a la salida por la gran galería. Cuando estuvo en el exterior volvió en sí. Le pregunté si podía explicarme lo sucedido y si era la primera vez que le ocurría. Ella estaba desconcertada.

Después, los guías confirmaron que aquellos «ataques» se producían con relativa frecuencia. El explorador inglés H. V. Morton, conocido principalmente por su libro *Through the Lands of the Bible* (Por los países de la Biblia), describe cómo él experimentó también esta extraña sensación durante una visita que hizo a la pirámide de Keops. En la cámara, Morton, que iba con un grupo de personas, tuvo una sensación de pánico. Sufrió un vahído y, según explica él mismo, salió de la cámara funeraria arrastrándose a gatas por la puerta baja.

La muerte de dos investigadores de pirámides

Dos arqueólogos que habían pasado años en las pirámides murieron de una manera tan repentina que incluso los escépticos tuvieron que ver en su muerte una relación con sus investigaciones. El célebre egiptólogo inglés sir Flinders Petrie, muy versado en las más diversas teorías sobre las pirámides, falleció inesperada e inexplicablemente el 28 de julio de 1942 en Jerusalén, en el viaje de regreso desde El Cairo.

Sir Flinders Petrie había visto morir a su colega el profesor George A. Reisner, arqueólogo norteamericano, director de la Sociedad de Investigaciones Boston-Harvard, que había hecho importantes hallazgos durante los años veinte y treinta, Reisner encontró, entre otras cosas, la suntuosa tumba de Hereleres, madre de Keops, situada al este de la pirámide Keops. En 1939, Reisner transmitió desde la cámara real de la pirámide de Keops un radiorreportaje que hizo época. Tan espectacular como el reportaje fue su muerte, acaecida en la primavera de 1942. El profesor Reisner se desplomó en el interior de la pirámide y quedó paralizado. Sus compañeros tuvieron que sacarle al exterior casi arrastrándolo. Luego lo llevaron a un campamento instalado en las cercanías, donde los arqueólogos guardaban sus enseres. George Reisner murió allí sin recobrar el conocimiento.

Desde estas misteriosas muertes ocurridas en 1942, numerosos científicos han estudiado las propiedades fisicas de las pirámides. Los fisicos son personas serias. En su trabajo dejaron a un lado los relatos históricos y los simbolismos geométricos para buscar la posible función práctica de esta forma. El problema sometido a estudio planteaba estas preguntas: ¿Ocasiona la forma piramidal una acumulación de rayos cósmicos, oscilaciones magnéticas u ondas de energías desconocidas? ¿Actúa la forma de pirámide como un condensador o como una lente para determinadas formas de energía? ¿Conocían los antiguos sacerdotes egipcios el secreto de la liberación de grandes fuerzas?

Uno de nuestros errores más comunes es el de creer que todo está descubierto, y cada guerra demuestra lo contrario. En 1878, Friedrich Engels afirmaba que en la guerra anglo-francesa se había llegado a la cumbre, ya que los ejércitos podían ser alcanzados a gran distancia por enormes cañones. Hoy esta idea nos hace sonreír.

Cuando sobre Hiroshima y Nagasaki fueron arrojadas las primeras bombas atómicas, el general Spaatz envió al Pentágono un teletipo que empezaba con estas palabras: *That Atomic Bomb disposes of all high ground...* (Esa bomba atómica lo elimina todo...). Después de esto, la dinamita ha quedado relegada al montón de la chatarra y ya ni siquiera la energía atómica es considerada el no va más de la moderna técnica de destrucción. El último adelanto es el rayo de la muerte, al que los técnicos llaman láser (Light Amplification for Stimulated Emission of Radiation) o amplificación de luz mediante la excitación de la radiación de una fuente remota. Estas son unas formas de energía que nos ha deparado la guerra, madre de todas las cosas, como la llama Heráclito, y examinada en su aspecto puramente fisico, el principio de este aprovechamiento de energía es en realidad mucho más simple que el de la electricidad, por ejemplo. ¡Lo que hace falta para producir energía eléctrica! Los rayos láser, con los que hoy puede hacerse casi todo, desde perforar un túnel hasta operar la retina, no son, por el contrario, más que una amplificación, en los llamados cañones láser, de un rayo luminoso, mediante la emisión forzada de átomos y moléculas excitados. La luz que así se forma es diez millones de veces más pura y mucho más clara que la del Sol.

No hay secretos en la investigación del láser

Cuando, en julio de 1960, un grupo de investigadores de las fábricas Hugues de Malibú, California, realizó por primera vez con éxito un experimento láser, la hazaña se celebró como un gran triunfo de la ciencia. En congresos, en las universidades y en los laboratorios de investigación, en los periódicos y en la televisión, en todas partes se repetía la nueva palabra mágica: láser.

Supongamos que el doctor Theodore Maiman, jefe de las investigaciones de Malibú, hubiera sometido a todos sus colaboradores a un lavado de cerebro y les hubiera exigido que guardaran el más absoluto secreto sobre el descubrimiento, amenazándoles con la pena de muerte si lo traicionaban y los hubiera encerrado en el instituto para toda la vida; es indudable que tanto él como sus colaboradores hubiesen podido seguir experimentando con el láser durante décadas y descubrir nuevas aplicaciones para esta energía, sin que nadie lo sospechara, y al cabo de muchos años, cuando de estos fisicos no quedara más que el recuerdo, tal vez alguien, al encontrar un serpentín plateado, lo considerara una curiosa reliquia de utilidad desconocida sin sospechar que era la pieza clave de un cañón láser. Seguramente se habrían descubierto entre tanto otras formas de energía, pero el secreto del láser se lo habrían llevado a la tumba los sabios de Malibú.

Lo absurdo del caso no radica en el hecho en sí, sino en la suposición. En Malibú no se hacen lavados de cerebro ni amenazas de muerte, ni se encierra a los fisicos, pero las condiciones que aquí faltan se daban en el Antiguo Egipto. Allí mandaban unos magos a los que el pueblo obedecía ciegamente porque lo que ellos hacían era inimaginable para aquellas gentes sencillas.

Hoy se tiende con excesiva facilidad a subestimar el calibre científico de aquel pueblo inteligentísimo.

El físico cairota doctor Amr Gohed, que en 1969 valoró en la computadora los datos recogidos por el profesor Luis Álvarez en la pirámide de Keops en sus experimentos de radiaciones, dijo sobre la radiación cósmica registrada en el interior de aquella construcción de hace tres mil quinientos años:

—Lo que ocurre en el interior de la pirámide desafia todas las leyes conocidas de la ciencia y la electrónica.

El doctor Amr Gohed se refería al análisis de las cintas magnéticas en las que se había grabado la incidencia de rayos en el interior de la cámara real. Los impulsos captados podían representarse tanto en forma acústica como en forma óptica. En las bandas fotométricas se distinguían claramente estructuras lineales, símbolos y formas geométricas, pero no era esto lo que desconcertaba a los físicos. Lo más inexplicable era que aquellos símbolos y aquellos trazos variaban de día en día, a pesar de que las condiciones de trabajo y los instrumentos eran los mismos.

El doctor Amr Gohed manifestó en una entrevista publicada por el *New York Times:*

—O bien existe un error considerable en la geometría de la pirámide que afecta nuestras mediciones, o nos encontramos ante un misterio inexplicable que podemos llamar ocultismo, maldición faraónica, brujería o magia, como se prefiera. Lo cierto es que en el interior de la pirámide existe una fuerza que contradice todas las leyes científicas.

Ni la astrofísica ni la parapsicología pueden decir hoy de qué clase de energía se trata. ¿Es energía psicotrónica, radiación de materia o una forma de energía ya conocida con la que no se cuenta porque allí es donde menos se espera encontrarla? En este caso, para la investigación de estos fenómenos la ciencia escolástica sería un obstáculo porque para ella «no es sino aquello que puede ser».

Rayos X desde el Universo

De vez en cuando, la ciencia hace descubrimientos casuales que nos permiten entrever los grandes secretos que guarda todavía la astrofísica. El 9 de marzo de 1973, el *Süddeutsche Zeitung* publicaba bajo el título «Rayos X recibidos de Hércules. Un "pulsar" en un sistema de estrellas binarias causa efectos especiales»:

Cada 1,23782 segundos nos llega una señal de rayos X desde la constelación de Hércules. Este es el resultado de las observaciones del satélite Uhuru que, con ayuda de potentísimos aparatos, busca en el cielo, por encima de la atmósfera terrestre, posibles fuentes emisoras de rayos X. El satélite ha encontrado tantos focos de emisión que ya no puede seguir sustentándose la opinión de que las fuentes de rayos X son en el Universo unos fenómenos raros.

Los «pulsars», es decir, las fuentes de energía emisoras de impulsos breves en el espacio, no son una novedad en la astrofisica. Nueva es únicamente la clase de energía, es decir, los rayos X, y el hecho de que el «pulsar» interrumpa durante cuatro horas su actividad cada 1,7 días. Esto es sólo un

Es muy posible que algunos de los miles de relieves y papiros que han sobrevivido al paso de los años, contengan la solución a muchos de los misterios que nos ha planteado la cultura de los faraones del antiguo Egipto.

efecto aparente. Según han demostrado posteriores investigaciones del observatorio Wise de Tel-Aviv, los rayos X son interrumpidos cada 1,7 días por un planeta descubierto en 1936 en la constelación de Hércules, llamado HZ-Hércules. Dado que HZ-Hércules varía su luminosidad cada 1,7 días, es de suponer que se trata de dos astros que giran uno alrededor del otro en este mismo espacio de tiempo.

No podemos creer que los antiguos egipcios escudriñaran el cielo con telescopios gigantescos en busca de estrellas lejanas, pero sí creemos, en cambio, que hacían observaciones y analizaban reacciones orgánicas o, por lo menos, trataban de ordenarlas en un sistema. Pensemos en el mucho tiempo de que dispusieron para esta exploración. Al fin y al cabo, entre la construcción de la pirámide de Keops y el nacimiento de Tutankhamón transcurrieron más años que entre el nacimiento de Cristo y el descubrimiento de América.

La conciencia de clase de los antiguos egipcios no era privativa de los faraones, aunque entre ellos estaba tan arraigada que los sucesores varones llevaban un mismo nombre durante siglos, sino que la mantenían también los magos y los sacerdotes. El estudio de un problema se prolongaba durante varias generaciones. El padre transmitía el problema y sus experiencias al hijo, y el maestro al nuevo adepto. La ciencia de los egipcios era menos una ciencia de investigación que una ciencia basada en la experiencia. La mejor prueba de ello es la arquitectura de las pirámides, que se experimentó durante décadas. Las distintas fases de construcción de todas las pirámides lo indican claramente. ¿Quién puede dudar que su forma y el lugar donde fueron construidas se eligieron sobre la base de unas experiencias trascendentales?

3

La Piedra del Sol

La Piedra del Sol, más conocida como Calendario Azteca es, probablemente, el instrumento precolombino más famoso del mundo. Atraídas por su enigmática complejidad, muy pocas personas han sospechado que se usaron avanzadas técnicas de astronomía durante su creación. ¿Lo diseñaron realmente las gentes nativas de América? ¿O era un prodigio científico, reliquia de una generación antepasada, mucho más antigua? ¿Cuál es la predicción del calendario para el mundo en el año 2012 de nuestra civilización? Estos son algunos de los enigmas que plantea el círculo de piedra.

La vasija del tiempo de los aztecas

Unos de los descubrimientos más importantes de la arqueología americana tuvo lugar gracias a los operadores del alcantarillado. Delante de la gran catedral de la plaza Mayor, las brigadas de trabajadores abrían el asfalto para poder llegar al ruinoso sistema de alcantarillas de Ciudad de México. En el momento que llevaban a cabo su trabajo, que seguía una línea casi paralela a la fachada del palacio del virrey, sus picos golpearon un trozo inusualmente duro a poco más de medio metro bajo tierra. Apartando la suciedad acumulada durante siglos, desenterraron una enorme piedra circular decorada con misteriosos grabados. Gracias a un considerable esfuerzo de ingeniería, en las semanas que sucedieron al hallazgo consiguieron forzar la colosal piedra, de 24 toneladas, a salir de su tumba. De ahí, fue transportada y la dejaron apoyada contra la pared de la fachada este de la catedral de la plaza Mayor. Una vez le hubieron quitado el polvo y la hubieron limpiado, pudieron examinar, por primera vez, el monolito de 365 metros al completo. Los observadores se quedaron atónitos ante el hipnótico puzzle de innumerables y enigmáticas figuras, parecidas a las imágenes congeladas de un sueño. Todo cuanto se podía deducir del inmenso objeto era que lo habían esculpido de una pieza entera de basalto negro grisáceo, de casi un metro de anchura. Unos pálidos restos de pintura indicaban que la cara frontal del objeto había estado expuesta, en algún momento del pasado, pintada con brillantes colores. Pertenecía al imperio Azteca, destruido por los conquistadores españoles a principios del siglo XVI. Los sacerdotes católicos, temerosos de que acabara convirtiéndose en un símbolo de adoración para los no conversos, los infieles recalcitrantes, exigieron a su congregación indígena que demostraran su verdadera fe cristiana profanando el antiguo altar de los sacrificios paganos. A pesar de los daños superficiales ocurridos durante su desentierro, el Calendario de Piedra de los Aztecas, como se ha llamado finalmente, se conserva hoy en unas condiciones bastante parecidas a las originarias, en el reconocido Museo de Arqueología y Antropología de Ciudad de México. Durante los más de trescientos años que hace que lo encontraron, el gran disco ha conseguido cierto reconocimiento como el símbolo más representativo de la civilización azteca. Zelia Nuttall, la gran arqueóloga de principios del siglo XX especializada en Mesoamérica, consideró la piedra «el monumento más valioso y extraordinario que jamás se haya desenterrado en el continente americano, y uno de los logros más admirables y perfectos del intelecto humano». Nuttall le confirió una alta valoración al hallazgo y desde entonces lo han avalado cuatro generaciones de investigadores. Su afirmación fue el resultado de la abundante cantidad de información excepcional que se pudo descifrar del monolito.

Hoy en día, es una de las imágenes más universales y conocidas del mundo. Su copia aparece en una gran variedad de soportes de difusión, desde camisetas y tapas de libretas, agencias de viajes y restaurantes. A pesar de su reconocimiento internacional, muy poca gente comprende la profundidad de los significados crípticos que contiene. Muchos creen que es un enigma, además de ser estéticamente impresionante, como lo fue para los trabajadores que la desenterraron en 1790. La piedra es algo más que un calendario o que una rareza arqueológica. Es el resultado excepcional del genio científico que lo creó, para que se extendiera simultáneamente hacia delante y hacia atrás en el tiempo. Puede que los orígenes de la avanzada tecnología que la forjaron originalmente queden sólo en especulaciones, pero la creación física del disco se puede comprender. Podríamos suponer que esta losa, de 24 toneladas, fue extraída de las minas montañosas, cerca de los jardines flotantes de Xochilmilco, al sur de la capital de México. Y mediante algún sistema de transporte, se trajo hasta la plaza Mayor de la capital del imperio azteca, Tenochtitlán. Se alzó a más de la mitad de los empinados escalones de la Gran Pirámide, hasta un ancho rellano, donde reposó un tiempo, y se empezó a esculpir en 1479 d.C., durante el reinado del emperador Axayacatl.

Dos años después, las labores de pintura estaban terminadas y se colocó una especie de trono a modo de cuna para que pudiera contemplar la ciudad en su totalidad. Ahí estuvo la piedra durante los siguientes 40 años. Después de que Hernán Cortés desembarcara con su pequeño ejército en Veracruz y conquistaran México, los españoles se propusieron demoler la ciudad de Tenochtitlán. Mientras los soldados se encargaban de confiscar todo el oro, plata y las piedras preciosas a las que pudieran poner las manos encima, los religiosos se encargaron de los temas eclesiásticos. Lo que no pudieron hacer añicos, lo enterraron.

En una ataque frenético de fanatismo religioso, arrancaron la Piedra del Sol y lo mandaron rodando escaleras abajo, por los anchos escalones de la Gran Pirámide, a los pies de la cual cayó desplomado, con el canto desconchado, pero, por lo demás, intacto. Los conquistadores, desde el desbancado «altar», ordenaron a los esclavizados prisioneros indígenas que «enterraran la piedra en memoria de los abominables actos que se habían perpetrado sobre ella». Después de su resurrección, tres siglos más tarde, el hierático disco ha conseguido un interés a escala mundial que nunca había tenido antes, durante las cuatro décadas que pasó reclinado en los escalones de la pirámide de Tenochtitlán.

Pero ¿cuál es su significado? ¿Cuál es el significado de toda esa insólita imaginería, que a veces es tan terrorífica? ¿Es posible descifrar y leer sus mensajes? Por suerte, la mayor parte de los mensajes de la Piedra del Sol nos han sido transmitidos, aunque no todos. Muchísimos de sus secretos han sido descifrados por los investigadores que se han sentido retados a penetrar en sus misterios. Los mensajes descubiertos están repartidos en una gran variedad de libros: en toda esta literatura, sin embargo, no aparece ninguna referencia a ciertos aspectos decisivos de la vida azteca que parecen ser bastante evidentes.

La Piedra del Sol. Aparte de su tamaño, la cuestión que más llama la atención del llamado Calendario azteca es su iconografía y posible significado.

Por ejemplo, tal como observaron los invasores españoles, a los hombres aztecas no les crecía la barba. Sólo algunos miembros de la elite real, entre ellos el emperador Moctezuma II, podían dejarse crecer partes de vello facial poco espeso, lo que implicaba una distinción genética entre la clase dirigente minoritaria y la mayoritaria clase dirigida. Esta distinción es importante cuando analizamos la Piedra del Sol, porque en la parte inferior, hay un par de estilizadas serpientes que se enfrentan con las mandíbulas abiertas y otro par de cabezas humanas surgen de dentro de sus bocas. El hombre de la derecha luce un bigote y una perilla, pero su compañero, el de la izquierda, lleva una barba cerrada. Esos son los personajes que se utilizaban en el arte templario para personificar respectivamente a Tezcatlipoca (el jaguar) y a Quetzalcóatl (la serpiente emplumada), los mellizos sagrados. Aquí representan la dualidad sagrada, un concepto divino que prevalece en el Universo: la luz y la oscuridad, el frío y el calor, el bien y el mal, lo duro y lo blando, el dolor y el placer, y así hasta llegar al infinito.

Quetzalcóatl era el famoso padre fundador de la civilización mesoamericana, portador de cultura, de ciencia y de arte del otro lado del océano Atlántico, cuyo origen extranjero, es decir, del Viejo Mundo, está señalado en el disco mediante la abundante barba. La aparición de la serpiente emplumada en el monolito sugiere que la tecnología fue uno de los presentes que trajo de su tierra natal, al otro lado del mar. En efecto, los aztecas no inventaron la Piedra del Sol. Todo cuanto hicieron fue sustituir los nombres de sus propios dioses con los nombres que adoptaron de los dioses mayas, cuyo fin precedió a los aztecas en 400 años. Ni tampoco fueron los mayas los responsables del invento. Lo heredaron de sus predecesores, los olmecas. Aunque el calendario no parece haber evolucionado a partir de ninguna de esas civilizaciones primigenias, conocidas como mesoamericanas, los olmecas lo utilizaron de una forma más completa desde los primeros días de su existencia, que empezó alrededor del año 1500 a.C. Alfonso Caso, un relevante arqueólogo mexicano, escribió: «El desarrollo de este calendario es sin duda antiquísimo, y debe haber sido creado por una gente que alcanzó un grado muy elevado de cultura, anterior a todas las civilizaciones cuya cultura hoy nos resulta conocida».

Si el calendario no da muestras de evolución en Mesoamérica, entonces lo podríamos comparar con otro sistema parecido, fuera de Mesoamérica, al otro lado del océano, en la prehistoria británica. Ahí, en la meseta de Salisbury Plain, se levanta la reliquia megalítica más famosas del país: Stonehenge. Al contemplarlo desde arriba exactamente, su parecido estructural con la Piedra del Sol es asombroso. Y si a este último le quitamos las imágenes de la mitología azteca que lo cubren, el parecido aumenta de manera considerable. Ambos, Stonehenge y la Piedra del Sol, contienen unos círculos concéntricos, en los que los números cinco y seis son los símbolos numéricos principales y recurrentes, tanto en el asentamiento británico como en la piedra azteca. Ambos son almanaques astronómicos, u ordenadores celestiales, que servían para determinar las posiciones de diversos cuerpos celestiales y la regularidad de fenómenos del cielo, en particular de los eclipses solares y las fases lunares. ¿Es posible que la ciencia que permitió construir Stonehenge, que aparece en su máximo desarrollo en el siglo XVI a.C., fuera también la responsable del calendario mesoamericano?

En ese momento, Stonehenge estaba llegando a la cúspide de su utilización y al estadio final de su construcción. No quisiera que lo que intento decir se interprete como que los inventores del calendario de Mesoamérica fueron los antiguos britanos. Más bien, lo que digo es que ambos, ellos y los olmecas, fueron receptores de una tecnología astral procedente de alguna civilización intermediaria, tal como indica la comparación de las fechas relativas entre el asentamiento y el objeto megalítico. La primera fase de construcción de Stonehenge se sitúa alrededor del año 3000 a.C.; la época correlativa a esta, que se deduce del calendario mesoamericano empezó el 12 de agosto del año 3113 a.C. Los aztecas defendían que su calendario empezó a usarse después de que sus antepasados llegaran a México, procedentes del cataclismo que destruyó su tierra natal, una isla volcánica en el océano Atlántico llamada Aztlán.

Aunque las comparaciones con los legendarios atlantes están más allá de lo que abarca este artículo, es inevitable compararlos: lo mismo le debió pasar a Alexander von Humbolt, el gran científico y explorador alemán de principios del siglo XIX. Dedicó cien páginas de su libro *Atlas Pittoresco* a la Piedra del Sol, y según Peter Tompkins, autor de *Mysteries of Mexican Pyramids,* «llegó a la conclusión que las dos civilizaciones de los dos continentes habrían desarrollado ideas nacidas de un mismo origen. Encontró pruebas de ese origen común entre las culturas de los distintos continentes, incluidos los sistemas para conocer los zodiacos lunares y solares, con multitud de animales asociados e incluso sonidos similares para algunos de los términos astrológicos». La constelación azteca, *Colotl lxayac,* el escorpión, es la misma constelación, también conocida como Escorpión en el Viejo Mundo europeo.

Un tercer punto que no se ha discutido nunca, al menos que este escritor haya podido comprobar, es que el calendario azteca parece ser solamente una copia artística, la representación aumentada al máximo de alguna maquinaria original o, más en concreto, de algún instrumento transportable. Este instrumento seguramente no tendría mucho más de medio metro de ancho, y funcionaría como una computadora para datos astronómicos. La escultura azteca, sin duda una reproducción muy exacta y mucho más grande que el artilugio original, muestra claramente cinco o seis discos dentro de un cuenco vacío sobrepuestos uno encima del otro, como si fueran platos amontonados. Estos platos se giraban en uno u otro sentido, independientemente uno de otro, alineándolos con ciertos puntos en concreto que había alrededor del calendario, para obtener unas coordenadas específicas. Su verdadera identidad como aparato de cálculo se pone de relieve por la cantidad de marcas y palancas que contienen los círculos exteriores. No se puede negar que, cuando las distintas partes se observan por separado, da la impresión general que es un instrumento de trabajo. Quizá había más de uno, y el Calendario de Piedra de Tenochtitlán tenía la función de ser un memorial de datos astronómicos que poseían los altos sacerdotes. En cualquier caso, no se ha encontrado el aparato que demuestre que la escultura monumental del antiguo México era una reproducción artística de un primitivo ordenador, el monolito en sí mismo lo sugiere.

Lo que sí sabemos con mayor certeza es el significado simbólico de la Piedra del Sol azteca. Al leerlo desde el centro hacia fuera. En su eje central está el terrorífico rostro del dios solar, Tonatiuh. Lleva un tocado llameante y un Tercer Ojo en la frente. Su retorcida lengua clama algún sacrificio de sangre. Sus orejas y orificios nasales escupen fuego que llamea. Como estaba simbolizado por el águila, sus garras (en círculos a cada lado de la cara) aprisionan corazones humanos. No está solo en esta sangrienta empresa. Quetzalcóatl y Tezcatlipoca, los mellizos sagrados de los que hablábamos antes, también aparecen representados con corazones humanos colgando entre los dientes apretados. Aquí reside el verdadero misterio, no sólo de la Piedra del Sol, sino de la misma raza azteca: ¿Cómo podía una raza que había alcanzado un grado tan superior en todas las artes de la civilización, deleitarse en practicas religiosas tan espeluznantes? La piedra transmute esta terrible contradicción, pero no la explica.

Sin embargo, Tonatiuh estaba entre los dioses más populares del panteón azteca, porque hizo posible la redención humana cuando, en el origen del mundo, se lanzó al fuego. Elevándose de su propia inmolación, toma las almas de las personas que han muerto en actos heroicos y las lleva a los cielos. Los demás descienden los nueve niveles de infierno, antes de desvanecerse, para siempre, como si fueran una neblina. Las muertes heroicas aceptadas eran las de los hombres que habían *caído* abatidos en la batalla y de las mujeres que perecían durante el parto. Al sacrificar su corazón voluntariamente al filo del cuchillo, que se representaba con su sedienta lengua, era una garantía de salvación para ambos sexos. El propio Tonatiuh contiene en sí mismo el secreto que oculta su identidad y quizá la identidad real del calendario y de su origen. Su expresión feroz refleja exactamente un ejercicio facial clásico en el Hatha Yoga, conocida con el nombre de «el león», que en sánscrito significa «unión» o «yugo». El yoga es una antigua disciplina, con prácticas físicas y mentales que se han usado hasta el presente, para conseguir una meditación mental tan profunda que sus practicantes llegan a creer que se unifican con el alma universal de la creación.

El ejercicio de «el león» en el yoga implica una extensión de la lengua hasta el límite, la tensión de todos los músculos faciales, los ojos muy abiertos y los dedos encogidos, parecidos a las garras de un león, la misma postura que aparece en el centro de la Piedra del Sol azteca. Este ejercicio en concreto significa «desahogo» o «distensión», la finalización de un periodo tenso, un desenlace o un final, lo mismo que un 4-*Olin* marca el fin de una época llena de tensiones, como es nuestro presente Quinto Sol. El ejercicio de yoga y la cara azteca en el disco de la Piedra del Sol son simbólica y físicamente idénticos. Bien que los orígenes del yoga se pierden en las profundidades de la prehistoria, sus imágenes llegan hasta la civilización del valle del río Indo, en los inicios del cuarto milenio a.C. El yoga era y sigue siendo todavía la disciplina espiritual predominante en Asia, relacionada con la antigua India en general y con el budismo en concreto.

En la revista *Ancient American* se publicaron algunos artículos de varios investigadores que establecieron de manera muy competente que durante los periodos prehistóricos habían llegado visitantes hindúes y asiáticos a América. Su influencia sobre la población nativa es profunda e innegable y, aparentemente, se expandió hasta ocupar una posición central en el concepto azteca del ritual temporal. Dada la importantísima influencia espiritual que existe tras la naturaleza real del calendario y su sutil, y nada reconocido, significado esotérico, la piedra es más bien un monumento artístico para los aztecas, tanto como para los extranjeros de Asia. Eran probablemente los antiguos hindúes los que transmitieron las enseñanzas del código mítico del yoga a los sumos sacerdotes de Tenochtitlán.

Aunque los primeros orígenes de la Piedra del Sol podrían haberse iniciado en la ciudad perdida de Atlantis-Aztlán (la Atlántida), la aparición de esta filosofía vital procedente del Lejano Oriente puede ser crucial para ayudarnos a resolver los significados ocultos de la Piedra del Sol. En otras palabras, si contemplamos las imágenes como si fueran símbolos de yoga, entonces el disco nos revela, de repente, un punto de vista espiritual antiquísimo, que en algún momento imperó en la civilización azteca y que millones de personas lo continúan practicando hoy en todo el mundo. Alrededor de Tonatiuh hay cuatro círculos, que definen su nombre en el calendario: 4-*Olin,* o 4-Terremoto. Él encarna la época presente en nuestro tiempo histórico, conocido-comoel Quinto Sol (cada Sol representaría una era por separado).

Los aztecas creían que habían tenido lugar cuatro catástrofes a escala mundial. Cada cataclismo marcó el final de un periodo temporal, o Sol, en la historia de la humanidad y el inicio de la siguiente. Los que precedieron *a* 4-*Olin,* nuestro tiempo, están dibujados con jeroglíficos en cuatro casillas alrededor de Tonatiuh, empezando en orden por el último desastre en cuadrado de abajo, a la derecha. Dentro la primera casilla está 4-*Atl,* o 4-Agua. Ahí, el dibujo muestra una vasija volcando un torrente de agua en forma de diosa de la tormenta, con una pirámide ya medio hundida. Esta conocida diosa es Chalchiuhtlicue, o «la señora de la falda turquesa», un colorido nombre que sugiere su identificación con el agua torrencial o los remolinos. En efecto, a menudo aparece en las representaciones religiosas sentada sobre un trono y envuelta por remolinos de gente ahogándose. Su desastre fue el que acabó con la gran civilización de la era anterior y favoreció nuevo florecimiento en México, con la llegada de los supervivientes, que eran los antepasados de los aztecas.

Si todo esto nos recuerda demasiado a la descripción de la destrucción de la Atlántida, empezando obviamente por el 4-*Olin,* esa impresión se acentuará al descubrir que, en su día festivo Chalchiuhtlicue era honrada por los sacerdotes, que cogían redes y las colocaban ceremoniosamente alrededor de su templo, para conmemorar su identificación con Aztlán, la isla natal de los antepasados aztecas. El nombre ritual para Aztlán era «campo de juncos» (literalmente «lugar en el agua»), una metáfora para «gran sabiduría» o «conocimiento», porque los juncos se utilizaban como objetos de escritura. Es una coincidencia que, en el otro lado del mundo, los antiguos egipcios escribieran el *Libro de los muertos*, una guía para indicar a los muertos el camino al otro mundo, y que en este libro contaran que sus antecesores provenían de una gran isla en el Lejano Oeste, llamada Sekhet-aaru, o «Lugar de juncos». El junco como objeto para escribir también simbolizaba el aprendizaje en el antiguo Egipto.

El Sol que precedió a 4-*Atl* aparece en la parte baja de la izquierda de Tonatiuh. Es el que se conoce como 4-*quihuitl,* o «fuego del cielo», dibuja otra vasija volcada, esta vez echando llamas sobre la pirámide. Parece ser que 4-*quihuitl* significaba la caída de algún meteorito de gran escala que devastó a la civilización anterior a los atlantes. A la izquierda, empezando por arriba, 4-*ehecatl,* o «sabiduría», es un águila soplando la pirámide y una libélula se aleja volando.

El primer y más antiguo Sol está arriba a la derecha, 4-*ocelotl,* o «jaguar», durante el cual una raza de gigantes y los primeros humanos fueron aniquilados por animales salvajes. Esta casilla es especial entre todas, porque es la única que no contiene ninguna pirámide, e implica que 4-*ocelotl* tuvo lugar antes de que el hombre alcanzara la civilización.

El próximo anillo, que rodea la zona central de la sección de los soles, o las eras, contiene los signos de los veinte días del mes azteca. Sus nombres originarios, traducciones y aspectos empiezan desde la parte superior a la derecha y dan la vuelta hasta completar el ciclo: *xochitl* (flor, vida), *tecpatl* (filo, violencia); también representaba el concepto de «cero», y tal como se menciona más arriba, la terrible lengua de Tonatiuh. Para enfatizar la conexión asiático-americana de la que hablaba antes, los hindúes y los primeros mesoamericanos eran las únicas gentes que usaban el número cero para computar.

Si continuamos el círculo de los signos de los días está *olin* (terremoto, limitaciones), *czcaquauhtli* (buitre, enfermedad), *cuauhtli* (águila, tiempo), *ocelotl* (jaguar, transformación), *acati* (caña, vacío), *quihuitl (fuego* del cielo, juicio), *ozomatli* (mono, instintos básicos), *itzcuintli* (perro, lealtad), *malinalli* (hierba, paz), *atl (agua), tochtli* (conejo, senbilidad), *mazaatl* (ciervo, hanrmonía), *miquiztli* (cráneo, muerte), *coatí* (serpiente, cambio), *cuetzpallin* (lagarto, sueños), *Calli* (casa, protector), *ehecatl* (sabiduría, viaje) y *cipactli* (caimán, tierra).

Cada mes tenía sus ceremonias, que iban desde peticiones a Tlaloc, el dios de la lluvia, la ceremonia *Atlcualcaco,* o «quiere agua» y la celebración de la primavera; además de *Tlaxochimaco,* el nacimiento de las flores, hasta los desfiles militares de *Ochpaniz,* «mes de las escobas» y el festival musical de *Atemoztli* «caída de las aguas», y culminaba en *Izcalli* con el sacrificio de decenas de miles de víctimas. Estas fiestas se han incluido aquí para una comprensión más global de la sociedad azteca. Como me dijo alguien una vez, «dime cómo lo celebran y te diré qué clase de gente eran».

Con la excepción de los mellizos sagrados en la parte baja de la Piedra del Sol, los restantes anillos no representan ningún tema de simbología mítica, sino que son enteramente anotaciones matemáticas. Incluso el detalle más pequeño, hasta el punto solo y la solitaria línea diagonal, significan valores aritméticos. Por ejemplo, las tres casillas del perímetro más externo son dibujos de la planta del maguey (agave), cuyas hojas y tallo suman un *xiuhmolpili,* una unidad de 356 días. Los diez puntos alrededor de la planta significan una década. Hay 20 cuadrados de estos en el calendario, además de dos cuadros más rodeados por 16 puntos en tres de sus lados, para añadirles seis años. En este caso, vemos la repetición sagrada de los números cinco y seis mencionados antes, ya citados por Platón en su relato sobre la Atlántida, el *Critión,* señalados como los números sagrados usados en la construcción de objetos religiosos y estructuras.

Las ocho puntas o indicadores de la Piedra del Sol estaban montados cada uno sobre las distintas anillas del instrumento y después de eso el gran objeto esculpido fue modelado. Cuando una anilla giraba en una posición concreta, la flecha marcaba el cálculo computacional que se quería saber. Los cuatro indicadores de mayor tamaño, puestos encima de los cuatro menores, son las direcciones cardinales mayores y menores respectivamente. También representan las ocho divisiones del día azteca, desde la salida del sol hasta que se ponía, en ocho intervalos de ocho horas cada uno. El año azteca empezaba y se dividía por solsticios, equinoccios y días de cenit, eventos celestiales que están registrados con exactitud en la Piedra del Sol. La flecha más interna, encima del circulo que envuelve a Tonatiuh, indica el día en que el Sol estará en su punto más alto, directamente sobre Ciudad de México, lo cual, si tenemos en cuenta la posición original de la piedra en los escalones de la gran pirámide de Tenochtitlán, es totalmente adecuado. En ese momento, el calendario contenía unos pequeños obeliscos con el nombre de *gnomens* en los cantos del disco. Hacían sombras en los diferentes detalles de la cara esculpida, señalando los días en que ocurriría un solsticio, equinoccio o cenit. Además, también registraban la rotación anual de varios grupos de estrellas circumpolar y el curso aparente del Sol cada año. Está claro que el monolito representaba un gran nivel de ciencia computacional astronómica.

El verdadero nombre de la Piedra del Sol era *Cutauhtlixicalli* (literalmente «la casa del águila» o «el cuenco del águila» o, lo más aproximado al autentico significado de su nombre, «la vasija del tiempo»). No era un calendario en un sentido estrictamente moderno, sino un almanaque complejo y sofisticado para adivinar el tiempo. Porque no era Tonatiuh a quien adoraban los aztecas, sino al poder superior que él simbolizaba: el tiempo, representado por el águila y el Sol, monarcas del cielo. Para los aztecas, el dios del Tiempo parecía ser una deidad superior honorable, porque daba lugar a todo lo que existía. También se decía que él lo destruía todo, y volvía a darle vida de nuevo, en un ciclo de creación, nuevas formas, destrucción y recreación.

Tal como se ha descrito aquí, los aztecas creían que el mundo había sido destruido sucesivamente cuatro veces por cataclismos incontrolables que habían borrado la sociedad y eliminado a la humanidad. Después de años de miseria y tiempos dificiles, los supervivientes siempre eran capaces de reconstruir, hasta de llegar a prosperar en grandeza lo mismo que las civilizaciones anteriores, pero sólo hasta el punto de obedecer de nuevo los mandatos del cielo. Otra vez, a medida que la corrupción aumentaba, los dioses les mandaban un holocausto y aquel que sobrevivía debía volver a escalar hasta la cima de la civilización desde el principio.

Era de suma importancia, pues, que la sociedad fuera dirigida estrictamente según las leyes observables de la Naturaleza, tal como se percibía en las tablas de los cielos, en los movimientos regulares de los cuerpos celestiales y así era transmitido cada día a los 150.000 habitantes de Tenochtitlán mediante el disco que refulgía en los escalones de la Gran Pirámide. Como escribió Peter Tompkins sobre Zelia Nuttall, ella entendía el calendario como «el diseño para controlar todas las acciones de los seres humanos del estado, que mantenía en un acuerdo sincronizado la vida comunal con los movimientos periódicos de los cuerpos celestiales». La fascinación de los aztecas por los ciclos del tiempo dominaba totalmente sus vidas, porque creían que la ley moral y la ley cósmica no se influenciaban la una a la otra, si no que eran una sola y la misma cosa.

Para comprender una situación parecida a la vida con las leyes aztecas tendríamos que sustituir el sistema legal de los Estados Unidos por las leyes que regían la astrología, reglas que ceñían rígidamente a la gente como las leyes federales. El destino de una persona estaba decidido por su horóscopo y el signo solar del día de su nacimiento lo determinaba todo en la vida de esa persona, desde la profesión adulta, hasta el nombre que recibía. Cada día tenía su divinidad, cuyo glifo era un retrato estilizado de su carácter y de sus funciones. El nombre de la Malinche, la compañera indígena de Cortés, era el resultado de una pronunciación incorrecta de su nombre verdadero, *Ce Malinalli,* «una hierba» en el calendario azteca. Hasta el pasatiempo más popular de los aztecas era en una versión en cruz de su calendario. El «patolli», un tablero de juego en el que los jugadores apostaban grandes sumas para demostrar su fe en los dioses, era una cuadrícula de 52 cuadrados que reproducía el ciclo de 52 años del cuenco del águila. Se concertaban casamientos, se emprendían viajes, se llevaban a cabo los rituales, se declaraban guerras, se firmaban acuerdos, se alzaban edificaciones, los tratos de negocios se cerraban, la actividad sexual se permitía o se prohibía. De hecho, cada instante se regulaba por un movimiento del medidor del tiempo.

Era un aparato que se había perfeccionado gracias a 30 siglos de utilización, en el que se invirtieron los mejores cerebros de al menos cuatro cultu-

Parte de la Calzada de los Muertos y la Pirámide de la Luna, en la ciudad de Los dioses, en Teotihuacan.

ras mesoamericanas: los olmecas, los mayas, los zapotecas y los aztecas. Un registro de observaciones celestiales, cuidadosamente recogidas y modificadas a lo largo de milenios y un gran nivel de ciencia, se destinaron en el *Cuauhtlixicalli* que hasta el día de hoy los investigadores modernos siguen descubriendo cosas sorprendentes de su desafiante complejidad. Como la alarma de un reloj, que alerta a la humanidad de su inexorable destino, el grande y temible disco parece que funcionó con una precisión exacta. Predijo al emperador Moctezuma II el retorno de la Serpiente Emplumada, o el «Junco-Uno», en el año 1519 del cristianismo, precisamente cuando Cortés se plantó en México. En la parte más alta de la piedra hay un glifo formado por un cuadrado con una planta de maguey rodeada en tres de sus lados por 13 puntos, cada uno representaría los trece «cielos» que sumarían a su vez, un Sol, o un periodo temporal. Este glifo en realidad se conoce como «Junco-Trece» y significa el final del mundo, o de una época importante. En este caso, el año 1479 d. C., exactamente 13 años antes de que Colón llegara a las costas de México, marcando así el principio del fin del mundo azteca.

La predicción de «los trece y el junco», y la coincidencia con la devastadora llegada de los españoles (según el punto de vista de cada uno) hace que nos preguntemos por qué la Piedra del Sol se hizo en ese momento determinado. Es una pregunta perfectamente válida, mirado bajo la luz de la obsesión azteca para hacerlo todo de la manera más adecuada en el momento adecuado, siempre. Ciertamente, una decisión tan importante como el momento de la creación del colosal e intricado monolito, no puede llevarse a cabo de manera arbitraria, y menos aún por una civilización que vivía frenéticamente dedicada a seguir las instrucciones temporales. La construcción del Gran Disco empezó en 1479, el mismo año fatídico que marca el glifo. En efecto, el «Junco-Trece» no sólo ocupa la posición principal en la piedra; está señalado a ambos lados por puntas de flecha, y por debajo lo señala el indicador más evidente, como si todos los elementos del calendario iluminaran este signo en concreto.

Es la fecha remarcable y suprema del objeto completo, y nos sugiere que la Piedra se hizo justo en ese momento, porque el astrólogo predijo que, el periodo entre 1479 y 1492, contenía simultáneamente el año de su creación y el año de la caída de la sociedad. En primer lugar, esta predicción les anunció el momento en que el disco debía ser construido y colocado, de manera que pudiera ser divisado por los habitantes de Tenochtitlán. Para ellos era un reloj monstruoso, que les marcaba la cuenta atrás del imperio azteca y les recordaba que debían prepararse para el inevitable fin de su mundo. De ahí que todos los referentes gráficos alrededor de la horrible cara de Tonatiuh, la personificación del tiempo, lo mostraran bajo su cara más destructiva.

El aspecto más desconcertante del mensaje de la Piedra del Sol para nosotros, es decir, para nuestra era, es indudablemente el Quinto Sol, el 4-*Olin,* la quinta destrucción del mundo que está por llegar. Los aztecas creían que mientras el hombre viviera en armonía con los ritmos predecibles del Universo, podía posponer indefinidamente esa destrucción. Pero el hombre sucumbió otra vez al pecado. Si prefería la codicia y el egoísmo a las leyes naturales, el «inundo» sería destruido de la misma manera que les sucedió a los que les precedieron. Este Quinto Sol, que en nuestro momento presente ocupa ya sus últimos años, está destinado a terminar según el poder de 4-*Olin*, o el terremoto.

Esto no significa que únicamente los seísmos vayan a ser los agentes de nuestra destrucción. Más bien que el término «terremoto» es una manera poética o ritual, a título descriptivo, y que seguramente significa que el próximo cataclismo será una rebelión de la tierra contra la humanidad. En otras palabras, una catástrofe ecológica. Los aztecas, o sus predecesores científicos, visualizaron hace ya muchos siglos un desastre durante nuestra era en todo el planeta: y, en efecto, este periodo tan ecológicamente autodestructivo en el que vivimos parece darle una escalofriante credibilidad a la Piedra del Sol. Se desarrolló a partir de otros sistemas de medida del tiempo, tal como ya he dicho antes. De hecho, el disco azteca parece sólo una representación vistosa de una versión maya muy anterior, que especificaba que la era presente, el Quinto Sol, llegaría a su fin en los inicios del siglo XXI, durante el solsticio de invierno. A través de un simulador por ordenador, conocido con el nombre de «Voyager», nos indica que será la mañana del 21 de diciembre del 2012, cuando el Sol esté a un grado por encima del horizonte en el ecuador (73 grados oeste), el eclíptico entrará en intersección con el eclíptico galáctico para colocar al Sol en el mismísimo centro, en el «cruce de líneas» entre el curso del Sol y el de nuestra galaxia. El eclíptico es la línea que el Sol sigue a través del cielo.

A pesar de la remarcable habilidad de los astrónomos mayas para predecir este suceso cósmico hace ya más de dos milenios con una precisión tan exacta, no es nada si lo comparamos con el significado real de sus predicciones. Desde una perspectiva terráquea, el Sol se mueve en la línea de cruce eclíptico cada 26.000 años. Los astrónomos se refieren a este momento como la precesión del gran año del equinoccio. Pero los últimos avances en astrofísica tienden a sugerir que esta precesión es enteramente subjetiva y teórica —sin sentido— porque las observables que viajan en el espacio a más de 18.000 años luz, se desintegran. En ese caso ¡el solsticio de invierno del año 2012 tendrá lugar sólo una vez en toda la historia del Universo! Más increíble aún es que los científicos modernos no descubrieron la posición del centro de la galaxia hasta el año 1963. ¿Cómo puede ser que los antiguos mayas supieran su localización exacta? ¿Y por qué escogieron este evento cósmicamente único como la fecha para terminar su calendario?

Según los sacerdotes-astrónomos de los aztecas, nuestro Quinto Sol, que empezó hace 5.106 años, debe llegar a su supuesto fin entre el 21 de diciembre y el día de Nochebuena del 2012. ¿O será la Nochevieja de algo inesperado?

Coatlicue «Madre de los dioses».

4

La guerra de Troya: entre la leyenda y la historia

«¿Porqué os halláis tan abatidas, Minerva y Juno? No os habréis fatigado mucho en la batalla, donde los varones adquieren gloria, matando troyanos contra los que sentís vehemente rencor?»

HOMERO: *La Ilíada,* canto VIII.

En la Antigüedad y a lo largo de los siglos siguientes se admiró a la Guerra de Troya como una hermosa leyenda heroica, urdida a partir de antiguos mitos por un poeta ciego de la Grecia protohistórica llamado Homero. La narración abarca dos célebres poemas narrativos, *La Ilíada y La Odisea,* considerados el germen del género novelístico. Sus protagonistas, como Helena, Paris, Héctor, Aquiles, Hércules o Ulises, se convirtieron en prototipos de diversas cualidades humanas, y la propia Troya como referencia simbólica de toda batalla encarnizada.

Como tantos otros mitos ancestrales, nadie suponía que aquellos héroes hubieran realmente existido, ni tampoco la ciudad motivo de sus afanes.

Hasta que en la segunda mitad del siglo XIX ciertos descubrimientos documentales y arqueológicos pusieron sobre el tapete la pregunta del título: ¿Era la saga homérica una leyenda, o una crónica poética de un hecho histórico?

El autor y su escenario

Las investigaciones y controversias comenzaron por el propio autor de los relatos. La tradición situaba a Homero como un destacado poeta de Esmirna, que había vivido y compuesto sus poemas en algún momento del siglo IX a. C., según la biografía escrita cuatro siglos más tarde por Herodoto, nada menos que el padre fundador de la Historia. Pero Homero era un *aeda,* o poeta cantor errante que urdía y recitaba sus relatos, inspirándose en diversas mitologías. Lo cierto es, que sus obras, conservadas oralmente, son transcriptas en textos escritos recién en el siglo VI a. C. ¿Se puede considerar que esa recolección de versos transmitidos a lo largo de siglos reproducía fielmente la obra de un solo autor?

El origen mitológico

En la mitología griega, abundante en bellezas femeninas, destaca la hermosa Helena, fruto de la seducción de Leda por Zeus transformado en cisne. Pese a su condición de semidiosa, contrajo matrimonio con el rey aqueo Menelao, uno de los gobernantes más poderosos de la época. La hermosura de la joven reina sedujo a Teseo, otro semidiós hijo de Poseidón, pero los gemelos Cástor y Pólux, hermanos de Helena, frustraron sus intenciones de raptarla. Aparece entonces Paris, hijo del rey Príamo, que consigue llevársela a Troya. Decidido a recuperar a su mujer, Menelao convoca a los otros reyes y jefes griegos para sitiar la ciudad. El asedio durará diez años, terminando con la derrota de los troyanos.

Tal vez sería más prudente pensar que en realidad se reunieron varias tradiciones de diversas épocas y autores, unidas por el denominador común de referirse a la Guerra de Troya, y que quizá uno de ellos se llamó Homero. Aunque numerosos estudiosos aún sostienen esta hipótesis, no deja de contradecir abiertamente la autoridad de Herodoto, cuya narración de la vida del poeta sería en ese caso una burda patraña. La salida por la tangente fue hallada por el escritor victoriano Samuel Butler (1835-1902), quien sostuvo y creyó haber demostrado que *La Odisea* fue obra de una poetisa, discípula y protegida de Homero, aunque éste sí habría escrito *La Ilíada.*

Más adelante veremos con más detalle estas distintas posturas sobre la identidad del autor, que en gran medida cobraron auge ante el presunto descubrimiento de las ruinas de la propia Troya, motivo y escenario de aquel tenaz enfrentamiento ancestral.

Una ilustración profética

Siendo apenas un adolescente, el alemán Heinrich Schliemann se sintió muy impresionado por la ilustración de un libro que mostraba el incendio de Troya. El artista pintaba la escena con tal realismo, que el joven quedó persuadido de que aquella ciudad debía haber existido realmente, y servido de escenario a la legendaria guerra. La idea de que algún día él la encontraría lo acompañó durante largos años de andanzas aventureras, que lo llevaron a disponer de una considerable fortuna al acercarse a la cincuentena. Fue entonces cuando tomó dos importantes decisiones: convertirse en arqueólogo para buscar la ciudad perdida de la hermosa reina Helena y casarse con una estudiante de 16 años para que lo acompañara en la empresa.

Schliemann inició sus excavaciones en 1871, en un sitio del Asia Menor cercano al estrecho de Dardanelos, que separa la Turquía europea de la asiática. No encontró una ciudad sino nueve, superpuestas o adyacentes, que databan desde el neolítico hasta nuestra era. El triunfante investigador declaró que la verdadera Ilion de Homero era *Troya VII,* la más extensa de todas y datada entre 1280 y 1240 a. C., aunque otros autores la situaban en *Troya II,* que data del III milenio a. C. Unos años más tarde Schliemann aseguró haber hallado el fabuloso tesoro de Príamo, y siguió excavando hasta el momento de su muerte, en 1890.

Guerra de hombres y dioses

El interés científico e histórico por Troya y su famosa guerra, se explica a partir de la atracción que han ejercido los sucesos y personajes de *La Ilíada* y *La Odisea* a lo largo de las generaciones. Homero (o los poetas anónimos que lo configuraron) pinta con gran calidad literaria y firme pulso narrativo un mundo heroico, a la vez humano y divino, en el que los dioses y diosas toman partido entre los bandos enfrentados e intervienen personalmente en los avatares del combate. El amor, la amistad, el odio, los celos y la venganza son sentimientos compartidos por unos y otros, en una trama de alianzas, disputas, engaños y otros acontecimientos signados por la fuerza inapelable del destino. Sin embargo ambas obras presentan algunas diferencias, que han servido a numerosas especulaciones.

La Ilíada: un rapto y dos funerales

Homero toma como punto de partida y núcleo de este poema un episodio de la Guerra de Troya, ocurrido cuando los griegos ya llevaban nueve años sitiándola. Agamenón, el jefe de los aqueos, ha ofendido a su joven aliado Aquiles al arrebatarle una esclava llamada Briseida. Se produce entre ambos una violenta discusión, tras la cual Aquiles decide retirar las tropas tesalias que participaban en el asedio. Los troyanos aprovechan para contraatacar, y están a punto de derrotar a los griegos. Pero en ese momento se produce el hecho que desencadena el clímax trágico de la historia: Patroclo, amigo íntimo de Aquiles, había rogado a este que le dejara sus armas para entrar en el combate. Quizá confundido por este intercambio, el príncipe troyano Héctor da muerte a Patroclo y se apodera de su escudo. Aquiles, enfurecido, regresa al campo de batalla y mata a Héctor, cuyo cadáver arrastra en torno a las murallas de la ciudad. Príamo, el anciano rey de Troya, ruega a Aquiles que le devuelva el cuerpo de su hijo para poder darle sepultura. Esta es una de las escenas más conmovedoras del poema, en la que el héroe griego cede a los ruegos de su adversario, y tanto Patroclo como Héctor reciben los honrosos funerales que dan fin al relato.

El poema épico consta de 24 cantos, y muchos de ellos (en especial del II al VIII) eluden la anécdota de Héctor y Aquiles para describir la guerra en general, plena de actos de heroísmo, traiciones, triunfos y derrotas, con masiva y entusiasta participación de las deidades del Olimpo.

Agamenón raptó a Briseida, esclava favorita de Aquiles, y la disputa entre ambos favoreció el contraataque de los troyanos. (*La rabia de Aquiles*, 1757.)

Los dioses van a la guerra

La Ilíada registra la intervención de los dioses y diosas a lo largo de todo el conflicto troyano, ya sea favoreciendo la suerte de un protegido o confundiendo a un adversario en medio del combate. Finalmente Zeus, que por su posición hace de árbitro, les permite luchar personalmente junto a su bando favorito en la gran batalla del Canto XX. Al lado de los griegos se alinean Hera, Atenea, Poseidón y Hefestos, o sea el Vulcano de los romanos. De parte de los defensores participan Ares, Artemisa, Letona y Afrodita. Los troyanos resultan vencidos por las notables hazañas de Aquiles, que no en vano era hijo de la nereida Thetis y por tanto nieto de Geo y Urano.

La Odisea: el arduo retorno del guerrero

Si La Ilíada es un poema épico de largo aliento, con un protagonismo coral y grandes escenas bélicas, *La Odisea* se ciñe a un tono más íntimo y personal, centrado en el esforzado regreso de Ulises a Ítaca, su patria, donde lo espera la fiel Penélope. El nombre griego del héroe era *Odysseus, y* así lo llama el poeta; los fenicios lo apodaron *Vano,* que significa «El errante» y pasó a la leyenda y a la historia de la literatura con el de Ulises, que es una versión dialectal latina. El personaje aparece ya en *La Ilíada* como uno de sus principales protagonistas, destacado por su habilidad y su astucia. Entre otras hazañas, se apodera de los caballos de Reso, vence y mata a Dolón, salva a Diomedes herido, con el cual luego entra en Troya para robar el Paladión, o estatua de Palas Atenea que protegía la ciudad. En el tramo final del primer poema homérico Ulises promueve la reconciliación entre Aquiles y Agamenón, no sin antes vencer a Ayax en los juegos funerarios en honor de Patroclo. Por otra parte en *La Odisea* se cuenta que fue él quien propuso el célebre ardid del caballo de madera, y formó parte del grupo que iba escondido en su vientre.

Pese a tan glorioso historial, a Ulises no le resultó sencillo regresar a su isla de Itaca, y la obra que narra su viaje ha pasado a ser sinónimo de toda travesía sembrada de peripecias y peligros. *La Odisea* comienza con la habitual reunión de los dioses olímpicos, que envían al hijo del héroe, Telémaco, en busca de su padre. La asamblea divina y el fracaso del joven ocupan los cuatro primeros cantos, a partir de los cuales comienza, por así decirlo, la verdadera odisea. Los distintos avatares y adversidades que van pautando el itinerario del protagonista son siempre observados y discutidos por el cónclave de dioses, que adoptan cada tanto decisiones para influir en el asunto. Entre los momentos más notables del poema se cuentan el encuentro con Nausica, que retiene a Ulises en su palacio tras rescatarlo de un naufragio; las escenas en la corte de Alcino; la lucha con el Cíclope; el engaño a la maga Circe; o el fabuloso episodio de las sirenas. Los diez cantos finales relatan la llegada del héroe a Itaca, y sus argucias para recuperar el trono y el reconocimiento de Penélope y Telémaco.

Personajes en busca de autor

Quienes suponen que los héroes y heroínas homéricas pudieron inspirarse en personajes reales asimilados a la mitología, se basan en la profunda humanidad de sus acciones y sentimientos. Aunque ambos poemas abundan en hazañas guerreras, acontecimientos fantásticos y constantes intervenciones divinas, la pintura de caracteres y motivaciones se describe con un acendrado realismo. Por primera vez en la literatura de la Antigüedad se ensalzan sin convencionalismos valores como la fidelidad amorosa (Penélope, Andrómaca), la amistad (Aquiles y Patroclo) y el afecto paterno o materno (Príamo, Tetis). Esa es una de las razones que sitúan a Homero como el antecesor de la novela, el género narrativo que más depende de la observación y la expresión de la realidad.

Esa particular profundidad en el análisis psicológico y la homogénea altura del estilo y la calidad literaria, motivaron que en las últimas décadas se recuperara la idea de un único autor. Fuera éste un *aeda* itinerante del siglo IX a. C. o un excepcional poeta que escribió en la Atenas sojuzgada por Pisístrato, probablemente bajo la protección de Solón, una autoría personal es más verosímil que el pastiche elaborado por una asamblea poética o recogido por escribas de ocasión.

Tenemos pues una obra coherente y original, un autor en solitario, y un escenario histórico llamado Troya, cuyas ruinas fueron descubiertas y exploradas hace ya más de un siglo. Eso no significa que en ese lugar haya habido realmente una guerra motivada por el rapto de una reina, ni que

Quienes suponen que los héroes homéricos pudieron inspirarse en personajes reales asimilados a la mitología, se basan en la profunda humanidad de sus acciones y sentimientos. (*Los héroes de la Ilíada*. Grabado de Johann Heinrich Wilhelm Tischbein.)

Héctor y Aquiles fueran personajes reales que se enfrentaron ante alguna de las nueve ciudades superpuestas excavadas por Schliemann.

Un hombre apodado Homero

Herodoto cuenta la vida de Homero con abundancia de detalles, nombres, lugares y peripecias, hasta tal punto que parece haber acompañado al poeta en su andar itinerante. Sin duda dispuso de muy buenos informantes y documentos hoy perdidos, o bien echó mano de una brillante imaginación. El relato comienza explicando que Criteia, la madre del protagonista, era una joven huérfana de Cume, en el Asia Menor, que quedó embarazada sin haber contraído matrimonio. Para ocultar esta vergüenza, abandonó su poblado y se dirigió a un sitio cerca del río Meres (actual Turquía). Allí dio a luz un niño al que llamó Melesígenes, por haber nacido a orillas de ese río. La maternidad cambió la suerte de Criteia, que entró a servir en casa de un maestro de música y literatura de Esmirna, llamado Femio, quien poco después le propuso matrimonio.

Educado por su padrastro, el niño aprendió los secretos de la composición poética y se dedicó a atesorar los mitos y leyendas relatados por los maestros *aedas.* En su primera juventud Melesígenes era ya un poeta y recitador muy admirado en Esmirna, cuando inicia su primer viaje acompañando a Mentes, un mercader griego aficionado a las artes. Ambos recorren las islas del Jónico y la península Itálica, donde el joven poeta recoge tunas e historias para sus cantos. Por entonces contrae una grave infección ocular, y Mentes lo lleva ante un famoso médico de la isla de Itaca, llamado Mentor. Este le cuenta la leyenda de Odiseo o Ulises, su participación en la Guerra de Troya, y su esforzado retorno a aquella isla y a los brazos de Penélope. Pero Mentor no consigue curar el mal de los ojos de Melesígenes, que poco después queda totalmente ciego. Es entonces cuando empieza a ser conocido por el apodo de Homero, que significa «el que no ve».

Triunfo y ocaso del poeta

Homero regresa a Esmirna, e inspirado por los relatos del médico jónico, inicia la composición de *La Ilíada,* su magnífica obra de juventud. En algunos círculos se reconoce su talento, pero no llega a alcanzar gran fama y menos aún a disfrutar de riqueza alguna. Su existencia transcurre de una ciudad a otra, al servicio del gobernante de turno o de poetas consagrados que a menudo plagian sus cantos, entre ellos Testorides de Cios. Es en esta ciudad donde el poeta ciego llega a obtener cierta notoriedad, que se extiende en sus posteriores viajes a Samos y Atenas, para recibir encargos y homenajes. Por entonces compone su otra obra mayor *La Odisea,* en la que rinde tributo a Mentor dando su nombre al preceptor de Telémaco. Ya anciano, Homero decide retirarse a la isla de Ios, pero a poco de llegar muere a causa de un ataque, probablemente un infarto.

Aquí termina la meticulosa biografía escrita por Herodoto en el siglo V a. C., cuando aún florecía la escuela poética de los «homéridas» o émulos de Homero. Quizá ellos proporcionaron al padre de la historia los datos que habían conservado sobre la vida de su maestro.

«Cherchez la femme»

Este popular consejo francés, empleado para advertir que en todo asunto complicado siempre hay que buscar una intervención femenina, fue empleado a mediados del siglo XIX para dilucidar la autoría de *La Ilíada* y *La Odisea.* El novelista británico Samuel Butler era un apasionado admirador de los poemas homéricos, que llegó a estudiar detenidamente las diferencias de enfoque, tratamiento y estilo que distinguían a ambos. No conforme con las hipótesis imperantes, que atribuían dichas diferencias a la participación de diversos *aedas,* o a la evolución de Homero entre un poema de juventud y una obra de madurez, Butler concluyó que la delicadeza y sensibilidad de los versos de *La Odisea* sugerían la mano de una mujer en su composición.

Samuel Butler era un reconocido autor satírico, que había alcanzado la fama en 1872 con su novela *Eretirhon,* en la que se burla de la prejuiciosa rigidez victoriana. Pero sus inquietudes no se limitaban a la literatura, ya que había pasado buena parte de su juventud en Nueva Zelanda, donde su afición a la ganadería lo convirtió en un hombre rico. A su regreso se dedicó a combatir en la prensa londinense la teoría de la evolución de Darwin, y a estudiar mitología griega. En 1891 se propone componer una cantata basada en el tema de Ulises, para dar cauce a su vocación musical. Trabajando sobre el libreto llega a la opinión de que *La Ilíada* era un mogollón épico con héroes acartonados; mientras que *La Odisea* resultaba totalmente realista y vital, como si se tratara de una verdadera novela. Y dentro de esta cualidad, concluía Butler, son los personajes femeninos los que manifiestan sentimientos más profundos y complejos. Supone entonces que la autora pudo ser una mujer, probablemente discípula o admiradora de Homero.

Un asunto de familia

La teoría de una poetisa homérica fue recibida casi como una broma por parte de los académicos consultados por Butler, ya que en la Antigüedad la mujer griega estaba sometida a una dura vida de trabajo, y no tenía educación ni tiempo libre para dedicarse a componer poemas. Pero la idea no resulta tan descabellada si pensamos que ya a principios del siglo VI a. C., poco antes de que se publicaran los poemas de Homero, triunfaban en Grecia las poesías amatorias de Safo de Lesbos, renovadora de la métrica y creadora de la «estrofa sáfica», que luego imitarían insignes poetas latinos como Catulo, Horacio y Ovidio. Es claro que Safo era una aristócrata, con una elaborada educación y abundante tiempo disponible para dedicarse a escribir. Esto reducía el número de las posibles émulas de Homero, pero no bastaba para demostrar que Butler estaba en lo cierto.

Otra objeción de los expertos fue que las mujeres de la época, por más nobles que fueran, no acostumbraban a viajar por todas las islas y tierras del Mediterráneo ni a trabar relación con forasteros o extranjeros. ¿Cómo podía la presunta autora haber pintado con detalle y realismo paisajes y ciudades distantes, o describir el carácter y los sentimientos de personajes de diversos origen, edad y condición? Butler encontró notables similitudes entre algunos grupos de caracteres, y arguyó que su poetisa pudo haber conformado a los protagonistas y escenarios del poema inspirándose en su familia y en los contornos de su hogar. Todos los hombres de *La Odisea* responden en su opinión a un mismo modelo masculino, aplicable a Ulises, Menelao, Néstor o Alcino, rey de los facios y padre de Nausica. Ésta muestra una personalidad semejante a las otras jóvenes de la obra, como Circe y Calipso, mientras que las mujeres mayores (Helena, Penélope, o la reina Areta) parecen también cortadas por un mismo molde.

En la argumentación de Butler, la autora era posiblemente una mujer joven que se identificó a sí misma con Nausica, inspirándose en sus propios padres para los personajes maduros. Es frecuente que los narradores tomen a personas próximas como modelos, y la explicación resulta al menos plausible. Pero un escéptico preguntó: «¿Cómo pudo esa jovencita describir con precisión tantos lugares mitológicos sin salir de su casa?» «Muy sencillo —respondió Butler—, recorriendo los alrededores y encontrando sitios que se ajustaran a los decorados legendarios.» Y su adversario pudo entonces inquirir: «¿Y dónde estaba ese lugar con alrededores tan variados?» Lejos de amilanarse, el tenaz escritor se propuso encontrar la respuesta.

La enigmática siciliana

Aceptando la idea de que su poetisa se había identificado con Nausica, Butler buscó en *La Odisea* datos que le permitieran saber dónde había vivido este personaje femenino. Nausica era hija de Alcino, rey de los Facios, que ocupaban un territorio llamado Esqueria, que significa península o promontorio. Cuando Ulises surge del mar después del naufragio, ella le indica cómo

El cuerpo de Héctor, grabado de Johann Balthasar Probst (1673-1748).

El interés científico e histórico por Troya y su famosa guerra, se explica a partir de la atracción que han ejercido los sucesos y personajes de *La Ilíada* y *La Odisea* a lo largo de las generaciones. (Estatua arcaica representando a Penélope, museo del Vaticano.)

llegar al palacio de su padre: «Encontrarás la ciudad entre dos radas de mar, separadas por una angosta franja de tierra». Más adelante Neptuno castiga a los facios que han llevado a Ulises de regreso a Ítaca, transformando su barco en un peñón, justo cuando entraban en la boca de una de las radas. Todo lo que tenía que hacer Butler era recorrer el mar Jónico en busca de una península flanqueada por dos radas, una de las cuales presentara una gran roca en forma de nave. Hizo su travesía en el *British Museum,* donde estudió concienzudamente los mapas de la zona para descubrir sólo una formación de estas características cerca de la pequeña ciudad de Trapani, en la costa occidental de Sicilia. Comentando los trabajos de Butler, los expertos C. y D. Wilson señalan que ya Tucídides a finales del siglo V a. C. opinaba que en esa región de Sicilia podía estar la tierra de los antropófagos lestrigones que cita *La Odisea,* y también el lugar habitado por el cíclope Polifemo.

El obsesivo investigador embarcó finalmente hacia Trapani en 1892, encontrando desde luego las dos radas separadas por una prominente península. Junto a una de ellas se elevaba una formación rocosa, vagamente parecida a un barco, y no muy lejos de allí había una antigua cueva, que los pobladores del lugar aún llamaban «La gruta de Polifemo». Butler tomó unas borrosas fotografías de la época y dedicó los últimos años de su vida a intentar convencer a los académicos de que su «Nausica», la verdadera autora de *La Odisea,* había sido una joven aristócrata siciliana. Por eso pudo describir el paisaje marino de Esqueria, con su barco transfigurado en roca. el reino de los lestrigones y la cueva del cíclope, a partir de los accidentes geográficos que rodeaban su tierra natal, en la actual provincia de Trapani. Samuel Butler murió en 1902, deprimido por la cerrazón de los círculos científicos y envidiando quizás a Heinrich Schliemann, que treinta años antes había convencido a todo el mundo de haber descubierto nada menos que las ruinas de Troya.

Las nueve ciudades de Hissarlik

En la época en que quedó fascinado por aquella lámina de Troya, el joven Schliemann trabajaba como dependiente en una tienda de ultramarinos en su ciudad natal de Neubokow. Allí escuchó por primera vez los versos de Homero, recitados en griego por uno de sus clientes, y decidió que aprendería lenguas y arqueología para poder encontrar la legendaria «Ilion» que daba nombre *a La Ilíada.* Comenzó embarcándose como grumete en un barco que iba a Venezuela, y en una corta estancia en el Caribe llegó a dominar el inglés, el francés y el español. Más tarde fue ayudante de contable en una firma de Amsterdam, lo que le permitió no sólo practicar el holandés sino también estudiar otras lenguas más exóticas, gracias a su esforzada determinación y a una facilidad innata para el poliglotismo. Se dice que a los 25 años podía hablar y escribir fluidamente en una decena de idiomas, entre ellos el griego antiguo y moderno.

Desde luego Heinrich dominaba también el ruso, por lo que su empresa lo envió como representante a San Petersburgo. Allí el joven decidió independizarse, dedicándose a la floreciente importación de tintura de índigo desde Oriente. Pero su verdadera fortuna provino de su actividad como contratista de armas en la guerra de Crimea (1853-1856). Al finalizar esta contienda Schliemann contaba 36 años y podía considerarse un hombre rico. Había llegado el momento de dedicarse a su irrenunciable obsesión: el descubrimiento de las ruinas de Troya.

Una afortunada intuición

Schliemann comenzó a estudiar arqueología prehistórica en La Sorbona, alternando sus estancias en París con viajes por Italia, Grecia, Siria, la India y China. En 1869 se sintió con suficiente formación e información como para emprender por fin auténticas excavaciones sobre el terreno en la costa de Turquía. Divorciado de su primera esposa rusa, Ekaterina Lyschin, buscó en una agencia matrimonial de Atenas una joven estudiante de arqueología que lo acompañara en la empresa. La agraciada fue Sofia Engastromenos, unos treinta años menor que él, que sería una excelente colaboradora y continuadora de sus trabajos.

En esa época la arqueología oficial consideraba que el sitio de las ruinas de Troya, si es que había existido, debía encontrarse en una colina cercana a Bunarbashi, a unas tres horas de marcha desde la orilla del Egeo. Pero Schliemann comprobó que los personajes de *La Ilíada* iban y venían del mar a las murallas varias veces por día, lo que aun para héroes homéricos era mucho andar. Supuso entonces que la ciudad debía encontrarse en la misma dirección, pero a menos de una hora de la costa. Recorriendo la zona tuvo de pronto la intuición de que un lugar llamado Hissarlik, al sur de Bunarbashi, guardaba los restos de la ciudadela troyana. Y, como veremos enseguida, el afortunado arqueólogo acertó de pleno.

La tarta enterrada

Schliemann comenzó sus trabajos en 1871, con un numeroso equipo de colaboradores y excavadores. A los pocos metros encontraron las primeras ruinas, una fortaleza de época romana de unos pocos metros de diámetro,

El llamado tesoro de Príamo, descubierto por Heinrich Schliemann.

que de acuerdo a unas inscripciones llevaba el prometedor nombre de *Ilium Novum*. Debajo encontraron restos de una fortificación más extensa, y a medida que cavaban aparecían nuevos asentamientos superpuestos, de épocas y estilos distintos. El arqueólogo ordenó a sus hombres que excavaran en vertical por el centro del montículo, hasta tocar el manto geológico de roca firme. Comprobaron así que estaban frente a las ruinas de nueve ciudades, que se apilaban unas sobre otras, como los pisos de una tarta enterrada. ¿Cuál era aquélla donde lloró Helena y combatió Aquiles?

La pregunta anterior aún no tiene una respuesta incontestable. Schliemann insistió en situar la ciudadela homérica en Troya II, pero estudios más recientes comprobaron que ese asentamiento era demasiado antiguo, pues databa del III milenio a. C. Quizá tengan razón los expertos que hoy sitúan la legendaria guerra en los tiempos de Troya VI y Troya VII. En algún momento entre 1325 y 1275 a. C. la primera de ellas fue casi completamente destruida por un terremoto, y los supervivientes iniciaron la construcción de Troya VII aprovechando los cimientos y construcciones que habían resistido al seísmo. Las casas de la nueva ciudad se adosaron en viviendas de dos o tres habitaciones que compartían los muros exteriores. El terremoto de Troya VI coincide con los datos tradicionales sobre la época anterior a *La Ilíada, y* las condiciones de los restos de Troya VII sugieren una destrucción ocurrida a lo largo del tiempo (por ejemplo, diez años de guerra), donde las últimas en caer fueron las construcciones más sólidas en el interior de las murallas.

Del mito a la realidad

Al no obtener autorización de las autoridades turcas para proseguir sus trabajos en Hissarlik, el arqueólogo recurrió nuevamente a su prodigiosa inspiración y a sus excelentes conocimientos, decidiendo que buscaría testimonios del reino de los aqueos de Agamenón. Se dirigió a la región de la Argólida, en la costa nororiental del Peloponeso, y en 1876 comenzó nuevas excavaciones en las ruinas de Micenas. Dentro de las antiguas murallas halló un doble círculo de losas y en su interior seis cámaras mortuorias que contenían un total de 16 sarcófagos. Schlieinann no vaciló en proclamar que dos de esos cuerpos pertenecían a Agamenón y su esposa Clitemnestra, haciéndolos saltar del mito a la historia tres milenios después de haber sido enterrados.

En la mitología griega clásica Agamenón era el rey de los aqueos de la Argólida, y dio muerte a Tántalo, monarca de Lidia, para poder casarse con su viuda Clitemnestra, hija del rey de Esparta y hermana de Helena de Troya. De esa unión nacieron tres famosos hijos y una trágica saga: mientras Agamenón se ausentó para luchar contra Troya junto a su hermano Menelao, la reina fue seducida por Egisto y entre ambos asesinaron al monarca a su regreso. Años después sus hijos Orestes y Electra vengaron aquel crimen matando a Clitemnestra y a su amante. La hermana menor Ifigenia no participó del matricidio, y por muy buenas razones. Siendo niña, Agamenón ordenó sacrificarla a Artemisa para que la diosa accediera a cambiar los vientos que impedían a las naves aqueas acercarse a Troya. Pero finalmente la diosa se compadeció de ella y la reemplazó por una cervatilla (lo que recuerda a la historia bíblica de Abraham e Isaac). Según la segunda de las dos tragedias que Eurípides dedicó a Ifigenia en el siglo V a. C., la joven pasa a ser sacerdotisa del culto de Artemisa en Táuride, con la misión de ejecutar a todo extranjero que profanara el templo. Cuando Orestes entra en el recinto, su hermana se niega a matarlo y huye con él. La obra de Eurípides inspiró a Goethe para escribir una de sus mejores tragedias, titulada igualmente *Ifrgenia en Táuride.*

De todo esto se desprende que la afirmación de Schliemann era realmente revolucionaria. Si Agamenón y Clitemnestra habían sido figuras históricas, cuyos cuerpos aún yacían en sus tumbas, ¿porqué dudar de la existencia de los otros personajes y de la veracidad de sus peripecias, aunque fuera con las exageraciones y variaciones propias de los cantos *aédicos*? El fervoroso investigador no consiguió confirmar científicamente esta hipótesis, pero tampoco sus oponentes pudieron demostrar que los restos no pertenecieran a los legendarios reyes aqueos. Dos años después se produce un cambio en la actitud recelosa de Turquía, y Schliemann puede retomar las excavaciones en Hissarlik.

El tesoro del rey Príamo

En 1883 Schliemann causó un verdadero revuelo al anunciar que había hallado entre las ruinas troyanas el fabuloso tesoro del rey Príamo. En sus relatos a la prensa aseguró que lo había ocultado a buen resguardo para evitar que lo decomisara el gobierno turco, exhibiendo un cáliz y algunas joyas de oro y pedrería como testimonio de su hallazgo. No explicó porqué los griegos habían dejado el tesoro intacto al saquear la ciudad, pero obtuvo jugosos anticipos de algunos anticuarios y generosos créditos de varios bancos para continuar su excavación. Nunca devolvió aquellos préstamos ni los amortizó con el supuesto tesoro, y años más tarde se demostraría que toda la historia había sido una engañosa fábula para conseguir dinero.

El Imperio Otomano, envuelto en las luchas reformistas de los «Jóvenes turcos», no deseaba malquistarse con Europa ni tampoco creía demasiado en la existencia del invisible tesoro de Príamo. Permite entonces que Schliemann retome sus trabajos en 1888, acompañado ya por un selecto grupo de arqueólogos, paleontólogos y paleohistoriadores. Dos años después, mientras paseaba por una calle de Nápoles, sufrió un súbito ataque cardíaco que le causó la muerte. Tenía 68 años, y dejaba tras de sí sorprendentes hallazgos e inacabables controversias sobre sus afirmaciones y teorías. En la actualidad hay consenso en considerarlo como uno de los más importantes pioneros de la arqueología moderna. Muchos lo admiran como el hombre cuya obsesión rescató de la mitología la ancestral leyenda de la Guerra de Troya, para situarla en las brumas iniciales de la historia de Occidente.

5

El enigma de Cristóbal Colón

La figura de Cristóbal Colón, su origen, la razón de sus viajes y su extraño comportamiento han sido tema de largas discrepancias entre los historiadores, algunos pertenecientes a distintos pases o municipios que se disputaban el honor de haber sido su cuna. Casi ninguno de ellos aceptaba la fábula infantil que aún sostienen los académicos conservadores y se sigue enseñando en las escuelas. Ese relato cuenta que Colón era un marino genovés de origen modesto, que sostenía que la Tierra era redonda ante sabios ignorantes que la consideraban plana, y se ofrecía a demostrarlo navegando hasta Las Indias al revés, o sea hacia el Poniente. Los Reyes Católicos aceptaron patrocinar la idea de Colón, e Isabel pignoró sus joyas para financiar la gran aventura, que en realidad produjo el «Descubrimiento de América». Siempre según esta versión escolar Colón murió pobre y olvidado, sin llegar a enterarse de su gran hazaña.

Casi todos estos supuestos son falsos, aun dentro de los hechos establecidos y comprobados por la comunidad académica. Ya los griegos y romanos ilustrados sabían o suponían que la Tierra era redonda, por no hablar de los astrólogos medievales, y ese conocimiento estaba ampliamente difundido entre las personas educadas del siglo xv, especialmente los astrónomos, navegantes y cartógrafos, de modo que Colón nada tenía que demostrar a ese respecto. También flotaba en el ambiente de entonces la idea de llegar a las Indias y a China navegando hacia Occidente, sobre todo desde que los portugueses habían impulsado la navegación atlántica. Sin embargo, las leyendas marineras aseguraban que más allá de las Azores había un océano abismal poblado por seres monstruosos y azotado por terribles tormentas, lo que hacía muy difícil reclutar tripulaciones dispuestas a afrontar esos fantasiosos peligros. Si se recurre al revisionismo histórico, se puede también decir que es poco probable que Colón fuera un marino genovés de familia humilde, que la expedición no fue financiada por las joyas de la reina, y que el «Descubridor» sabía perfectamente adónde iba y quizá ya había estado allí.

Por su parte, numerosos estudiosos de las sociedades secretas y los misterios ocultos en el trasfondo de los hechos históricos, sostienen directamente que no se sabe quién fue realmente Cristóbal Colón, que ese nombre era un alias ocultista, que no hablaba una palabra de italiano, que pudo ser un pirata francés, un cartógrafo judío, o un cátaro tardío, e incluso todo eso repartido en dos personas distintas pero puestas de acuerdo. Desde luego, y como se ha explicado en el capítulo anterior, no fue en absoluto el primer europeo que llegó al Nuevo Mundo.

Algunos de los interrogantes que se plantean muchos investigadores sobre la personalidad y la historia de Cristóbal Colón, son los siguientes:

¿Cómo el hijo de una humilde familia genovesa pudo recibir una elevada educación, alternando con la aristocracia en sociedades tan clasistas como las de Portugal y España en el siglo XV?

¿Cómo pudo un marino sin títulos ni fortuna contraer matrimonio con una joven portuguesa de alto abolengo?

¿Por qué Colón se presentaba originalmente como Colombo, que en italiano significa «palomo», símbolo del Espíritu Santo, muy presente en la simbología de la Orden de los Caballeros del Temple?

Si según sus coetáneos casi no hablaba italiano, ¿pudo ser él el pirata francés de la misma época que era nombrado con el apodo de «Colomba» (paloma en francés)?

¿Por qué escogió para adornar las velas de sus carabelas la cruz de aspas abiertas de los templarios?

¿Es sólo coincidencia que la primera expedición de Colón levara anclas el 3 de agosto de 1492, dos días después del vencimiento del plazo para que los judíos se marcharan de España?

¿Por qué sus hombres aceptaron afrontar los legendarios peligros del mar Océano?

¿Formaban la tripulación judíos expulsados que no tenían otra opción, y eran sus capitanes miembros de la Orden del Temple?

¿Por qué sus viajes fueron financiados por banqueros judíos, según se ha comprobado históricamente?

¿Por qué Colón no llevó sacerdotes en su primer viaje, como era norma en las expediciones marítimas a Las Indias Orientales o a África?

¿Por qué, si creía que había llegado a un poderoso y rico país indostánico, o quizás a Catay, el magnífico imperio del Gran Kan, tomó posesión de esas tierras en nombre de España?

¿Es verdad que figuras prominentes del siglo XX, como Franklin D. Roosevelt o Charles De Gaulle, adoptaron importantes decisiones políticas dictadas por documentos secretos de aquel suceso tan distante?

Para hallar algunas respuestas a estos interrogantes, es preciso en primer lugar remontarse al lugar y la época en que tuvieron lugar aquellos acontecimientos.

De reyes y navegantes

El golpe de efecto causado por España con el hallazgo de un Nuevo Mundo, minimizó injustamente la importancia decisiva de Portugal en la llamada «Era de los Descubrimientos». En realidad Portugal contribuyó al conocimiento del verdadero mapa de la Tierra más que cualquier otra nación, incluida España, y la historia tiene que ver, una vez más, con la Orden del Temple. A comienzos del siglo XIV las naves templarias fugitivas de La Rochelle habían tomado tres rumbos distintos en busca de refugio. Como ya se ha explicado, una flotilla fue recibida por Robert Bruce, libertador de Escocia, y otra por el monarca normando de Sicilia, Roger II. La tercera se dirigió a Portugal, gobernada por el rey Dionisio el Liberal, también llamado Don Diniz y apodado *O Lavrador,* «El Campesino», por su dedicación a promover la agricultura (ciertos autores señalan la coincidencia con el nombre de la península de El Labrador, la primera tierra americana explorada por europeos). Este acogedor soberano también pertenecía a la Orden del Temple, cuya presencia en Portugal se remontaba a ciertos episodios del siglo XII.

En 1147 el rey Alfonso I Enríquez había culminado su campaña contra los moros y entró triunfalmente en Lisboa para recibir su corona. Los templarios, entonces en la cumbre de su prestigio, habían combatido a su lado en la decisiva batalla de Ourique. La Orden del Temple permaneció junto al soberano para defender sus nuevas fronteras, mientras el Císter se ocupaba de aventar las influencias musulmanas en la fe de sus súbditos. Pese a ser un monarca muy culto para su época. Alfonso, probablemente desoyendo al Temple y al Císter, expulsó a musulmanes y judíos de Portugal por motivos de seguridad. Para llenar el vacío en las actividades mercantiles, llegaron entonces numerosos comerciantes y banqueros genoveses (entre ellos judíos subrepticios), cuyos descendientes serán quienes financien tres siglos después las expediciones marítimas y la exploración de nuevas tierras.

El Temple, siempre adicto a la arquitectura, construyó entonces en Portugal numerosos castillos, monasterios e iglesias, especialmente en la ciudad de Tomar, en Santarem. Esta comarca, al norte de Lisboa, mantenía una aureola legendaria desde los tiempos de Hércules (y en su pueblo de Fátima se manifestaría la Virgen en 1912). La Orden del Temple instaló en ella su sede central y base de operaciones, levantando varios edificios de estilo típicamente templario. El más prominente era la Iglesia de Santa Maria do Olivar, de planta redonda como el santuario del Santo Sepulcro en Jerusalén. Otro edificio notable levantado por el Temple fue la cercana iglesia de San Gregorio, de planta octogonal como todas las dedicadas a ese obispo taumaturgo del siglo III. Cuando la Orden fue excomulgada y prohibida, el rey de Portugal mantuvo la tradicional lealtad de la Corona hacia ella, y se limitó a fundar una nueva orden, «Los Caballeros de Cristo», como tapadera de la del Temple, y para darle mejor protección, se designó a sí mismo como gran maestre. El nuevo pontífice Juan XXII aceptó consagrar la Orden del rey Don Diniz, y confió su guía espiritual a la del Císter, no se sabe si conociendo la tradicional complicidad entre ambas.

El más destacado gran maestre de la renovada Orden del Temple en Portugal fue el príncipe Enrique El Navegante, que no tenía grandes posibilidades de reinar por ser el tercer hijo de Manuel I. Se dedicó entonces con fervor a la navegación y la guerra naval, conquistando la plaza africana de Ceuta en 1415. Esa victoria le dio la idea de explorar las costas de África, empleando parte del inmenso capital que poseían los templarios. Funda entonces una escuela náutica en Segres, próxima al cabo San Vicente, donde reúne a marinos y cartógrafos para estudiar los antiguos mapas que formaban parte del legado del Temple. Algunos de ellos, trazados por los fenicios, describían las costas africanas desconocidas por los geógrafos europeos. Enrique nunca volvió a navegar, pero mantuvo los estudios de Segres, desde donde promovió numerosas expediciones hasta su muerte en 1460. Su visión impulsó a los navegantes que llegaron por mar al Océano índico, e inspiraron sin duda alguna los viajes de Cristóbal Colón al Nuevo Mundo.

Resta ahora saber las razones que llevaron a Colón a Portugal. Los últimos datos históricos disponibles permiten trazar una semblanza aproximada de su juventud, comenzando por aceptar que nació en 1451, y pertenecía efectivamente a una familia genovesa, aunque nada pobre. Su padre poseía una importante factoría de paños, y la madre llevaba un fructífero comercio de quesos. Varias crónicas aseguran que no hablaba italiano, y deben llevar razón, ya que el pequeño Cristóbal se crió hablando el dialecto genovés, bastante distinto del italiano de Roma, y se hizo a la mar siendo aún adolescente. A los 18 años lo encontramos al servicio del pirata francés Guillaume de Casanove, que hostigaba el comercio atlántico entre Venecia y Flandes. Algún documento sugiere que fue Colón el otro corsario francés que según las crónicas asoló en 1473 las costas valencianas y catalanas. Más adelante tomó parte en la batalla entre genoveses y turcos por la rica isla gomera de Quíos, y finalmente embarcó en un convoy mercante de Génova que llevaba goma de Quíos a los puertos de Inglaterra, Portugal y Francia. La nave de Colón fue atacada y hundida por aquel mismo pirata Casenove, pero él logró salvarse del naufragio y alcanzar a nado la orilla portuguesa. En Lisboa lo acogió la influyente comunidad genovesa de la ciudad y es posible que tuviera entonces sus primeros contactos con el Temple.

Una boda afortunada

El joven marino tenía unos 25 años, buena planta, fina cortesía, y una rara habilidad para fascinar a las damas con juegos de ilusionismo y cuentos de piratas, naufragios e islas desconocidas. Esas cualidades sedujeron a la joven Felipa de Perestrello Moniz, hija de una acomodada y prestigiosa familia lisboeta, y ambos contrajeron matrimonio en 1479. Felipa era nieta de Bartolomeo Polestrello, un marino de origen genovés perteneciente al Temple, que secundaba a Enrique El Navegante en la escuela de Segres. En 1419 el príncipe había enviado a Polestrello, junto con los navegantes templarios Tristán Vaz Teixeira y Joâo Gonçalvez Zarco, a conquistar el archipiélago de Madeira. Los tres caballeros fueron premiados con el título de *capitana,* que suponía el rango de gobernadores hereditarios de las islas. A la familia Polestrello le correspondió la gobernación de la isla de Porto Santo.

El gran golpe de fortuna del archipiélago de Madeira fueron las nuevas plantaciones de azúcar. Esta era un cultivo tradicional de la India, donde se llamaba en sánscrito *sakkara.* Los mercaderes árabes la tradujeron como *sukkar,* y comenzaron a traerla a Europa recorriendo una azarosa y larga ruta por mar y tierra. Los colonos llevados por Polestrello probaron de plantar caña de azúcar en Madeira, con tan buen resultado que pronto comenzaron a exportarla a Flandes, Inglaterra y Venecia. Ese negocio tenía su lado oscuro en el comercio de esclavos africanos, necesarios para levantar las cosechas. En el primer medio siglo de colonización portuguesa, no menos de 800 familias se asentaron en las distintas islas, entre ellas varias procedentes de Escocia.

Uno de los primeros colonos escoceses fue un nieto de Henry Sinclair, cuya hija Elizabeth se había casado con John Drummond, miembro de otro poderoso clan escocés, muy ligado a la Orden del Temple. Su hijo del mismo nombre era esposo de Catarina Vaz de Lordelo, viuda de uno de los Polestrello; y luego el pionero escocés contrajo segundas nupcias con Branca Afonso da Cunha, con la que tuvo nueve hijas e hijos. Estos y sus descendientes contrajeron varios matrimonios con miembros de la familia Polestrello, por lo que ambos clanes actuaban en Madeira como si fueran uno solo.

Al llegar a Lisboa, Colón se había asociado a un pariente (posiblemente uno de sus hermanos) que llevaba una tienda de mapas y cartas marinas. Ese negocio no estaba lejos de la Iglesia del Monasterio de Todos los Santos, donde durante una misa el joven Cristóbal intercambió las primeras miradas con Felipa Polestrello. Quizá la posterior charla entre ambos versó sobre el común origen de sus familias en Piacenza, una de las razones que se esgrimen para explicar por qué siguió adelante un noviazgo tan disímil. Los padres de Colón, aunque no eran ricos ni de gran abolengo, mantenían relaciones comerciales con importantes familias piacentinas, y algunas amistades entre ellas. Al margen de que Felipa se enamorara de las dotes personales del joven marino, hubo otras tres razones que inclinaron a los Polestrello a aceptar la boda: el hecho de ser paisano, que entonces como ahora suponía cierta confianza: su precoz y amplia experiencia náutica, siempre interesante en una familia de navegantes: y, sobre todo, su pertenencia a la Orden del Temple o al menos su inclinación a incorporarse a esta.

Después de la boda Cristóbal y Felipa se trasladaron a Porto Santo, gobernada por el hermano mayor de ella desde la muerte de su padre, Bartolomeu Polestrello. La suegra de Colón le hizo entonces un invalorable obsequio: los mapas, documentos y diarios de su difunto esposo, y la posibilidad de pasar todo el tiempo que quisiera leyendo y estudiando en la biblioteca de uno de los primeros grandes navegantes expedicionarios portugueses. Cristóbal Colón no desaprovechó aquella oportunidad. Sin duda su suegro había apuntado las historias orales que circulaban en Madeira sobre las misteriosas islas del Poniente, y poseía por herencia familiar los documentos sobre la travesía de Henry Sinclair, si no los apuntes de viaje y las cartas marinas trazadas por los hermanos Zeno. No es posible establecer qué parte abarcaba la documentación de Polestrello, respecto al conocimiento hermético de los templarios sobre los antiguos viajes y asentamientos en el Nuevo Mundo, que posiblemente se remontaba a los fenicios y egipcios, e incluso al propio mito de la Atlántida.

Otros volúmenes que sin duda leyó Colón incluyen obras griegas y romanas, como las de Plinio, Estrabón y Marino de Tiro. Este último había dividido el mundo en 24 horas de distancia, y Colón pudo calcular que había ocho de esas «horas» entre la recién descubierta isla de Cabo Verde y las costas de Asia. Estrabón, geógrafo griego del siglo I a. C., creía que Asia podía alcanzarse a través del Atlántico, algo que también pensaban Aristóteles y Séneca. El romano del siglo III Cayo Julio Solino hablaba ya de las «Indias», a las que podía llegarse navegando 40 días desde las islas Gorgonas, o sea Cabo Verde. Finalmente Aristóteles también sostenía la existencia de un «mar del bacalao» cerca de una fértil isla en medio del Océano, y por lo menos en el pez no se equivocaba. Colón era un lector insaciable en un siglo en el que acababa de inventarse la imprenta. Se dice que su libro de cabecera era el *Imago Mundi,* del geógrafo francés Pierre D'Ailly, que además de dar por sabida la redondez del globo terrestre, sostenía que éste rotaba sobre sí mismo y estimaba las distancias del Atlántico. Es muy probable que Colón también leyera la *Medea* de Séneca, que incluye una profecía anunciando que algún día se cruzaría ese mar.

Con todos estos datos disponibles, el futuro «descubridor» comenzó a vislumbrar las grandes posibilidades que suponía navegar hacia el Oeste. Los Caballeros de Cristo, o sea los templarios de Portugal, habían obtenido las cartas que su rey Alfonso V había mantenido con el cosmógrafo florentino Paolo dal Pozzo Toscanelli. Colón tuvo acceso a ellas en 1480, y comprobó que en 1474 Toscanelli había propuesto al monarca portugués una ruta más corta y directa a Cipango, nombre que se daba a Japón en las crónicas de Marco Polo. Colón inició directamente una correspondencia con el florentino, y se dice que obtuvo de él numerosos datos y un misterioso mapa del Atlántico. En 1482 se enroló en la expedición de Diego de

Azambuja, enviada por la corona portuguesa a explorar la Costa de Oro africana, lo que le permitió comprobar el comportamiento de las naves en largos recorridos oceánicos. Dos años después tomó la decisión definitiva de emprender un viaje a través del Atlántico navegando hacia el Poniente.

Tiempo de contratiempos

Al casarse con una portuguesa Cristóbal Colón había pasado a ser súbdito de ese reino, y por lo tanto sometió su proyecto al rey Juan II. El soberano lo remitió a su Consejo Naval, que sin abrir juicio sobre su tesis opinó que el intento sería inoportuno. En aquel momento Portugal tenía puesto todo su empeño en las expediciones que buscaban llegar al Índico bordeando África, a salvo de las amenazas de los turcos. Por otra parte, los almirantes y cartógrafos que integraban el Consejo sabían que entre Europa y Asia se interponía una gran isla aún no explorada, o tal vez todo un continente, y expresaron su asombro ante la ignorancia de Colón. ¿Por qué ocultó el navegante sus conocimientos? Quizá porque temía que los sabios consideraran la idea de explorar aquellas tierras desconocidas demasiado arriesgada y de dudoso beneficio. En esa época toda Europa estaba obsesionada por las riquezas de Asia, y sus gobernantes buscaban encontrar la ruta más breve y segura para llegar a la India, Catay, y la lejana Cipango. Los expertos que los asesoraban sabían que esa ruta no era la del Atlántico, como también lo sabía sin duda Cristóbal Colón.

¿Por qué no recurrió entonces al Temple, cuya inmensa riqueza le permitiría financiar holgadamente la expedición? Por una parte, no se sabe cuál era la verdadera relación entre Colón y la Orden templaría, ni si esta deseaba que fuera él y en ese momento quien redescubriera el Nuevo Mundo. El Temple era poderoso pero no omnipotente, y debía llevar adelante sus planes sin contrariar las prioridades y estrategias de los poderes políticos. No obstante Juan II, que como rey de Portugal debía ser el gran maestre de Los caballeros de Cristo, mandó una carabela para explorar el Océano a escondidas del Consejo Marítimo. Cuando esa nave regresó de vacío, el soberano archivó el proyecto. Colón tuvo que afrontar entonces un nuevo contratiempo, al fallecer súbitamente Felipa en su casa de Madeira. El hermano mayor heredó todos los títulos y fortuna de los Polestrello, sin ofrecer nada al desolado viudo. Por este motivo se enfriaron las relaciones entre Colón y su cuñado, que lo trató como si fuera un intruso en la encum-

Cristóbal Colón exponiendo su proyecto en el cenobio del monasterio de Santa María de la Rábida. Pintura de Vázquez Díaz.

brada familia Polestrello. El navegante abandonó resentido el archipiélago, y poco después salió de Portugal.

Como es sabido se dirigió a España, la otra gran potencia marítima de la época. Allí entró en contacto con el fraile Juan Pérez, prior del convento de La Rábida y confesor de la reina, a la que transmitió un pedido de audiencia del genovés. El tiempo pasó sin respuesta, y el franciscano interesó en el proyecto a su cofrade fray Antonio de Marchena, un reconocido cosmógrafo, que aportó a Colón varios mapas y datos que estaban en su poder. Sin embargo, el palacio real guardaba un irritante silencio, pese a saber fray Pérez que los reyes estaban al tanto de la presencia de Colón en España y de las líneas generales de su proyecto. Entró entonces en escena el escribano real Luis de Santángel, influyente judío converso, quien junto con el tesorero mayor Alonso de Quintanilla consiguen que Colón sea escuchado por una Junta Consultiva reunida en Córdoba.

Por supuesto el navegante genovés no hizo la famosa prueba del huevo ante los consejeros, ni discutió con ellos si la Tierra era plana o redonda. Insistió en su versión de que esperaba llegar a Asia, expuso los argumentos a favor de su plan, y desplegó los amplios beneficios que podría aportar a Castilla su expedición. La Junta no le proporcionó una respuesta inmediata, aunque debió hacer llegar su opinión a los Reyes Católicos. Fernando e

El monasterio de Santa María de la Rábida, en Palos de la Frontera.

Isabel estaban demasiado ocupados en los tramos finales de la conquista de Granada, que pondría fin a lo que se había llamado la Reconquista, tomando el último bastión de los musulmanes en España. Pasaron dos largos años de silencio, durante los cuales Colón intentó una vez más convencer al rey Juan II, con la mala fortuna de que en esas fechas llegó a Lisboa la noticia de que los navegantes portugueses habían rodeado el sur de África por el Cabo de Buena Esperanza, abriendo la nueva ruta a Oriente por el océano Índico. Juan II se había gastado una fortuna en esas expediciones, y no estaba dispuesto empeñarse en buscar nuevos itinerarios imprecisos, ni en hallar un supuesto continente atlántico desconocido y lejano.

Colón y la Tierra Prometida

Mientras tanto los contactos de Colón en Génova habían convencido al rico banquero judío Francesco Pinello de que financiar el viaje a través del Atlántico podía ser una excelente inversión. No sólo por las presuntas riquezas de las nuevas tierras, sino porque miles de familias judías podrían instalarse en ellas como colonos, a salvo de las constantes persecuciones. Las comunidades judías europeas seguían soñando con el retorno a *Eretz, Israel* y prometiendo en su fiesta de *Pesaj* (Pascua) que el año siguiente la celebrarían en Jerusalén. Pero las discriminaciones, vejaciones, matanzas y expulsiones que sufrían en casi toda Europa, motivaron la necesidad de que ese deseo simbólico se concretara lo antes posible. Algunos líderes del judaísmo se habían dirigido al Imperio Otomano para solicitar que se les cediera con ese fin un trozo de la bíblica Tierra Prometida. ofreciendo a cambio una considerable compensación monetaria. La oferta no era descabellada, ya que los turcos mostraban mucha más tolerancia que los europeos hacia las numerosas comunidades judías que vivían y prosperaban en su territorio. No obstante el sultán Mehmet II se negó a venderles esa parcela de Palestina, quizá por temer que la propuesta fuera una estratagema de los reinos europeos con los que estaba en guerra.

Los dirigentes judíos resolvieron entonces que su Tierra Prometida podía ser cualquier lugar donde su pueblo pudiera vivir en paz y construir una «Nueva Jerusalén». Esa idea coincidía, tanto en el nombre como en el objetivo, con la milenaria misión encarnada por el Priorato de Sión y la Orden del Temple. En ambos casos, el fin esencial era encontrar un sitio donde levantar una nueva sociedad distinta y mejor. Que para los judíos fuera el refugio de un pueblo amenazado, y para los templarios un proyecto milenarista y universal, era una diferencia en los fines que no impedía compartir los medios. Hay muchos datos que demuestran una especial vinculación de la Orden del Temple con los conocimientos herméticos de los antiguos hebreos, desde los tiempos de su fundación en Tierra Santa. Unos y otros compartían una especial veneración por el Templo de Salomón, y ambos guardaban celosamente los testimonios de una sabiduría ancestral.

A finales del siglo XV judíos y templarios eran dos comunidades perseguidas desde hacía largo tiempo por el Vaticano y los reinos cristianos. No debe sorprender que se unieran para ayudarse mutuamente, aparte de los vínculos que pudieran haber mantenido hasta entonces. Esa complicidad pudo impulsar y financiar la travesía atlántica de Cristóbal Colón, habida cuenta de que ambas partes disponían de riquezas y de secretas influencias sobre los reyes europeos (¿y sobre la Santa Sede?). Parece ya indudable que Pinello y otros banqueros judíos de Génova reunieron una considerable suma de dinero, que hicieron llegar a sus agentes en España, los conversos Diego de Deza y Gabriel Sánchez. Entonces Santángel se entrevistó con Isabel, más inclinada que su católico esposo a auspiciar la travesía bajo las banderas de Castilla y Aragón. No es muy probable que los banqueros genoveses exigieran a la reina que depositara sus joyas en garantía, tal como cuenta la leyenda. En primer lugar porque ella no había pedido el dinero, y en segundo término porque no se trataba técnicamente de un préstamo, sino de una inversión.

Las joyas de la reina

Un relato anónimo y poco conocido, tal vez de algún miembro de la Corte con afanes de cronista, cuenta una anécdota que quizá dio pie a la fábula de que Isabel empeñó sus joyas para comprar las carabelas de Colón. Según este autor, el rey Fernando era mucho más reticente al proyecto que su esposa, sobre todo por lo que podría costarle al exiguo tesoro de la Corona. Cuenta entonces la escena en la que Santángel se presenta ante la reina con un cofre y le dice:

—Mi señora, aquí tenéis el dinero para la expedición. No puedo deciros su procedencia, y os ruego que mantengáis el secreto.

Abre el cofre, e Isabel titubea al ver tantas esplendentes monedas de oro.

—Pero... ¿Qué le digo yo al rey?

—Decidle, majestad, que habéis empeñado vuestras joyas.

No se puede evitar a esta altura el controvertido tema de si Cristóbal Colón, además de templario, era también judío. Si así fuera sería el candidato ideal para emprender una empresa conjunta de la Orden del Temple y el judaísmo, habida cuenta asimismo de sus conocimientos náuticos y su empeño personal. La tesis de que Colón era judío fue levantada por Salvador de Madariaga en su *Vida del muy magnífico señor don Cristóbal Colón.* Allí sostiene que los Colom era judíos catalanes afincados en Génova, y que en familia seguían hablando su lengua (lo cual, junto al dialecto genovés y las jergas portuarias, explicarían la enrevesada expresión oral y escrita del Almirante). Agrega el autor español que Colón era un hombre desarraigado, que no mantenía fidelidad a los reinos que servía, y que además era glotón. Al parecer atribuía esas características sólo a los judíos, y a todos ellos.

Aunque Madariaga expone en su obra más prejuicios que documentos, su publicación motivó que se emprendieran estudios e investigaciones más serias sobre el presunto judaísmo de Cristóbal Colón. Los que defienden que era judío señalan que Colón siempre ofreció versiones confusas sobre su origen, que es muy probable que hubiera cambiado su primer nombre (ningún judío podría haberse llamado Cristóforo), y casi seguramente también el apellido. Señalan asimismo que el negocio textil de Génova estaba en el siglo XV casi exclusivamente en manos de judíos, y que la extraña firma del Almirante era un signo cabalístico. Como ya se ha mencionado, no llevó ningún fraile misionero en su primer viaje, a pesar de la ayuda que había recibido de los franciscanos. Pero el argumento principal de los autores proclives al origen judío de Colón es la financiación de su travesía por los banqueros de esa comunidad en Génova. ¿Habrían puesto a un gentil al mando de su expedición en busca de la Tierra Prometida?

El retorno de los templarios

Desde el punto de vista de este libro no tiene relevancia alguna que Colón personalmente fuera o no judío, sino si en realidad fue o no fue templario. Es sabido que la Orden del Temple aceptaba conversos de origen judío, e incluso colaboradores o informantes musulmanes. Algunos documentos sobre Colón, y otros de su puño y letra, dan pábulo a pensar que pertenecía a algún tipo de sociedad o secta secreta. Se sabe que con el dinero recibido de Génova compró tres carabelas cuyos nombres se hicieron célebres. La *Santa María, La Pinta y La Niña.* La primera comandada por el Almirante, y las otras dos por los hermanos Martín Alonso y Vicente Yánez Pinzón, que eran templarios o respondían a estos. Según ciertas crónicas, por lo menos uno de ellos había visitado ya el Nuevo Mundo, dentro de expediciones de exploración o piratería impulsadas por el Temple. Debe recordarse que también el joven Colón había actuado como pirata, oficio siempre ligado de algún modo a la Orden templaria.

Siempre se ha pensado, y probablemente con razón, que el nombre de la nave capitana, *Santa María,* era un homenaje a la Virgen, de la que Isabel era muy devota. Pero también es posible que bajo ese pretexto Colón quisiera honrar a María Magdalena, la mayor santa de los templarios por haber llevado en su seno la Sangre Real. Martín Pinzón tenía una carabela llamada *La Pinta,* y decidió dejarle ese nombre que le había traído suerte. Su hermano menor escogió otra de menos volumen, la *Santa Clara,* quizá porque ese nombre le recordaba el del ilustre navegante templario Henry Sinclair o Saint Clair. Pero luego decidió rebautizarla como *La Niña,* tal vez por indicación de Colón. Los historiadores explican que la llamó así por ser la más pequeña de las tres carabelas, pero los estudiosos de la cristología hermética manejan otras explicaciones. Si la *Santa María* era María Magdalena, *La Niña* que la acompañaba no podía ser otra que su hija, la mítica Sarah continuadora del linaje de Jesús. El críptico mensaje simbólico de las carabelas sería entonces que María Magdalena llevaba la niña sagrada a un Nuevo Mundo, para que en él floreciera la Sangre Real.

No vale repetir aquí las conocidas peripecias de los cuatro viajes de Cristóbal Colón a lo que hoy es América, y él sabía que no eran las Indias ni Catay. Si hubiera creído que llegaría a esas ricas tierras de Oriente, hubiese llevado a bordo mercancías europeas que pudiera intercambiar por ricas sedas y costosas especias. Pero las carabelas sólo cargaban unas cajas de gorros coloridos, cuentas de vidrio, campanillas de metal, y otras bagatelas que podían impresionar a nativos semisalvajes, pero no, desde luego, a personajes como el Gran Khan. Como ya se ha dicho, Colón no buscaha nuevas rutas mercantiles sino una tierra apropiada para levantar la Nueva Jerusalén.

¿Por qué entonces tomó posesión de esas tierras en nombre de los Reyes Católicos? En esa época era imposible que una sociedad privada u orden religiosa (y menos aún una sociedad secreta) conquistara y colonizara nuevos territorios. Sólo las coronas europeas y cristianas podían tomar posesión de una «tierra de herejes», y las disputas entre ellas se sometían al arbitraje del Sumo Pontífice (como hizo Alejandro VI en 1493 con su bula *Inter caetera,* que fijó los primeros límites entre las posesiones españolas y portuguesas). La Orden del Temple estaba además prohibida, excomulgada y perseguida, y actuaba en la más estricta clandestinidad. Necesitaba por tanto un reino europeo que sirviera de pantalla a sus propósitos en el Nuevo Mundo, ¿y qué mejor pantalla que la de los muy católicos soberanos Isabel y Fernando?

6

En busca de El Dorado

Todo empezó con Cristóbal Colón

Cuando Colón llegó a la isla del Salvador, descubrió que el oro estaba presente en todos los pueblos indígenas. Tras él vinieron Américo Vespuccio, Rodrigo de Batista y Yáñez Pinzar, que llegaron a la misma conclusión explorando las costas de Panamá y la costas septentrionales de América del Sur. Núñez de Balboa, descubridor de la «gran mar del sur» (el océano Pacífico) escribirá una carta al rey Fernando el Católico para comunicarle que había descubierto países donde el oro «no tiene más valor que el hierro». Era el año 1513.

A partir de ahí las cosas se precipitarán. En 1515 el gobernador de Cuba, Diego Velázquez, decide enviar a Hernán Cortés a México y éste, al mando de un centenar de hombres, y con la ayuda de tribus enemigas de los aztecas saqueará, masacrará y se apoderará de Tenochtitlán, ciudad que hoy conocemos como México Distrito Federal.

Así fue como el tesoro de Moctezuma llegó a España, acontecimiento que desencadenará una «locura del oro» que examinaremos aquí. Esta locura conllevaría al hallazgo de otros tesoros, bañados en sangre todos y cada uno de sus quilates.

En 1530, Carlos V envía a Francisco Pizarro desde España a Perú al mando de 180 hombres y 30 caballos. Los caballos sembrarán el pánico en-

Famosa balsa Muisca, evidencia de las ceremonias sagradas que dieron origen a la leyenda de El Dorado.

tre los incas, que nunca habían visto criaturas como aquellas. Pizarro secuestró al emperador inca Atahualpa y los conquistadores se apoderaron del metal precioso que tanto abundaba; baste decir que el trono del emperador era de oro macizo.

El tesoro de los incas

En algún lugar de su territorio, quizás en varios lugares, los incas lograron amasar un fabuloso tesoro que fue la causa de su perdición. Al igual que los aztecas en México, los incas esperaban la venida de un dios blanco, Viracocha, y con él llegaría el fin de los tiempos. En 1531, supieron aterrorizados que un blanco barbudo había llegado por mar. Aquel hombre se llamaba Francisco Pizarro.

Eran momentos delicados para los incas, cuyo imperio se hallaba debilitado por la guerra civil y sacudido por la predicción del regreso del dios

Viracocha. Añádase a todo esto el terror que les provocaban las armas de fuego. La batalla duró sólo una hora, pero aquella hora supuso el derrumbe inexorable del imperio inca.

Acto seguido y sin tener el más mínimo escrúpulo, los conquistadores españoles se embarcaron en la búsqueda del fabuloso tesoro de los incas, tesoro que nunca llegaron a descubrir. Como si pesara una maldición sobre este oro, Pizarro fue una de las primeras víctimas de esta codicia. Luego la maldición recayó sobre su hermano y sus lugartenientes... y sobre muchos otros que les siguieron.

Sin embargo, esto no desalentó a los españoles. La explotación de este metal precioso y de las minas de plata garantizaría a España los recursos necesarios para las desmedidas ambiciones de Felipe II y de Carlos V aún estando este último gravemente endeudado con los banqueros alemanes de Aughburn.

El hombre de oro

Paradójicamente, un alemán llamado Ambrosius Ehinger fue el primero en lanzarse a la aventura del descubrimiento de un reino cuyo soberano, siguiendo un rito misterioso, se cubría el cuerpo con polvo de oro. Le llamaban El Dorado, el hombre de oro cuya leyenda permanece viva.

Sin embargo, ¿se trata realmente de una leyenda? Ehinger falleció en la Amazonia sin haber hallado el oro que buscaba. Poco después, dos españoles (Diego de Ordaz y Alonso de Herrera) se aventuraron tras sus huellas, pero también fallecieron misteriosamente. El oro maldito no perdona a nadie, pero la cosa no había hecho más que comenzar.

Los alemanes no abandonaron sus pesquisas y un tal Weiser exploró la cuenca del Orinoco. ¿Estaría allí?, ¿estaban a punto de descubrir aquel El Dorado y sus minas de oro? La aventura continuaría con los españoles Pedro de Lugo y el septuagenario Jiménez de Quesada, que hicieron frente a los temibles indios chilchas y alcanzaron al lago sagrado de Quatavita, donde estaban convencidos que se bañaba aquel soberano con el cuerpo untado con polvo de oro.

Actualmente abundan las informaciones sobre el tema de El Dorado. Nos cuentan que aquel hombre era una especie de semidiós, algo parecido al caso del Dalai Lama. El día del sacramento, el ritual exigía que, completamente desnudo y adornado con gran cantidad de joyas, lo cubrieran con polvo de oro de la cabeza a los pies.

Se trataba de un acto político y religioso destinado a la consagración de un nuevo Zipa, el rey de Bacatá (la actual Bogotá), para quien el pueblo confeccionaba ricas vestimentas, los manjares más suculentos, e iniciaba una fiesta al son de flautas y tambores. Luego se formaba una procesión, al rayar el alba, y el palanquín donde se hallaba el Zipa se dirigía hacia la barca real. El rey descendía pisando las capas que los guerreros habían arrojado ante él. A continuación el monarca subía sobre la barca y dejaba caer su capa roja presentando al pueblo su cuerpo desnudo completamente cubierto de polvo dorado.

Todos podían escuchar las plegarias y, al salir el Sol, el soberano lanzaba un grito de alegría atronador que la muchedumbre coreaba al unísono. Cuando llegaba al centro del lago, tiraba todas las ofrendas que le habían entregado a los demonios de las profundidades mientras la muchedumbre seguía jaleando con alegría. El Dorado volvía después a su palacio que era también su cárcel, y su tumba, un lugar donde jamás penetraba un rayo de luz. En el exterior, la fiesta proseguía en una embriaguez absoluta.

Esta es la leyenda de «El hombre de oro», leyenda que despertó la codicia de conquistadores y de aventureros de toda ralea en busca de tesoros fabulosos.

La ciudad perdida

Hay casos todavía más fantásticos. A propósito de los incas, algunos buscadores no descartan la posibilidad de la existencia, en nuestros días, de incas que sobrevivieron al exterminio hispano capitaneado por Pizarro. El eminente arqueólogo Veril, fallecido en 1964, no hablaba a la ligera cuando señalaba la existencia de una ciudad de El Dorado (término que actualmente designa un país) y que se hallaría en una quebrada de difícil acceso de la cordillera de Los Andes. Seguiría estando habitada y no aceptaría la entrada de extranjeros con intenciones impuras. Una vez más, ¿leyenda o realidad?

En los espacios inexplorados de la Amazonia, permanecería oculta una civilización ignorada, depositaria de un tesoro fabuloso. Estos lugares ya fueron objeto de múltiples expediciones —a partir de la década de 1520, antes de la llegada de Pizarro a Perú—, centradas en el descubrimiento de la ciudad mítica de Manoa, que suponían se hallaba en la cuenca superior del Orinoco, en la sierra Parima, a orillas del lago del mismo nombre (según el cartógrafo Théodore de Bry).

> *Esta ciudad —Manoa— fue descrita por el cronista Francisco López en su* Historia general de los Incas: *«Sus muros y sus tejados de oro se reflejaban en un lago empedrado con oro. En medio de la isla se erguía un templo consagrado al Sol. A su alrededor había estatuas de oro que representaban a gigantes. Había también árboles de oro y de plata y la estatua de un príncipe recubierta de polvo de oro». Y añade: «Allí se hallan también extraños ídolos esculpidos por artistas divinos o satánicos, inmortales, venidos desde la lejanía, desde el este, para refugiarse en estos países después de sobrevivir a espantosos cataclismos».*
> *¿Posible alusión a la Atlántida, aquel misterioso continente desaparecido en tiempos prebíblicos?*

Se organizaron expediciones internacionales durante los últimos años para descubrir la ciudad perdida. Entre las cuales destaca la de Jacek Palkiewicz, en 1996, y a la que debemos la localización de las fuentes del Amazonas, cuya ubicación había sido objeto de polémicas hasta entonces. Capitales privados peruanos, italianos, polacos, rusos y brasileños financiaron todas estas expediciones cuya meta no era precisamente el oro, sino la incorporación del mito de El Dorado a la realidad.

Si creemos la versión de Mario Polia, de la Universidad Pontificia del Vaticano, la existencia de El Dorado no deja lugar a dudas. Este arqueólogo se basa en viejos documentos inéditos, que forman parte de los archivos vaticanos y cuya publicación se realizará en breve.

La búsqueda de la ciudad perdida no está exenta de riesgo

Muchos exploradores han desaparecido en la jungla amazónica y desconocemos incluso, según el gobierno peruano, el número de autóctonos residentes en este lugar del mundo. Las desapariciones de algunos científicos han sido frecuentes desde que se produjo la de Percy Fawcett, aquel coronel inglés que desapareció sin dejar huellas en 1925.

Fawcett creyó haber descubierto una cámara oculta que posibilitaba el acceso a un «reino subterráneo» en la región de Madre de Dios, pero él no fue el único que tuvo esta idea. Un manuscrito portugués del siglo XVII nos cuenta que un puñado de aventureros partieron en busca de minas de oro y diamantes en aquella región. Algunos murieron, al igual que sus esclavos, antes de alcanzar los yacimientos, pero los supervivientes habrían descubierto, una noche, en plena jungla, una ciudad inmensa con edificaciones de mármol púrpura y completamente desierta.

Sin embargo, también se habla de indios feroces cuya misión sería la custodia de esta ciudad legendaria, de animales extraños, desconocidos, y de vestigios de oro cuyos orígenes se remontan a épocas prehistóricas.

Muchas expediciones —japonesas, estadounidenses...— intentaron desentrañar los secretos de esta región, pero ninguna regresó. A principios de la década de los setenta le tocó el turno al antropólogo noruego Lars Hafksjold, que también desapareció sin dejar rastro.

¿Quiénes son estos indios del mundo prohibido?

Algunos investigadores afirman haber hallado en estos parajes indios blancos de cabellera pelirroja que huyeron cuando se les acercaron. ¿Eran positivamente indios? Permítanos dudarlo, pero entonces ¿quiénes son estos extranjeros que pueblan las selvas amazónicas? Sea como fuere, cabe añadir que es sumamente arriesgado efectuar exploraciones de aquella región.

¿Merece algún crédito esta maldición que protegería secretos procedentes de la noche de los tiempos; secretos que pertenecerían a civilizaciones originarias de continentes desaparecidos y que no estarían completamente muertas?

Una conclusión se impone

La leyenda forma parte en buena medida de la existencia de estas ciudades míticas en las que abundaban riquezas ocultas en escondites inaccesibles al común de los mortales. Incluso si consideramos que el «rey dorado» nunca existió, como no existieron el palacio de pórfido y las montañas de oro que describió el navegante Walter Raleigh tras su expedición a los confines del imperio inca, ni territorios ocupados por tribus del amazonas con el pecho cortado..., pero no por ello cabe deducir que el tesoro de los incas jamás existió.

Lago Titicaca, en la meseta del Collao en los Andes Centrales, entre los territorios de Bolivia y Perú. Según se dice, los Incas arrojaron todo su tesoro en las profundidades del lago para que los españoles no lo encontraran. El tesoro inca se hallaría en alguna parte a 200 metros de profundidad.

Quizás fuera el tesoro más colosal que jamás haya existido. Resultaría imposible calcularlo por las cifras ingentes que supondría, pues estaríamos hablando de miles y miles de millones. Un tesoro compuesto por oro en bruto, oro labrado y objetos de culto, acumulado por generaciones y generaciones incaicas y preincaicas de Cuzco, Machu Picchu y el lago Titicaca.

¿Se trata realmente de una leyenda cuando nos cuentan que en una de las islas del lago Titicaca había tal profusión de oro que era posible construir un templo con este único material? Sea como fuere, no cabe la menor duda que este oro acumulado a lo largo de veinte generaciones existió. Tras la intervención de Pizarro y los conquistadores, dicen que los incas, horrorizados por tantas masacres y tanto temor, y sabiendo que lo que querían los españoles era su oro, arrojaron todas sus riquezas al lago Titicaca. Allí se encuentran todavía, a cerca de doscientos metros de profundidad, pero no disponemos de los medios necesarios para la prospección de esas aguas y la localización de este fantástico tesoro recubierto por el limo.

Los españoles nunca hallaron este tesoro. Lo cual induce a pensar que hoy pertenece a la leyenda y al mundo de los soñadores, pero la realidad dista mucho de ser así: oro, piedras preciosas y plata pura fueron descubiertos por otros adelantados. Algunos eran descubridores de nuevas tierras para su soberano, pero también hubo aventureros por cuenta propia.

Estamos hablando de riquezas fabulosas, transportadas mediante galeones hacia España, y que despertaron la codicia de otros aventureros, franceses, ingleses y holandeses. Marineros que se convirtieron en los bandidos más temibles de aquella época, bajo el calificativo de piratas y corsarios.

7

La rebelión de los cátaros

La Iglesia católica no supo contener la ola de espiritualidad y misticismo provocada por el fin del primer milenio. Los papas sólo atendían a sus disputas con los poderes terrenales, los obispos lucraban con simonías y ventas de indulgencias, y los clérigos deambulaban en la ignorancia. Los monjes benedictinos, que habían representado una llamada a la devoción y el ascetismo, pasaban por una etapa de dejadez y decadencia. Numerosos cristianos de a pie, tanto religiosos como laicos, se volvieron hacia los textos evangélicos y sus principios de humildad, pureza de conducta y devoción sincera. Cada cual lo practicaba y lo predicaba según su leal saber y entender, lanzándose a los caminos o participando en reuniones más o menos clandestinas para evitar la vigilancia eclesial. Algunos se apartaron del mundo y de la Iglesia, retirándose a bosques o descampados como los antiguos santones solitarios del cristianismo primitivo.

Una de las regiones más prósperas y avanzadas al comenzar el siglo XII era Occitania, en el sur de Francia. Su vasto territorio comprendía Aquitania, Lemosín, Auvernia, Delfinado, Provenza y Languedoc, esta última cuna de la lengua de oc (del latín *hoc est*, «aquí es», y que en el antiguo provenzal significa «sí»), u occitano, que se hablaba en todas ellas. En aquel momento Occitania era, con diferencia, la región más rica de Francia, gracias al oportuno crecimiento de ciudades como Toulouse, Narbona, Béziers, Foix o Carcasona, impulsado por el ascenso de la burguesía y la activación del comercio con Oriente y el norte de África. Sus grandes centros de poder eran el reino de Aquitania y el gran ducado de Toulouse, cuyos gobernantes, muy relacionados con Aragón, Cataluña, y las islas Baleares, eran más cosmopolitas y cultivados que otros reyes y señores feudales de esa época. Protegían a poetas y literatos, promovían los cantares y trovas cuyas letras se escribían en la lengua vernácula y propiciaban la revolucionaria idea romántica del amor cortés. No es extraño que se difundiera entre los occitanos un progresivo rechazo a la pesada y dogmática moralina de la Iglesia, que se expresó por un lado en un espíritu crítico de corte laicista, y por otro en el deseo de fundar una nueva doctrina religiosa, alejada del rígido dogmatismo vaticano.

Los solitarios de Dios

Los precursores de un misticismo personal al margen de la estructura de la Iglesia fueron los eremitas, anacoretas o ermitaños, que proliferaron en los siglos V y VI de nuestra era. Buscaban la santidad y la visión de Dios practicando una total austeridad, prolongados ayunos, lacerantes flagelaciones y una vida de oración y contemplación. El primero que registra la hagiografía fue san Pablo de Tebas, en el siglo III, y el arquetipo de todos ellos san Simón el Estilita, que se retiró al desierto para vivir en lo alto de una columna (en griego, *stylos*). Otros destacados santones solitarios fueron el sirio san Macedonio, el griego san Egidio y el italiano san Benito.

El surgimiento de la «otra» Iglesia

De pronto comenzaron a aparecer en los caminos de Occitania unos hombres barbudos con vestiduras blancas, que avanzaban de a pares abordando a los caminantes o predicando en las plazas de los pueblos. Despotricaban contra el papa y la Iglesia Católica, pero se decían cristianos y defendían las mejores virtudes evangélicas: el amor al semejante, la caridad, la pobreza, la humildad, la austeridad, y la rebeldía contra la opresión. Harto de las

Vista del Castillo de Montsegur, fortaleza-santuario del catarismo. Allí fueron quemados, después de un largo sitio, los últimos cátaros, el 16 de marzo de 1244.

amenazas y exigencias de la Iglesia, y asqueado de la clerecía, a la que veía entregada a la codicia, el egoísmo y la concupiscencia, el pueblo llano comenzó a escuchar con interés a aquellos prosélitos.

Estos predicadores se denominaban a sí mismos cátaros, que en griego significa «puros» (más tarde, la Iglesia, para no pronunciar ese nombre, los llamaría «albigenses», por su importante presencia en la ciudad de Albi). Los cátaros se mostraban mucho más humanos, optimistas y tolerantes que los rígidos eclesiásticos católicos. Con el tiempo, el catarismo se extendió por toda Occitania, parte del reino de Aragón, la Francia central y del norte (donde les llamaban *publicains*), y Lombardía (conocidos como los *patarini*), llegando a penetrar también en Holanda, Alemania (los *ketzer,* voz que quedó como sinónimo de hereje) y otros reinos europeos. Ya no se trataba de una secta disidente, como hubo tantas, sino de una verdadera opción eclesiástica y de fe religiosa, una opción que ofrecía a los cristianos una interpretación doctrinal más aceptable y un trato menos autoritario.

La Iglesia cátara mantenía una mínima escala jerárquica: sus cargos eran accesibles tanto a hombres como a mujeres y todos sus miembros podían, llegado el caso, asumir funciones sacerdotales, por decisión propia o a pedido de su comunidad. En el nivel más alto se situaban los «buenos cristianos» o «perfectos», que solían distinguirse en obispos, diáconos y ancianos. Eran los únicos que podían ejercer la predicación solemne y oficiar el bautismo del espíritu, destinado a recibir a los aspirantes como miembros de la Iglesia cátara. Debían hacer votos de castidad y pobreza, dedicarse a la catequización y llevar una estricta dieta vegetariana. El otro escalón jerárquico era el de los «consolados», miembros autorizados para decir la plegaria, bendecir los alimentos y dar el *consolamentum* a los moribundos. Este era en cierta forma una extremaunción, que aseguraba al alma de los creyentes su ascenso al verdadero Reino de Dios. Si el agonizante recuperaba la salud, pasaba automáticamente a ser un «consolado». Como se ha dicho ya, ese escalafón se difuminaba en casos de crisis, sobre todo cuando comenzaron las persecuciones. Cualquier feligrés o feligresa llevaba en sí toda la Iglesia, y podía ejercer las funciones necesarias para que esta se mantuviera, ya fueran de orden espiritual o de carácter práctico y organizativo.

La Santa Inquisición

Algunos miembros del catarismo llevaban su fe hasta las últimas consecuencias. Ansiosos por reunirse con Dios, se sometían a la «endura», una especie de sacramento en el que se dejaban morir de hambre bajo la asistencia espiritual de un perfecto. Creían que este suicidio bendecido y no violento llevaba su alma directamente al seno de Dios en la gloria eterna. Esta práctica se incrementó durante la persecución, para evitar las degradantes torturas y ejecuciones por parte de los inquisidores.

La estructura del catarismo era absolutamente laxa, formada por una serie de comunidades independientes y sin obediencia a ninguna autoridad central. El trato de estas agrupaciones entre sí se limitaba a una relación cordial y, a veces, al intercambio de visitas, sin vínculos de dependencia entre las mayores y las más reducidas o recientes. Para constituir una comunidad bastaba con la iniciativa de un colectivo de fieles, que elegían de entre ellos un prefecto u obispo y los diáconos necesarios para asistirlo.

Los cátaros consideraban que los templos y catedrales eran expresiones del execrable mundo material. Las reuniones del culto tenían lugar en las «casas cátaras», que eran recintos abiertos a creyentes y profanos, en una combinación de parroquia y albergue, donde se alojaba a los huéspedes y a los caminantes. En ellas se encontraban también los talleres (textiles, de alfarería, ferrerías, etc.), porque todo cátaro, de obispo para abajo, estaba obligado a trabajar para ganar su sustento y contribuir a los gastos comunes. Los obispos o prefectos llevaban la misma vida modesta y laboriosa de cualquier otro feligrés y no residían en palacios episcopales sino en casas tan humildes como las demás. Con lo cual sus obligaciones sacerdotales representaban una carga, no un privilegio.

El reino de otro mundo

Los cátaros rechazaban los sacramentos y la liturgia de la Iglesia católica, incluyendo el matrimonio y la santa misa, aunque mantenían una versión propia del bautismo y de la extremaunción. El principio básico de su fe era la existencia de un Dios del bien y otro del mal. Esta teogonía, denominada «dualismo», proviene de fuentes milenarias, con probable origen en antiguos cultos orientales, entre ellos el budismo y el mazdeísmo de Zaratustra. Su precedente más notable dentro del cristianismo lo constituyeron los maniqueos, una poderosa secta herética del siglo III.

Algunos autores sostienen que al producirse la hegemonía religiosa de la Iglesia Católica, el dualismo fue conservado secretamente por grupúsculos de iniciados, y se reanimó a comienzos del segundo milenio por el intercambio con Oriente a través de las cruzadas y las rutas de la seda.

Fuera cual fuese su fuente doctrinaria, el catarismo sostenía la existencia de dos creaciones divinas: un mundo del Bien, verdadero y perfecto, creado por Dios e inaccesible a los humanos; y un mundo del Mal, imperfecto, material y visible, pero que en realidad era una ilusión de pesadilla, una «nada» que se oponía a lo realmente existente. Este segundo mundo estaba lleno de confusión y violencia, de sufrimiento y corrupción, de dolor y de muerte. Por lo tanto no podía haber sido creado por el Dios bueno, sino por otra deidad contrapuesta y maligna, es decir, demoníaca. Los seres humanos, creados por Satanás en un mundo infame, sólo podrían salvarse alejándose de las tentaciones de la materia, manteniéndose puros y pobres, buscando la perfección y la muerte en santidad. Sostenían los cátaros que este despojamiento les permitiría entonces acceder al otro mundo, el auténtico reino del Bien. Y citaban la célebre advertencia de Jesús: «Mi reino no es de este mundo».

A primera vista, no parece haber mucha diferencia entre la doctrina «hereje» de los cátaros y la oficial de catolicismo. La existencia del diablo y el infierno era también una amenaza permanente de la Iglesia, para la cual el mundo secular estaba lleno de pecaminosas tentaciones. La oración y la piedad eran el camino para morir en santidad y ascender al Reino de los Cielos, que desde luego representaba lo opuesto a este «valle de lágrimas». Hasta aquí, ambas doctrinas son casi coincidentes, pero el catarismo atribuía el Génesis, es decir, la creación del hombre y del mundo material, al mismísimo demonio. Este se convertía así en otro Dios creador, con todos los atributos de la divinidad. Maléfica y perversa, pero divinidad al fin, que compartía y completaba la del buen Dios.

Ese dualismo hubiera bastado para considerar a los cátaros como una secta sacrílega, pero, además, se les acusaba por creer en la reencarnación, no adorar las imágenes y sostener que Cristo y la Virgen María eran ángeles con sólo apariencia humana. Lo que quizá fuera más alarmante para la Santa Sede es que los cátaros pretendían ser una verdadera Iglesia alternativa, y en buena medida lo estaban consiguiendo. Era evidente que la austeridad y modestia les ganaban el respeto de la gente, y que su retorno a la prédica evangélica (en especial al sermón de la Montaña), obtenía cada vez más adeptos.

La Iglesia no pudo menos que reaccionar ante esa inquietante situación. Las reformas internas de Gregorio VII en el siglo XI fueron en parte una respuesta a las acusaciones del catarismo. En la centuria siguiente, Inocencio III decidió enfrentar el catarismo en su propio terreno doctrinal. La idea de volver a la santa pobreza del Evangelio no era patrimonio exclusivo de los cátaros, sino que se manifestaba también en renovadoras corrientes internas del catolicismo, inspiradas en los antiguos eremitas. El pontífice favoreció esta tendencia consagrando dos órdenes mendicantes: la Orden de los Hermanos Menores, de san Francisco de Asís; y la Orden de los Hermanos Predicadores, de santo Domingo de Guzmán. En corto: los franciscanos y los dominicos (estos últimos serían, como veremos, los ejecutores de la Inquisición). Pero esas cofradías bien intencionadas no consiguieron, por lo menos en un principio, contrarrestar la mala fama del clero entre amplios sectores del pueblo llano.

Demonismo y promiscuidad

Puesto que no podía redimir de un día para otro el desprestigio de la clerecía, la Iglesia decidió endosar a los cátaros una imagen aún más infamante. Desde púlpitos, conventos y sacristías se hicieron correr tenebrosas historias de demonismo, misas negras, orgías sexuales y otros excesos del mismo calibre atribuidos al catarismo. Su dualismo permitía afirmar que adoraban al diablo, lo que no era cierto; el ritual de la «endura» dio pie a acusarlos de oficiar sacrificios humanos; el sacerdocio femenino convirtió a las diáconas en brujas; y el rechazo del sacramento del matrimonio hizo de las casas cátaras recinto de rituales promiscuos y lujuriosos. El pueblo católico aceptó, de buena o mala fe, estos infundios, y colaboró con entusiasmo en su elaboración y difusión. La leyenda negra de los cátaros permitió justificar la cruel cruzada de exterminio que acabaría con ellos y con toda la cultura occitana.

Una cruzada sangrienta

Tanto los cistercienses como los dominicos tomaron discretos contactos con los obispos cátaros, para convencerlos de que abjuraran de sus herejías y ofreciéndoles regresar a la obediencia papal con todos los honores, como una nueva orden mendicante. Era una buena jugada, ya que esa absorción podía dar a la Iglesia un inmenso poder. Pero los cátaros no sólo se sentían totalmente ajenos al catolicismo, tanto en las formas como en el fondo, sino que, además, lo consideraban, no sin razón, su mayor enemigo.

Fracasadas esas tentativas del clero regular, Inocencio III aún intentó lograr una solución negociada por medio de su delegado personal en Occitania, el noble aragonés Pere de Castelnou. Pero este fue asesinado en 1208, según parece por orden del conde Raimundo VI de Toulouse, principal protector de la Iglesia cátara. La afrenta enfureció al pontífice, y el rey de Francia Felipe Augusto echó leña a ese fuego, en su afán por apoderarse de los ricos y civilizados territorios occitanos. Inocencio lanzó un anatema personal contra el conde aquitano, y declaró que sus tierras serían botín de una cruzada santa encabezada, casualmente, por el monarca francés.

En la primavera del año siguiente, la cruzada se puso en marcha, bajo la dirección espiritual de Arnaud Amairic, legado pontificio y ex prior de la abadía de Cîteaux (o Císter). Los cátaros eran pacifistas por convicción, y los nobles occitanos no disponían de grandes ejércitos. En el primer mes de hostilidades el jefe cruzado Simón de Montfort avanzó casi sin resistencia y atacó e incendió la ciudad de Béziers, aniquilando a gran parte de su población.

Ya sabrá Dios

Cuenta algún cronista y recoge la tradición popular que en el asalto de Béziers, antes de iniciar la matanza, Montfort preguntó al legado papal cómo distinguiría a los católicos de los herejes. «Mátalos a todos, ya Dios sabrá reconocer a los suyos», fue la respuesta. El tremendo cruzado puso manos a la obra, y muchos pobladores huyeron a refugiarse en la catedral, donde fueron degollados sin miramientos frente al altar. Se estima que en esa sola masacre murieron en total cerca de 60.000 personas. Es de esperar que Dios no haya hecho distinciones entre ellas.

Montfort se proclamó conde de Béziers y unas semanas después se añadió a sus blasones el condado de Narbona y el vizcondado de Carcasona, ciudades también arrasadas y diezmadas por su brío redentor. Asumió el comando militar de la campaña y avanzó por Occitania sembrando el terror y dejando a su paso sólo cadáveres y cenizas. El único que tal vez podría pararle los pies, o al menos obligarlo a negociar, era Pere II el Católico, monarca de la Corona de Aragón, que había destacado luchando contra los almohades en la célebre batalla de las Navas de Tolosa.

Estela situada en el Camp dels Cremats (campo de los quemados), recordando la pira en la que ardieron 200 cátaros defensores de Montsegur.

Este rey era, ya lo dice su apodo, muy católico. Pero había obtenido el vasallaje de los condes de Foix, Toulouse y Bearn, y estaba casado con la condesa occitana Marie de Montpellier, por lo cual también ese condado formaba parte de su reino. Era pues el monarca y defensor de casi toda Occitania y la invasión francesa, por más cruzada católica que fuera, era una agresión a sus territorios y una afrenta a la Corona de Aragón. Pere II intentó conseguir una tregua, primero ante Felipe Augusto y luego ante el propio pontífice, sin obtener resultado. No tuvo entonces otra opción que enfrentarse militarmente a Montfort, en defensa de su honor y de sus intereses. Se puso al frente de su ejército y se lanzó al contraataque, con la mala fortuna de resultar derrotado y muerto en la batalla de Muret en el año 1213.

Descartado el adversario aragonés, el cruel y afortunado Montfort avanzó entonces sobre el Languedoc, incendiando ciudades, villas y castillos, cuyos habitantes eran pasados a cuchillo o arrojados vivos a las llamas. Los que conseguían huir atravesaban los Pirineos para buscar refugio en Cataluña, o intentaban resistir en alguna fortificación bien protegida. Unos 500 cátaros se hicieron fuertes en la casi inaccesible fortaleza de Montsegur, apoyados por una reducida guarnición. El jefe cruzado Hugo d'Arcys, condestable de Carcasona, consiguió rendirlos después de un largo asedio. Conminados a renegar de su fe, 210 de ellos que se negaron a hacerlo fueron arrastrados fuera de la fortaleza y quemados vivos en un paraje cercano. Ese lugar se conoce aún como el *camp dels cremats* (campo de los quemados), y forma parte de la visita turística a Montsegur, así como de las peregrinaciones de «neocátaros», que también los hay.

El catarismo en Cataluña

El condado de Barcelona, que ostentaba la hegemonía sobre todos los señoríos catalanes, se había unido en 1137 al reino de Aragón, constituyendo la Corona de Aragón. Cataluña era con diferencia la región más activa y avanzada de esa unión, con una intensa actividad mercantil y un territorio que llegaba desde la costa mediterránea hasta más allá de los Pirineos. Su nobleza y su burguesía estaban estrechamente ligadas a Occitania por lazos familiares y comerciales, y en esa época decir Occitania era equivalente a decir catarismo. Una de las principales actividades de los cátaros era la industria textil, que vendían y distribuían a través de las redes mercantiles catalanas. Esa relación económica había creado amistades, compromisos y matrimonios entre ambas burguesías, mientras que la nobleza cátara, emparentada de antiguo con las grandes familias catalanas, intensificó esos vínculos a raíz de las persecuciones de la cruzada albigense.

La primera comunidad cátara en Cataluña de la que hay documentación histórica es una congregación existente en 1167 en el Valle de Arán. Es probable que no fuera la única, ya que se sabe que, a finales del siglo XII, el catarismo estaba sólidamente implantado en la región pirenaica, especialmente en Andorra, Berga y el Rosellón. En el siglo siguiente, la llegada de exiliados cátaros, incluyendo numerosos obispos y diáconos, marcó el momento de mayor auge del catarismo en Cataluña.

Los refugiados de religión cátara fueron ampliamente acogidos por los condes de Barcelona y sus súbditos, tanto por solidaridad como por interés, ya que traían consigo capitales e industrias y una doctrina contraria a la Iglesia, cuyo poder feudal desafiaba la autoridad condal. El surgimiento de la burguesía catalana también se veía trabado por la Iglesia, que condenaba el lucro, la banca y el prestamismo, imprescindibles para sus actividades. Los cátaros, por el contrario, no sólo permitían el comercio, sino que lo practicaban y promovían.

Una cultura perdida

Occitania fue cuna de la cultura más avanzada y renovadora de la Europa medieval. Allí se escribieron por primera vez versos en una lengua popular romance, allí surgieron y cantaron los trovadores, allí se creó el ideal de caballería, el amor cortés, la relación sentimental que por algo se llama «romance», y la forma de ver el mundo y de crear relatos u obras de arte que por la misma razón denominamos «romanticismo». Esa compleja, delicada y alta expresión del espíritu y el pensamiento se truncó violentamente con el despiadado exterminio de los cátaros y la anexión de los reinos y señoríos occitanos a la monarquía papista francesa. Quizá si esto no hubiera ocurrido, la historia posterior de Europa hubiera sido más tolerante y pacífica.

Después de la matanza de Montsegur, que marcó el triunfo definitivo de la cruzada albigense, la Corona catalano-aragonesa vio en peligro sus posesiones transpirenaicas. Jaume I el Conquistador negoció con el monarca francés Luis IX (san Luis Rey) la paz en esos territorios, a cambio de renunciar a sus aspiraciones sobre el resto de Occitania y de condenar el catarismo permitiendo la entrada de la Inquisición.

8

Los Illuminati y los saboteos

En la segunda mitad del siglo XVIII, la población de la región de Baviera era de mayoría católica y contaba con una aristocracia ampliamente asentada. La ciudad de Ingolstadt, donde residía Adam Weishaupt, está ubicada en las orillas del Danubio, a unos setenta kilómetros al norte de Múnich. Por entonces, Baviera contaba con más de 25.000 iglesias para 40.000 habitantes, además de 19 conventos y monasterios. En este escenario, el poder de los jesuitas era evidente en todos los lugares y Baviera era un opositor radical a la Reforma. A pesar de este talante religioso, Weishaupt afirmó que el ateísmo, la apostasía y el deísmo eran más frecuentes en Baviera que en cualquier otro lugar.

Influencia jesuita

Weishaupt empezó a formar los Illuminati de Baviera cuando era profesor de derecho canónico en la Universidad de Ingolstadt. Por entonces estudiaba para hacerse sacerdote jesuita. Sin embargo, cuando en 1773, el papa Clemente XIV prohibió los Illuminati, su disgusto le llevó a romper con la Iglesia católica. Sin embargo, no declinó su interés por la teología jesuita. Otra influencia importante en su vida fue la del mercader Kolmer. Algunos investigadores, como Jim Marrs, sostienen que, en su trayecto a Francia y Alemania, hacia 1770-1773, Kolmer se encontró con Cagliostro en la isla de Malta, antigua sede de los caballeros templarios. Al parecer, Cagliostro, el futuro revolucionario francés, se involucró entonces en actividades masónicas, así como también lo hicieron Giovanni Giacomo Casanova (el eterno amante veneciano) y el enigmático conde de Saint-Germain. Habría sido Kolmer quien, en Alemania, transmitiera sus conocimientos secretos a Weishaupt, quien empleó muchos años en trabajar para consolidar los distintos sistemas ocultos en su sociedad secreta, los Illuminati. Marrs argumenta que la adopción del calendario persa por los Illuminati de Baviera evidencia su respeto por los antiguos misterios de Mesoptamia.

El estudio profundo de los secretos de Kolmer y del conocimiento que poseía de los jesuitas fueron la base para que Weishaupt estableciera una estructura piramidal para sus iniciados, situando a personas claves dentro de los nueve grados superiores. Para sus compañeros de los Illuminati, Weishaupt era conocido por su nombre de iniciación, *Espartaco,* en memoria del esclavo que lideró la famosa revuelta contra los romanos en el año 73. Según Paul H. Koch, autor del libro *Illuminati,* Weishaupt se veía a sí mismo como un nuevo héroe rebelde en contra del orden establecido, tanto en el ámbito material como espiritual..., una especie de Lucifer humanizado.

Por otra parte, Jim Marrs sostiene que Weishaupt estudió las enseñanzas del líder de los *Hassasins* (los Asesinos), una sanguinaria secta musulmana contemporánea de las cruzadas en Tierra Santa, que recibió este nombre porque, antes de sus hazañas, los miembros solían consumir *hasish* (hachís) para iluminarse. Probablemente, por esta razón, el mismo Weishaupt consumía este narcótico para alcanzar la «iluminación» durante los rituales de la orden.

En total, el llamado *Rito de los Iluminados de Baviera* contaba con trece grados de iniciación. A saber: 1.°) Preparatorio; 2.°) Novicio; 3.°) Minerval; 4.°) Iluminado menor; 5.°) Aprendiz; 6.°) Compañero; 7.°) Maestro; 8.°) Iluminado mayor; 9.°) Iluminado dirigente; 10.°) Sacerdote; 11.°) Regente; 12.°) Mago; 13.°) Rey. Si un miembro llegaba al grado de sacerdote podía asumir los poderes del Estado y debía actuar en consecuencia.

Hoy es ampliamente aceptado que el sistema interno de los Illuminati de Baviera copiaba las técnicas jesuíticas de espiar a otros miembros para probarlos y conocer sus debilidades. Denunciarse unos a otros era también otra técnica para asegurarse de que nadie del último escalafón de la orden trabajaría en contra de los demás. En muy poco tiempo, Weishaupt reclutó para su sociedad secreta, a las mejores cabezas de las finanzas, la industria, la educación y la literatura. Utilizó el soborno y el sexo para controlar a los que iban alcanzando posiciones superiores; posteriormente, el chantaje le garantizaba el mantenimiento de este control. En esta etapa, los Illuminati empiezan a utilizar a sus adeptos (los iniciados de grados superiores) como consejeros de políticos, pero siempre desde una posición discreta sin salir de su anonimato. De esta manera, las medidas adoptadas por aquellos beneficiaban a los Illuminati, que pretendían erradicar las condiciones sociales que fueran un obstáculo para conducir a los hombres hacía lo que consideraban su estado natural y de felicidad. Este «sueño» significaba eliminar a las monarquías y a la Iglesia, por lo tanto la orden pronto tuvo enemigos muy poderosos.

Infiltraciones, expansión y ocaso de los Illuminati en Alemania

El «Nuevo Testamento de Satanás», que se trata en el capítulo 6, es un calco de la ideología de los Illuminati, cuyo gran objetivo era y sigue siendo crear un Nuevo Orden Mundial. Este plan exigía que el grupo se expandiera haciendo ostensible su presencia en otros lugares. En julio de 1782, varias logias masónicas se reunieron con un grupo dirigente de los Illuminati en el convento de Wilhelmsbad. Weishaupt, considerado su conocimiento y prestigio, aprovechó la ocasión para unificar y controlar todas las ramas europeas de la organización masónica. Hay que decir que sólo obtuvo un éxito parcial, ya que ni la Gran Logia de Inglaterra, ni el Gran Oriente de Francia, ni los teósofos del sueco Emmanuel Swedenborg le apoyaron. Frustrado por este resultado, uno de los seguidores más fieles de Weishaupt, el barón Von Knigge, dimitió, retirándose a Bremen, donde murió en 1796. El fundador de los Illuminati se sentía entre la espada y la pared; por una parte estaba acosado por los masones ingleses y por la otra, tuvo que soportar la traición de un tal Joseph Utzschneider, que, después de salirse de los Illuminati, envió un documento a la gran duquesa Maria Anna de Baviera, advirtiéndola de que los Illuminati eran responsables de organizar una conspiración, con el fin de extinguir el cristianismo y las monarquías europeas.

El resultado de esta grave denuncia fue que, en 1784, el elector de Baviera, el duque Karl Theodor Dalberg prohibió el establecimiento de cualquier sociedad, fraternidad o grupo secreto no autorizado. La situación se hizo tan delicada que, en palabras de Paul Koch, en su libro *Illuminati*:

Poco después, Weishaupt fue destituido de su cátedra y desterrado, aunque encontró refugio en la corte de uno de sus adeptos, el duque de Saxe, que le nombró consejero oficial y le encargó la educación de su hijo. El resto de los dirigentes de la orden se puso a salvo, refugiándose en la actividad de las logias masónicas europeas y americanas, antes de que, en mayo de 1785, comenzaran las persecuciones, detenciones y torturas de los miembros inferiores de la organización.

En julio del mismo *annus horribilis,* Weishaupt sufrió un serio revés del destino. Durante la noche de 10 de julio de 1785, el abad Lanz, enviado de Weishaupt, fue alcanzado por un rayo mientras galopaba en medio de una tormenta. Fue la gente del lugar quien encontró el cadáver y lo condujo a una capilla. Entre sus ropas encontraron documentos muy comprometedores para los Illuminati, como «El Nuevo Testamento de Satanás». Debido a este golpe de mala suerte, su conspiración a escala mundial se hizo pública, lo cual vino a marcar a esta sociedad secreta con un tinte de malditismo.

Al publicar los documentos de los Illuminati, el emperador Francisco de Austria supo que todas las monarquías estaban en el punto de mira y, especialmente, la francesa, encabezada por Luis XVI y su hija María Antonieta. Con el destierro de Weishaupt y la disolución de la orden, tanto Francisco de Austria como los reyes de Francia se sintieron a salvo, aunque la realidad era bien distinta.

Alianza con los saboteos

En ese mismo año crítico de 1785, los Illuminati, supuestamente desde la clandestinidad, tuvieron una reunión con los saboteos, creando una alianza que demostraría tener una influencia decisiva en la política mundial desde entonces hasta la actualidad. Pero ¿quiénes eran los saboteos? Este movimiento fue fundado a raíz de las enseñanzas del místico y Mesías judío, Shabbatai Zevi (1626-1676), nacido en la ciudad turca de Izmir (o Esmirna). El primer maestro de Shabbatai fue Isaac di Alba con quien estudió la cábala desde 1650. Seis años después, Shabbatai continuó sus estudios con R. Joseph Eskhapa, uno de los mejores cabalistas de entonces. Es muy probable que este concediera a su alumno el título de *hakham* (sabio). Ya antes de 1648, Shabbatai había hecho gala de un comportamiento extraño por lo que se refiere a su desprecio de algunas leyes religiosas y a su proclamación como «Mesías». Tras ser expulsado de Izmir, viajó por Grecia, Tracia, Palestina y Egipto, entre 1651 y 1654. En 1665 conoció a Nathan de Gaza que le confirmó como Mesías, dando lugar a su proclamación oficial el 18 de junio de 1666, año que fue designado como el primero del milenio del Mesías Prometido. Pronto fue reconocido en Palestina y entre los países de la diáspora. Es importante decir que todo el mundo judío de 1665-1666 creyó que Shabbatai no era un mero profeta o maestro si no un Mesías y una encarnación de Dios.

Shabbatai intentó desembarcar en Constantinopla en 1666 pero fue detenido y encarcelado por las autoridades turcas. Se convirtió al islamismo, supuestamente para escapar de una ejecución segura, aunque Nathan y sus otros seguidores interpretaron este hecho de otra manera. Según ellos, su apostasía suponía un descenso voluntario al reino infernal para rescatar las chispas de luz perdidas. Shabbatai murió en el exilio en la población montenegrina de Ulcinj (Yugoslavia). Miles de creyentes saboteos de todo el mundo, pero sobre todo de Asia Menor, le siguen venerando en secreto bajo el disfraz del Islam o del cristianismo. Fue una secta turca conocida como *Donmeh* la que mantuvo vivo el movimiento, extendiéndolo por toda de Europa un siglo más tarde, a través de un judío polaco llamado Jacobo Frank, otro Mesías que afirmó ser la reencarnación de Zevi. Jacobo Frank fundó la secta frankista o zoharista que sostenía que ciertos elegidos estaban exentos de las leyes morales. Esta secta abandonó el judaísmo sustituyéndolo por «una torá superior», inspirada en la *Zohar,* la obra más importante de la cábala judía. Sus miembros se hicieron llamar zoharistas. En 1756, sus seguidores abandonaron la secta debido a las prácticas orgiásticas y rituales extremadamente promiscuos. No obstante la orden recibió protección de la iglesia católica que vio en ellos el instrumento para convertir a los judíos. Gracias a esta protección, los zoharistas debatían en público asuntos tan candentes como la naturaleza blasfema del Talmud o el uso de la sangre cristiana durante los rituales de Pascua.

En su libro *To Eliminate the Opiate* (Para eliminar a los creyentes), el rabino Marvin Antelman advertía que la sociedad de los Illuminati y el CFR (Consejo de Relaciones Extranjeras) estaban instrumentando una guerra oculta contra las religiones, particularmente, contra el judaísmo y en menor medida, contra el cristianismo. Según Barry Chamish, escritor e investigador judío, la importancia de este libro es que prueba que son los judíos las víctimas principales del Nuevo Orden Mundial, y no sus inductores más significativos. En 2002, Antelman publicó la segunda parte del libro donde intenta buscar el origen de la traición contra Israel, encontrándolo en el movimiento saboteo que aglutina a los seguidores de Shabbatai Zevi.

Después de la alianza con los Illuminati, los preceptos saboteos penetraron en los núcleos de poder de todo el mundo, alcanzando Norteamérica e Israel. Antelman se refiere a los seguidores modernos de la secta como *frankistas saboteos satánicos.* El apelativo satánico se debía a que Shabbatai Zevi promovía el antijudaísmo, contrario a la religión creada por Dios. Mientras que la meta real del judaísmo es la supervivencia de la raza elegida, el objetivo de la secta de los Saboteos era su erradicación y, con ello, la de sus seguidores. Para Antelman, los seguidores de Shabbatai Zevi son mucho más perversos que su instigador y sostiene que los saboteos practicaban el incesto, el adulterio y la sodomía. Conspiraban con los Illuminati para destruir las religiones y pretendían agrupar todas las naciones en una sola.

Albert Pike y su plan del Nuevo Orden Mundial

Adam Weishaupt murió en 1830 a la edad de ochenta y dos años. En 1834, Giuseppe Mazzini asumió el liderazgo de la logia de los Illuminati, manteniendo este puesto hasta su muerte en 1872. Durante su mandato mantuvo correspondencia con el satanista y masón de grado 33, Albert Pike, Gran Comandante Soberano del Rito Escocés Antiguo y Aceptado de los Francmasones, perteneciente a la jurisdicción del Sur de Estados Unidos, y más tarde, fundador del Ku Klux Klan. Mazzini había nombrado a Pike jefe de operaciones de los Illuminati en Estados Unidos, y los dos cooperaron estrechamente. Pike se encargó de los aspectos teosóficos de sus actividades y Mazzini asumió los asuntos políticos. En cierta ocasión, como consecuencia de la mala reputación en Europa de las logias masónicas del Gran Oriente, por las actividades revolucionarias de Mazzini, este escribió a Pike, el 22 de enero de 1870, presentándole una solución:

> *Debemos dejar que todas las federaciones sigan igual, con sus mecanismos, autoridades centrales y distintos modos de correspondencia entre los grados altos del mismo rito, organizados como están en la actualidad; pero debemos crear un «super rito» que permanezca desconocido, para el cual sólo convocaremos a aquellos masones de grado superior a quienes seleccionamos. Con respeto a nuestros hermanos masones, deben jurar mantener sus actividades bajo el más estricto secreto. Mediante este rito superior; controlaremos a todos*

los masones dando lugar a un único centro internacional, el más poderoso porque su dirección sería desconocida.

Según Jan van Helsing, esta elite procede del grado 33 del Rito Escocés. Al igual que muchos ocultistas, Albert Pike tenía un «guía espiritual» que le orientaba en sus estrategias para implantar el Nuevo Orden Mundial. En una carta que envío a Mazzini, el 15 de agosto de 1871, transcribe uno de los mensajes que recibió de su guía. El contenido de la misiva incluye planes para provocar tres guerras mundiales, describiendo con gran precisión acontecimientos que han ido sucediendo dentro de su macro agenda mundial. Lógicamente, estas coincidencias no deben ser atribuidas a los poderes proféticos del guía espiritual de Pike, sino a los agentes de los Illuminati que se han encargado de manipular los sucesos políticos para hacer realidad dichos planes.

La supuesta exposición de la citada carta en el Museo Británico, en 1925, no está exenta de polémica. Algunos investigadores dan como válida la versión del cardenal Caro Rodríguez, quien sostenía que la carta había sido catalogada y expuesta por el Museo Británico, extremo que niegan los responsables del Museo. Sea como fuere, las siguientes líneas extraídas de la carta en cuestión mostrarían que las tres guerras mundiales habían sido premeditadamente planeadas tiempo atrás:

La Primera Guerra Mundial permitiría a los Illuminati eliminar el poder de los zares en Rusia dejando el país en manos de los comunistas. Las diferencias instigadas por los agentes de los Illuminati entre los imperios británico y germánico servirían para fomentar esa guerra. Al final de la cual, el comunismo quedaría establecido y utilizado para destruir otros Gobiernos y debilitar las religiones.

Es un hecho que la alianza política de Gran Bretaña y Alemania, forjada entre 1871 y 1898 por Otto von Bismarck, fue un instrumento decisivo para el estallido de la Primera Guerra Mundial.

La Segunda Guerra Mundial tendría a los fascistas a un lado de la línea y a los sionistas en la otra. Para acabar con el fascismo y fortalecer el sionismo político con vistas a la creación del Estado de Israel en Palestina había que ahondar en la sima que separaba a ambos. Durante la Segunda Guerra Mundial, el comunismo interna-

La pirámide truncada con el ojo que todo lo ve y el lema *Novus Ordo Seclorum*, del Gran Sello de los Estados Unidos, es considerada como un símbolo *illuminati*.

> *cional tenía que ser lo suficientemente fuerte como para equilibrar el poder del cristianismo, que quedaría controlado y restringido hasta utilizarlo posteriormente para el cataclismo social final.*

Acabada la Segunda Guerra Mundial, la fuerza del comunismo se puso de manifiesto con la absorción de Gobiernos más débiles con la connivencia de los aliados occidentales. En 1945, la conferencia de Potsdam, entre Truman, Churchill y Stalin, legalizó la entrega de parte de Europa a Rusia, mientras que las secuelas de la guerra con Japón contribuyeron al desarrollo del comunismo en China.

> *La Tercera Guerra Mundial debe fomentarse sobre la base de las diferencias ahondadas una vez más por los agentes de los Illuminati entre sionistas políticos y líderes del mundo islámico. La guerra se*

debe conducir de tal manera que el Islam y los sionistas (Estado de Israel) se destruyan mutuamente. Mientras tanto, las otras naciones, divididas habitualmente sobre este asunto, se verán obligadas a luchar hasta llegar al agotamiento físico, moral y económico. La idea es dejar que los nihilistas y los ateos provoquen un cataclismo social dramático que enseñe a las naciones la consecuencia del ateísmo absoluto, origen del salvajismo y el desorden sangriento. Después, en todas partes, los ciudadanos se verán obligados a defenderse contra una minoría global de revolucionarios y exterminarán a estos destructores de la civilización y, desilusionados del cristianismo, recibirán la luz verdadera a través de la manifestación universal de la pura doctrina de Lucifer. Esta manifestación sera el resultado del movimiento reaccionario general que seguiría a la destrucción mutua tanto del ateísmo como del cristianismo.

Desde los atentados terroristas del 11 de septiembre de 2001, los acontecimientos en Oriente Medio muestran una inestabilidad creciente entre los sionistas y los árabes. La situación en Irak, Afganistán, Palestina y, en un próximo futuro, Irán y Siria podría agravarse hasta tal punto que una Tercera Guerra Mundial sería inevitable.

Números, símbolos v señales

Franklin Delano Roosevelt, presidente de Estados Unidos antes de Truman y masón de grado 33, decía que nada sucede en política por casualidad, tal y como pretendo mostrar en este libro. Casi todas las tragedias orquestadas por los Illuminati ocurren en fechas simbólicas cuyo análisis revela un hilo común relacionado con acontecimientos anteriores.

Veamos, en primer lugar, el simbolismo y los números especiales incorporados en el diseño del billete de un dólar.

La mitad izquierda del anverso del billete muestra el «gran sello de Estados Unidos», formado por una pirámide truncada, encima de la cual se sitúa un triángulo rodeado de luz con un ojo abierto en su centro. Tradicionalmente la forma de la pirámide ha sido considerada como símbolo esotérico cuyo significado es la convergencia hacia lo alto, la fuente de la iluminación suprema y el punto de la no-dualidad, es decir, lo Absoluto. Una pirámide truncada y coronada por un triángulo, parece indicar que el camino de la humanidad hacia Dios esta cortado; existe una separación entre la parte superior de la pirámide y la base del triángulo haciendo que lo Absoluto sea inalcanzable. Ese triángulo isométrico con un ojo también aparece en los blasones de las logias masónicas de todo el mundo, aunque no es un símbolo masónico propiamente dicho. Su introducción fue posterior a la infiltración de los Illuminati en las logias masónicas a finales del siglo XVI. Los Illuminati lo llamaban su *delta resplandeciente.* El ojo alude a la capacidad de los Illuminati de verlo todo, como el Gran Hermano de la novela de George Orwell, *1984.* El delta resplandeciente representa el esclarecimiento mental, así como la letra griega «delta» alude a la transición. La base de la pirámide y el lado occidental están en sombra. Según el escritor británico, Simon Cox, en su libro *Diccionario de ángeles y demonios,* algunos investigadores afirman que dicha sombra representa la oscuridad en el oeste del país, que no había sido explorado todavía en aquellos momentos. También el Sol, que es un símbolo muy importante de la logia de los Illuminati, se pone en el oeste abriendo el camino hacia la oscuridad. En un universo dual existen los opuestos, como son la oscuridad y la luz. El triángulo, sin embargo, no tiene zona sombreada. Esto es intencional, ya que el dios de los Illuminati resplandece también en la oscuridad.

En la base de la pirámide viene la fecha de 1776 en números romanos, el año de nacimiento de los Illuminati de Baviera, concretamente el 1 de mayo; 1776 es también el año de la declaración de Independencia, aunque el día es el 4 de julio.

La transición representada por la mencionada «delta resplandeciente» está reflejada en las palabras latinas al pie de la pirámide, NOVUS ORDO SECLORUM, es decir, el «Nuevo Orden Seglar». Hay que recordar que para los Illuminati las religiones son un estorbo en el camino del esclarecimiento científico. Las palabras IN GOD WE TRUST («en dios confiamos») pueden parecer contradictorias, aunque su significado es que Dios está más allá de las religiones y es la energía común que aglutina a todos. Estas palabras coronan a otra en el centro del billete, ONE que significa «uno». Es decir, dios es *uno* y no patrimonio exclusivo de una religión. Por encima del triángulo se ven las palabras, ANNUIT COEPTIS, cuya traducción viene a decir, «ha favorecido a nuestra empresa». La referencia apunta hacia los que habían colaborado y colaboran para que se produjera esa transición hacia la luz. Si consideramos los objetivos de los Illuminati, el dios que veneran es Lucifer, portador de la luz para ellos y sombra para el resto de la humanidad.

Karl Theodor, conde paladín y duque de Baviera, aprobó el edicto que llevó a los Illuminati a su disolución.

Los Illuminati y el número 13

Es interesante reproducir unas palabras de Simon Cox sobre el número 13 en relación con el dólar:

> *En la pirámide del Gran Sello hay 13 escalones; 13 letras en ANNUIT COEPTIS: 13 letras en la frase E PLURIBUS UNUM («una nación formada por muchos pueblos») que sostiene en el pico el águila del Gran Sello: hay 13 estrellas encima del águila; 13 hojas en la rama del olivo que sostiene ésta; 13 barras en el escudo detrás del cual esta el águila; 13 penachos de plumas en cada tramo del ala del águila y 13 flechas sujetas en la otra garra. Además en la firma de la declaración de Independencia había 13 firmantes y 13 colonias: también hay 13 franjas en la bandera de Estados Unidos.*

Conclusiones

Se dice que la orden de los Illuminati de Baviera desapareció oficialmente tras la persecución de sus miembros en la Alemania de 1785, pero la verdad es bien distinta. Algunos de sus miembros huyeron a otras zonas de Europa y a Estados Unidos. A finales del siglo XIX no quedaban Illuminati en Europa, aunque encontraron su refugio ideal en Estados Unidos, donde han seguido operando desde entonces y donde gozan de la situación ideal para continuar y crecer en ese Nuevo Mundo. El Gran Sello y otros diseños en el billete de un dólar, así como varias cartas reveladoras, son pruebas de ello. En el mismo año del destierro de Weishaupt y la prohibición de la secta, se constituye la logia Colombia de los Illuminati, en Nueva York, y de ahí la orden de los Illuminati de Estados Unidos, conocida como la logia Rockefeller desde principios del siglo XX. Fue Albert Pike quien propuso un plan diabólico para implantar al Nuevo Orden Mundial a través de tres guerras mundiales y de la entrega del planeta a Lucifer. Muchos de los sucesos políticos trágicos de los últimos cien años han sido provocados por esta siniestra secta y es muy posible que durante este siglo sigan la misma política para alcanzar su objetivo.

9

10 de agosto de 1792
«Le jour de gloire est arrivé»

Le jour de gloire est arrivé.
El glorioso día ha llegado, «La Marsellesa»

L'audace, *encore* l'audace, *toujours* l'audace.
(La audacia, más audacia, siempre la audacia.)
GEORGES JACQUES DANTON, 1792

El toque a rebato despertó bruscamente a los ciudadanos de París de su sueño. *«Allons, enfants de la patrie... »*

Fue seguido por el disparo de un cañón. *«Aux armes, citoyens!»*

Pasaban unos minutos de la medianoche del 10 de agosto de 1792. El rey estaba durmiendo profundamente tras una agradable cena. De repente una explosión lo despertó, igual que un sonámbulo el rey salió torpemente de la cama, un hombre obeso con una bata de color grana y la peluca torcida. Sus gordezuelos labios temblaban. Se sentía perdido entre la confusión del sueño interrumpido y los ruidos amenazadores.

—Luis, ¿qué está ocurriendo? —preguntó la reina, sujetando ansiosamente el camisón contra su cuerpo. El toque a rebato seguía sonando.

El duque de La Rochefoucauld entró precipitadamente en la habitación. El rey parecía asustado:

—¿Qué es? *¿Une révolte?*

—*No, sire,* c'est une *révolution!* ¡Es una revolución!

«Yo reino con mi trasero en la silla de montar y la pistola en la mano», anunció Enrique IV, el primer rey Borbón, el día de su coronación en 1572. He ahí un monarca que bebía más cerveza que diez de sus soldados juntos, que les conducía al campo de batalla poniéndose él al frente, y que pasaba el tiempo que no estaba guerreando con alguna de sus sesenta y cuatro amantes. Enrique IV, rey de Francia y de Navarra, fue sin duda uno de los monarcas más pintorescos de la historia europea. No era un intelectual sino un hombre de acción, y su Corte se convirtió en una mezcla entre un barracón de caballería y un burdel. Enrique de Navarra fue sin duda el más popular de todos los reyes franceses, alguien cuyo sueño era que todos y cada uno de sus súbditos pudiera tener un pollo para su comida dominical.

El siguiente monarca de la dinastía borbónica fue Luis XIII, casado con Ana de Austria. El nuncio papal le dijo que el cielo (y la Francia católica) necesitaba un heredero, y el joven rey cumplió con sus deberes maritales. Pero por lo que se refiere a gobernar un reino, era demasiado joven e inseguro. Tuvo la suerte de que se cruzara en su camino Armand de Plessis, un hombre más conocido en la historia como «cardenal Richelieu». Cuando Richelieu murió en 1642, había convertido a Francia en el mayor reino de Europa. El 14 de mayo de 1643, el día en que Luis XIII, de sólo cuarenta y un años de edad, yacía en su lecho de muerte, pidió que acudiera a verle su hijo. «¿Cómo te llamas, hijo?» No hubo rastro de timidez en la respuesta del niño: «Luis XIV».

Este rey, el más ostentoso de todos los soberanos franceses, adoptó el Sol como su emblema *y* declaró: *«L'état c'est moi!* (Yo soy el estado)». Y después añadió: «La guerra, cuando la necesidad lo exige, es un acto justo no sólo permitido, sino obligado para los reyes. Es un grave error pensar que uno puede alcanzar los mismos objetivos con medios menos contundentes». Qué diferente hubiera sido la historia de Francia, y probablemente la de Europa, si el futuro Luis XVI hubiera hecho caso a estas palabras de su ilustre predecesor.

El reino de Luis XV fue una época de gran refinamiento pero también de considerable conflicto. Su descarado estilo de vida, así como sus futiles guerras, vaciaron las arcas del tesoro. Perdió Canadá, el valle de Ohio y la

Luisiana ante los británicos. Francia entró rápidamente en declive. Surgió el conflicto en su seno, alimentado por una generación de grandes filósofos franceses cuyo pensamiento iba a influir sobre el mundo entero. Voltaire y Montesquieu, de inclinaciones liberales, querían que la monarquía aceptara una nueva forma de sociedad. El sarcástico Beaumarchais no esperaba gran cosa de las reformas sociales. Los extremistas Diderot y Rousseau expresaban en voz alta y fuerte sus dudas de que la sociedad supiera encontrar por sí misma la fuerza para imponer la reforma; rebeldes contra el dogmatismo y mártires del libre pensamiento y opinión, predijeron que el cambio tendría que ser impuesto por un ejemplo que viniera de fuera.

Este no tardó en llegar. En América del Norte estalló un conflicto entre los colonos y la Corona. Europa estaba esperando el resultado de los acontecimientos para repetir lo que estaba teniendo lugar en el otro lado del Atlántico. Si los ciudadanos de Boston y Filadelfia podían encontrar la felicidad aplicando los principios de los pensadores franceses, ¿por qué seguir soportando a los viejos ídolos monárquicos? En 1774 Luis XV se estaba muriendo. Su hijo, un gordinflón delfín de dieciséis años, estaba casado con la archiduquesa María Antonia de Austria, una rubia caprichosa de quince años. Su herencia iba a ser un reino al borde de la quiebra. Las palabras del viejo rey moribundo fueron una aciaga predicción: «*Après moi, le déluge.* (Después de mí, el diluvio)». El chico gordito y la chica rubia ascendieron al trono como el rey Luis XVI y la reina María Antonieta. Sus vidas fueron una auténtica tragedia shakesperiana. Luis se abandonó a la glotonería y pasó la mayor parte de su tiempo como monarca en un taller privado que había detrás de su sala oficial de recepciones. Su afición preferida era arreglar relojes y cerraduras. A la veleidosa María Antonieta le encantaba bailar y apostar. Se refería a su marido como «*le pauvre garçon,* (el pobre chico)», un comentario sobre su deficiente desempeño —o su falta— en el lecho conyugal. Su vida era la de una coqueta, y entre sus aventuras se encontraba el alto y misterioso conde Fersen, un coronel del regimiento real sueco. Abundaban los rumores acerca de sus juegos entre sábanas de raso negro, que la convirtieron en una Mesalina de la época. Por las tabernas circulaban dibujos obscenos de la reina. Su reputación de frívola, extravagante y falsa le ganaron el mote de *l'Autrichienne* (la austríaca), o l'*autre chienne* (la otra perra), y fue tan odiada por «su pueblo» que se convirtió en un estorbo que iba a acabar en la guillotina.

La primera incursión del rey en una guerra fue contra el eterno enemigo de su país, Inglaterra, cuando ofreció su apoyo a los colonos rebeldes de

Virginia. En 1779, 7.500 tropas francesas bajo el mando de Rochambeau y el marqués de Lafayette, de sólo diecinueve años, obligaron al general Cornwallis a rendirse en Yorktown. La guerra de la independencia americana resultó ser un costoso asunto. Jacques Necker, un barrigudo banquero suizo, fue nombrado director de Finanzas. En su Compte rendu au Roi (declaración fiscal), Necker apuntó humildemente que Francia se enfrentaba a la bancarrota. El país entró en un período de depresión, pero la Corte no moderó en absoluto su ostentoso estilo de vida. Esta situación llevó a unas exigencias por parte de la burguesía para que se rectificaran las leyes vigentes sobre impuestos. La Corte buscó un chivo expiatorio. El eficaz Necker fue despedido y sustituido por el incompetente Charles Calonne, cuya política de «el hombre que pide prestado debe tener el aspecto de ser rico» agradó al rey.

Como si los problemas maritales de Luis no fueran suficientes, el episodio del collar de diamantes llevó al país a un punto de ebullición. Un joyero le había mostrado a la reina un collar de exquisita belleza, pero resultaba demasiado extravagante para su peculio. La condesa de la Motte-Valois se había deslizado en el lecho del cardenal Louis de Rohan, un vanidoso hombre de cuarenta y cuatro años cuya ambición era convertirse en otro cardenal Richelieu. Ella persuadió a Rohan para que comprara el collar y se lo regalara a la reina, sobre la cual, según le contó al crédulo Rohan, ella tenía influencia. En una noche sin luna en el parque de Versalles, una prostituta con velo, con un parecido asombroso con la reina, se encontró con el cardenal y le ofreció una rosa. El cardenal se sintió jubiloso por esta aparente muestra de favor. Llegó a un acuerdo para pagar los plazos de la joya, tomó posesión de la misma y la pasó a la condesa, quien iba a entregar este humilde presente a su «amiga íntima» la reina. En una irónica escena de «visto y no visto», la condesa pasó los diamantes a su marido, quien partió hacia Londres y allí procedió a vender las piedras. El joyero esperó una semana antes de reclamar el pago precisamente a la reina. El rey se sintió escandalizado, la condesa de la Motte-Valois fue tildada de ladrona y el cardenal de Rohan fue expulsado de París. Pero el daño ya estaba hecho y el odio público persiguió a María Antonieta, que pasó a ser llamada «la *Reine Déficit*» y acusada de robar los fondos estatales mientras el pueblo de París pasaba hambre. (Napoleón consideraba que el asunto del collar de Rohan fue la clave de la Revolución.)

Otro hecho, olvidado desde que tuvo lugar en el otro lado de la frontera, fue un paso más hacia la Revolución francesa. El despotismo del estatúder

El 10 de agosto de 1792 las masas asaltaron el Palacio de las Tullerías, y la Asamblea Legislativa suspendió las funciones constitucionales del rey.

de Holanda, el príncipe Guillermo V, había disgustado de tal manera a los mercaderes y burgueses que éstos le expulsaron. En 1786 recuperó el poder apoyado por la flota inglesa. Por una vez, los franceses lograron beneficiarse de la tensa situación política en Holanda. El marqués de Rayneval, enviado por el rey Luis a los Países Bajos, quedó conmocionado por lo que allí descubrió. «El fervor del Partido Patriota ha progresado de forma aterradora y si no es detenido, se teme que pueda causar una explosión de consecuencias incalculables.» Debido a la falta de ayuda por parte de París, la revuelta Barbacana holandesa de 1787 tuvo un rápido fin. Como resultado, los revolucionarios holandeses vencidos huyeron a Francia llevando consigo sus ideas revolucionarias y su ardor radical.

Al año siguiente otras dos desgracias cayeron sobre el reino: una cosecha desastrosa y el invierno más frío que se recordara. Con cada vez menos alimentos y una economía tambaleante, Francia se dirigía hacia una época de privaciones y descontento. La cuestión acuciante era si los franceses iban a soportar estoicamente esas privaciones, como tantas veces habían hecho antes o si se iban a rebelar airadamente contra el viejo orden político. Mientras que la Corte reflexionaba sobre esta cuestión, al tiempo que no hacía nada para aliviar el sufrimiento del pueblo, la población de París comía gatos y ratas. Miles de personas perecieron en el terrible invierno de 1788. Con la hambruna diezmando sus ciudades y sus finanzas en un estado lamentable, Francia entró en el año 1789. La catastrófica situación forzó al rey a dar un paso desesperado. Convocó una reunión de los *États Généraux* (estados generales) para el 4 de mayo de 1789. La Asamblea estaba compuesta por los 270 nobles de la alta aristocracia, o primer estado, que por derecho de nacimiento estaban exentos de pagar impuestos. También estaban presentes 291 miembros del clero, o segundo estado, que también se beneficiaban de una existencia libre de impuestos. El último grupo era el *Tiers État,* el tercer estado, cuyos 578 diputados eran seleccionados entre la alta y la pequeña burguesía. Este grupo sostenía sobre sus hombros toda la carga financiera de Francia. El tema de una «abolición de privilegios» era el punto crucial del programa; un sacerdote del bajo clero, el abate Sieyés, había planteado la cuestión: «¿Qué es el tercer estado? *¡Todo!* ¿Qué ha representado hasta ahora en un nivel político? *¡Nada!* ¿Qué es lo que pide? *¡Ser algo!*». Los bancos del gran salón de Versalles se encontraban repletos: la nobleza vestida con ropajes de seda, aunque con los puños más bien desgastados, el clero vestido de negro, con algunas figuras carmesí o púrpura; y la clase media con ropas sencillas y en algunos casos deslustradas. La nobleza quedó conmocionada cuando el primo hermano del rey, el duque de Orleans, y el conde Gabriel Honoré de Mirabeau se unieron al banco del tercer estado.

Nadie trabajó más intensamente para salvar al reino de sí mismo, y recibió menos gratitud por ello, que Mirabeau. Su personalidad era impresionante; fue la fuerza individual más poderosa que se atrevió a desafiar al rey. Puso en marcha una serie de acontecimientos que iban a desembocar en la Revolución francesa. Era aborrecido por la nobleza porque había desertado de su clase; la burguesía desconfiaba de él porque era de origen noble; y el rey opinaba que Mirabeau era un *chien enragé* (perro rabioso). Todos lo juzgaron erróneamente. Mirabeau estaba profundamente interesado en mantener el orden, pero no en perpetuar *l'ancien régime, el* antiguo régimen de privilegios. Siguió siendo monárquico de corazón, pero no podía tolerar la idea de ceder ante un rey irremediablemente débil. «La monarquía es la única ancla de esperanza que puede evitar que esta nación naufrague contra los escollos —repetía una y otra vez—. Pero, acordaros de mis palabras, el rey y la reina perderán, y el populacho airado luchará por encima de sus cadáveres.»

Mirabeau podía presentir la tormenta que se avecinaba. El poder ya no residía en una empobrecida aristocracia; la riqueza del país había cambiado de manos y también lo había hecho el equilibrio de poder. Había oro escondido bajo los colchones de la burguesía, de sus 26 millones de individuos. La clase media alta controlaba el dinero del país a través de los bancos. La pequeña burguesía aportaba el comercio y la infraestructura social. Los fabricantes de pelucas y los cerveceros enviaban a sus hijos a las escuelas del barrio latino, de donde salían licenciados como médicos, abogados y profesores. Los hijos de la Revolución fueron reclutados entre la *basoche:* la profesión legal; estos delegados burgueses sabían leer y escribir pero, más importante aún, sabían hablar.

Un segmento de la sociedad estaba ausente, el de «las pequeñas gentes». Fue esta clase no representada, una vez excitada por agitadores sin escrúpulos para beneficio propio, la que demostró un odio implacable hacia la Iglesia y la nobleza y condujo a los notorios excesos de la Revolución.

En mayo de 1789 el control estaba en manos de la burguesía. La aristocracia y el clero no lo veían así; hasta entonces la firmeza había jugado en su favor y se negaron a cambiar. Si hay algo cierto es que la firmeza no puede durar eternamente. El 23 de junio de 1789 el delicado equilibrio se quebró. Algunos miembros del tercer estado se encontraron con las puertas de su sala de asambleas cerradas. Con el conde Mirabeau al frente, se dirigieron como un solo individuo hacia el cercano Jeu de Paume (pista de tenis interior) donde juraron su famoso *Serment du Jeu de Paume,* o juramento del juego de Pelota, de «no abandonar el lugar hasta no haber haber redactado una Constitución para Francia». Con este paso se autoproclamaron única Asamblea Constituyente Nacional legal, también llamada Convención Nacional. Cuando el rey tuvo noticia de ello, rápidamente envió a su maestro de ceremonias para que ordenara la disolución de la asamblea no constitucional. El conde Mirabeau se quedó mirando fijamente al enviado del rey y con voz estentórea pronunció su famosa réplica: «¡Dile a aquellos que te han enviado que estamos aquí por voluntad del pueblo y que sólo nos sacarán a punta de bayoneta!». El monarca no se sabía la lección de cómo empiezan las revoluciones ni de cómo una cadena de malentendidos puede acabar con los deseos de moderación y conducir a unos excesos que pueden hacer temblar las naciones. Lo único que hizo fue encogerse de hombros: «Pues si no se quieren ir, ¡que se queden!».

Únicamente Mirabeau se dio cuenta de que si Francia iba a salvarse, ello sólo sería posible mediante la formación de una monarquía constitucional. (Su caída demostró ser incomparablemente más dramática.) Su resolución sentó las bases para el futuro acontecimiento. «La Convención Nacional declara que la persona de cualquier delegado es inviolable y que todos aquellos que se atrevan a perseguir a un delegado, no importa quién dé la orden, serán considerados traidores a la nación y culpables de un crimen capital. »

Mirabeau, el mayor de los realistas sobre las doctrinas de la Revolución francesa, instó a su rey a que se pusiera al frente del movimiento para el cambio, no en su contra. «Señor —argumentaba—, la idea de la monarquía no es incompatible con la Revolución. Señor, abolid los privilegios, modernizad el estado y su majestad saldrá más fortalecida que nunca.» Qué diferente hubiera sido la historia si Luis XVI hubiera escuchado al sabio profeta. En lugar de ello ordenó de forma insensata que 30.000 tropas marcharan sobre París. Esto conmocionó a los ciudadanos y les hizo pasar a la acción. Se levantaron barricadas y Camille Desmoulins, un exaltado estudiante de leyes, exhortó a los ciudadanos para que cogieran mosquetes y pólvora de las torres de la Bastilla. Después de disparar algunos tiros que no hirieron a nadie, los treinta y dos guardianes de la prisión depusieron las armas. Una muchedumbre airada asaltó las torres, decapitó al alcaide y paseó su cabeza clavada en una estaca. La violencia se apoderó de las calles ese día, el 14 de julio de 1789. El resto es historia. Con la caída de la Bastilla, símbolo del *ancien régime,* terminó el antiguo orden de los privilegios monárquicos. París había caído en manos de la anarquía: patrullas armadas entraban en las residencias de los ricos y las incendiaban; las iglesias fueron saqueadas y las cabezas de las estatuas religiosas arrancadas; siervos armados con horcas y hoces masacraron a la nobleza y quemaron sus castillos. El conde d'Artois (el futuro Carlos X) huyó de Francia y fue seguido por los duques de Berry, Angoulême, Condé, Enghien y 20.000 aristócratas más.

Seis semanas después, el 26 de agosto de 1789, llegó el principal logro de la Revolución: la Declaración de los Derechos del Hombre, basada en gran parte en el texto de la Declaración de Derechos de Virginia. Cuando 5.000 mujeres entraron en Versalles dos meses más tarde pidiendo pan, se dice que María Antonieta comentó: «¿Por qué no comen pasteles?». Para calmar a esa multitud el rey accedió a la demanda de las mujeres de que las acompañara a París. A efectos prácticos, el rey se había convertido en prisionero de la Revolución. A partir de entonces, su poder se limitó a ser el que el pueblo decidiera otorgarle en cada momento.

En ese punto crucial apareció en la escena política un hombre que añadió más leña al descontrolado fuego de «las pequeñas gentes». Jean-Paul Marat era un doctor y periodista suizo. «Una rata furiosa que salió a la luz del día cuando las alcantarillas se le quedaron pequeñas, que devoraba cuanto se ponía a su paso, el típico representante de la chusma de tabernas y burdeles, cuya existencia siempre había sido clandestina, viviendo del robo y del asesinato.» Así es como un revolucionario alemán describió a *l'ami du peuple,* el amigo del pueblo. En su primera edición del periódico del mismo nombre, Marat sentó el tono al lanzar un mordaz ataque contra Luis XVI: «Un debilucho sin alma, indigno de sentarse en el trono, una veleta hábilmente manipulada por sus cortesanos, un tirano empujado al crimen. Uno cuya conducta siempre ha sido una trama de inconsecuencias y horrores, un déspota que se lava las manos con la sangre del pueblo, un monstruo que conspira contra la *liberté* pública y que debe ser considerado un criminal ante los ojos de la justicia». Tales frases inflamaron a «las pequeñas gentes», los trabajadores manuales que trabajaban para sus amos y que incluso vivían con ellos. Las ciudades no estaban divididas en barrios ricos y barrios pobres; gentes de todas las clases vivían juntas en las mismas casas y en las mismas estrechas callejuelas. Según su *arrondissement* (distrito) se agrupaban por secciones, pero no tenían nada en común con el proletariado de la era industrial.

Mirabeau murió el 2 de abril de 1791: «Os dejo con un pensamiento desesperanzado y cruel: a menos que detengáis los excesos, estos os llevarán a una tragedia, del asesinato de un individuo a una masacre, de la caída de un rey a la caída de un país». Con la muerte de Mirabeau el rey perdió toda esperanza de recuperar el trono. Decidió huir. A medianoche del 20 de junio de 1791, un hombre vestido con una larga capa acompañó a una mujer que llevaba de la mano a una niña y a dos otras mujeres a un carruaje. Un alto cochero las ayudó a entrar en él. El hombre era Luis, la mujer María Antonieta, la «niña» era el delfín Luis-Carlos, y el cochero era el amante de María Antonieta, el conde sueco Fersen. Una carroza les aguardaba en las afueras de París, ¡pintada de amarillo brillante y con la insignia real! A sólo unas horas de la frontera, Fersen tomó un desvío equivocado y tuvo que dar

El 14 de julio de 1789, con la toma de la Bastilla, dio comienzo la Revolución.

la vuelta; le preguntaron a un joven lugareño cuál era el camino y el rey depositó una moneda en la mano del muchacho, ¡un louis de oro! El chico corrió para alertar al comité revolucionario local.

En el puente de Varennes la escapada real tocó a su fin.

—Alto, ¿quién va?

—Madame Korff, de camino a Frankfurt —contestó la reina altanera.

Monsieur Saussé, diputado y alcalde de Varennes, replicó:

—Las dificultades del camino son lo suficientemente importantes para pediros que abandonéis el carruaje. Os ofrezco mi casa para pasar la noche.

Quien dirigía el grupo armado era el administrador de correos local, Drouet:

—¿Cómo es que un destacamento especial de dragones os está esperando en la otra orilla? Debéis salir inmediatamente o abriremos fuego. La reina, seguida por el rey, bajó del coche.

—¡Sois el rey! —gritó Drouet—. ¡Os reconozco!

—Pues si me reconoces, ¿por qué no muestras el debido respeto a tu soberano? En lugar de recibir el esperado respeto, el rey fue encerrado en la habitación de una casa cercana.

Saussé despachó una llamada urgente a los pueblos de los alrededores:

—Acudid con vuestras armas, hemos capturado al rey.

María Antonieta intentó suplicarle a la esposa del alcalde:

—Madame Saussé, pensad en lo que siento por el rey y por mis hijos. Una reina de Francia os deberá gratitud eterna.

—Vos pensáis en el rey y yo pienso en monsieur Saussé.

La familia real fue escoltada de vuelta a París. Por el camino la gente arrojó piedras al carruaje y en su vergonzoso retorno a París, Luis vio su efigie colgando de un farol. Esto fue suficiente para que María Antonieta expresara sus temores de que alguien intentaba asesinarles. «Esa huida era un camino hacia la vergüenza o el verdugo. Sólo existe una manera de escapar del trono, y es la abdicación —escribió Lamartine—, pero Luis no abdicó. Desde ese momento pasó a ser un traidor para la Revolución y una marioneta en manos de sus líderes.»

El 17 de julio de 1791, un grupo de republicanos radicales dirigidos por Marat se reunió en los Champs de Mars. Declaró que el rey era innecesario, pero escogió el momento equivocado; Francia todavía no estaba dispuesta a convertirse en república. El general Lafayette ordenó a su guardia nacional disparar contra la multitud. Cincuenta personas murieron. La Convención se dividió en dos campos: los girondinos, que representaban a la burguesía rica, y los extremistas jacobinos, a quienes apoyaban «las pequeñas gentes». Ambas partes forzaron al rey a subscribir la nueva constitución. Luis se convirtió entonces en un simple representante, un error fatal que la burguesía lamentaría más tarde. La persona del rey había sido el único instrumento constitucional que podía hacer frente a los extremistas y ahora la clase media dejaba la puerta abierta a unos locos furiosos dispuestos a utilizar la brutalidad de las masas. Un nuevo elenco hizo su entrada en el escenario público.

El siguiente fue un año de decisiones. El 20 de abril de 1792 Francia declaró la guerra a la monarquía de los Habsburgo. En julio el duque de Brunswick tomó Francia al asalto al frente de un poderoso ejército de 75.000 hombres y declaró su intención de devolver al monarca francés a su legítimo puesto. Esto selló el destino del rey. Aunque tuvieron que pasar otros seis meses, el proceso era ya irreversible. Un cierto Georges Jacques Danton, miembro del Club de los Jacobinos, planificó meticulosamente el asalto. Danton, sin duda el más brillante de todos los oradores revolucionarios, provenía de una pequeña ciudad francesa. Había estudiado leyes y fue elegido abogado del Consejo Real. No participó en los acontecimientos de julio de 1789 pero entró en activo en 1791 al fundar el Club de los Cordeliers, predecesor de los jacobinos. Después de los hechos de agosto de 1792 fue nombrado ministro de justicia y como tal estableció el Tribunal Revolucionario, un organismo manchado de sangre que se iba a convertir en el brazo institucional del Terror. Con la aprobación tácita de Danton, empezaron los problemas. Hacía ya días que corrían histéricos rumores de que millares de tropas leales al rey estaban entrando en la ciudad y que los comités de sección iban a entregar a cada *citoyen* un arma para luchar hasta la muerte. «*¡Liberté ou la mort!* (¡Libertad o muerte!)», el toque a rebato seguía insistiendo, acompañado por las campanas de las sesenta iglesias de la ciudad. «*Aux armes, citoyens!* (¡A las armas, ciudadanos!)» De las calles llegaba una babel de voces, exhortando a todo hombre y mujer capaz de hacerlo que se uniera a la resistencia contra el diabólico plan urdido por un rey y la perra de su reina. «*Formez les bataillons*! (¡Batallones, a formar!)» Los dirigentes de la Revolución habían prometido solemnemente luchar sección por sección, calle por calle, casa por casa. «*Aux barricades!* (¡A las barricadas!)» Las masas acudían al centro de la ciudad. Alguien entre la multitud entonó la primera nota de un canto revolucionario recién compuesto... «*Allons, enfants de la patrie, le jour de gloire est arrivé...* (Vamos, hijos de la patria, el glorioso día ha llegado...)»

Los extremistas finalmente habían dirigido sus disciplinados talentos hacia la realización de sus objetivos revolucionarios. Grupos de radicales jacobinos habían tomado el poder de manos de los guardianes del Hôtel de Ville (el edificio del Ayuntamiento) y establecido una «Comuna de la Insurrección». Su plan era derrocar la Convención y hacerse con el poder nacional, pero primero tenían que deshacerse del rey constitucional. Cuando tuvo lugar el *coup d'état* jacobino en el Ayuntamiento, el hombre que todos tenían en mente estaba dormido en su cama de las Tullerías, en una tranquila ignorancia. La reina, sus damas y su mejor amiga, la princesa de Lamballe, seguían despiertas, jugando a las cartas. Los corredores del gran palacio estaban a oscuras y en silencio. Sólo la llama vacilante de alguna que otra vela delataba la presencia de varios viejos nobles que patrullaban los pasillos, armados con poca cosa más que unas espadas de exhibición, difícilmente eficaces contra las bayonetas y alabardas que poseía la airada multitud. En el exterior había 900 mercenarios suizos para defender los jardines de las Tullerías.

Cuando corrió la noticia de que «algo iba a suceder al rey», y que se iban a saldar las cuentas, los asustados burgueses cerraron con llave puertas y contraventanas. Por la mañana las calles estaban repletas de los comuneros de Marat, mientras que la Convención se reunía en medio de una total confusión en la Manège (academia de equitación) cercana a las Tullerías, una serie de edificios rodeados por una alta valla de hierro forjado. Los guardias suizos de casaca roja permanecían tranquilamente custodiando la monumental escalinata que conducía al palacio. Frente a ellos estaba «la punta de lanza de la revolución», más de 500 marselleses con un cañón de bronce. La guardia nacional había acudido a todo correr como refuerzo de la guardia suiza, cuando de repente cambió de bando y se llevó con ella doce piezas de artillería. Esto animó a la multitud a precipitarse contra la verja de hierro, justo cuando la familia real y sus acompañantes salían del palacio. La muchedumbre gritó «¡Muerte al tirano!» y arrojó piedras en su dirección. El rey hizo un gesto de saludo, la multitud avanzó rápidamente y con la presión muchas personas fueron aplastadas contra la verja antes de que esta cediera y permitiera entrar en el patio del palacio a oleadas de *sans-culottes* que vociferaban y blandían alabardas. Unos guardias suizos hicieron salir corriendo al rey y a su séquito para que se refugiaran entre los asustados diputados de la Convención. El rey gritó la orden de que sus guardias suizos defendieran el edificio, una orden que acabó en drama. El coronel suizo Durler ordenó a sus compañías que alejaran a la turba y los suizos de casaca roja empuñaron sus mosquetes. Una mujer gritó *«Vive la République!* (¡Viva la República!)». La multitud siguió avanzando y agarró a cinco soldados suizos que fueron arrastrados, desarmados y acuchillados hasta la muerte. Los comandantes de la compañía suiza Zusler y de Castlebourg gritaron: *«Feuer!»*. Centenares de balas de mosquete penetraron entre la densa masa, a sólo unos pasos de distancia. El efecto fue aterrador, los cadáveres se amontonaban hasta la altura del hombro frente a los guardias suizos y el resto de los comuneros huyeron en desbandada. Los cañones de los renegados de la guardia nacional retronaron en respuesta, pero la puntería de los artilleros era atroz. En lugar de que sus disparos llegaran a las cuadradas formaciones de guardias suizos, sus letales proyectiles alcanzaron a masivas hileras de personas que huían despavoridas, contribuyendo a aumentar la confusión y el pánico generales. Los suizos mantuvieron su fuego letal y la compañía del conde Salis sacó un cañón que disparaba contra los *sans-culottes* que huían. La multitud se vio atrapada en un sangriento fuego cruzado; centenares de personas murieron en los minutos siguientes, desgarrados por una concentración de disparos de balas de cañón y metralla. El patio estaba ahora libre de la multitud y los suizos habían vuelto a formar en filas, dispuestos a perseguirles.

El rey y los miembros de su familia estaban sentados en la Manège cuando el diputado Chabot declaró que la presencia de la reina era inconstitucional y que debía ser alejada de la Asamblea. La familia real fue conducida a una cámara lateral. En el encierro de este reducido espacio los disparos de los cañones sonaban amenazadores y el rey tembló cuando escuchó el choque de mosquetes y cañones. «Están matando a nuestros hijos —se lamentó—. Tenemos que detenerlos.» El rey, totalmente conmocionado, tomó la decisión más desastrosa de su vida. Tal como Mirabeau había predicho, el rey era un gobernante dubitativo e impotente, que nunca había aprendido de las palabras que pronunció su ilustre antepasado Luis XV: «La guerra, cuando la necesidad lo exige, es un acto justo no sólo permitido, sino obligado para los reyes. Es un grave error pensar que uno puede alcanzar los mismos objetivos con medios menos contundentes». Fuera cual fuera la autoridad que todavía le quedaba, esta desapareció en el instante en que le pidió a monsieur D'Hervilly que comunicara su orden al coronel de la guardia suiza para que depusiera las armas. Esto agravó la tragedia. El coronel Durler se negó a creer que el rey pudiera haber dado una orden tan insensata. Acudió corriendo a la Manège para enfrentarse a Luis. Eran de la misma edad, pero ahí terminaba todo parecido entre ellos. Había algo en el talante arrogante de ese suizo y en la insolente mirada de sus ojos de párpados caídos que asustó al rey.

—Su majestad, el día es nuestro. La plebe está huyendo. ¡Tenemos que perseguirlos con todas nuestras fuerzas!

La mente de Luis se bloqueó; tenía el rostro paralizado y se quedó en silencio. Ese viejo y familiar miedo volvió a apoderarse de él. Cerró los puños para dejar de temblar e intentó hablar, pero no salió sonido alguno de su boca. Era evidente que el estruendo de las armas le había trastornado.

—Señor, ¿podemos perseguir a esa gentuza? —las palabras fueron pronunciadas con una voz gélida.

Luis estaba atrapado en la difícil situación que atrapa a quienes no son capaces de decidir cuando la presión se hace insoportable. Se dijo a sí mismo que la vida en la calle, con sus tragedias bien visibles, era más real, más humana y más misericordiosa que la vida que él había conocido en Versalles. El asalto a las Tullerías había adquirido el patetismo de millares de vidas rotas. Ante su mente pasó París, sus gentes y la realidad de sus vidas.

Intentó serenarse, intentó concentrar su pensamiento y hubiera vendido su alma por unos momentos de calma.

Una voz interrumpió su ensueño:

—Es cuestión de minutos, quizá de segundos. Debo tener vuestra respuesta. El monarca y el coronel se miraron fijamente.

—No debemos ignorar este desafío. ¡Su majestad debe actuar!

Era entonces cuando el rey tenía que actuar y demostrar que era algo más que un eficaz reparador de relojes. En el momento más decisivo de su vida, su fuerza de voluntad le falló. Dijo:

—Si el precio de la grandeza es equivocarse siempre, entonces soy incapaz de realizar la tarea.

En ese instante demostró que era indigno de ser rey. Había pasado la mayor parte de su vida durmiendo, comiendo, bebiendo, orinando, sonándose la nariz y arreglando relojes de todo tipo. Un títere de monarca, cuyo pensamiento no estaba orientado hacia la actividad, sino a la pasividad. Los minutos iban transcurriendo, y con ellos el gobierno monárquico.

El coronel Durler contestó despectivo:

—*Par Dieu, lève toi et agis comme un roi!*; (Por Dios, levántate y actúa como un rey!) La cara del rey estaba pálida. Se la cubrió con las manos y gimió:

—¿Es que acaso tiene que acabar todo con sangre?

El momento había pasado. ¿Había dependido del imparable avance de la historia o de la fatal debilidad de un hombre? Enfrentado a la amenaza de la rebelión y la muerte, no supo actuar. Habían muerto unos centenares, pero podría haber salvado su reino. En lugar de ello, condujo a millares ante el verdugo revolucionario.

—Nuestro deseo es que depongáis las armas. No deseamos que mueran hombres valientes.

—Entonces debo insistir en que me deis vuestra orden por escrito.

El rey escribió: ORDENAMOS A NUESTROS SUIZOS QUE DEPONGAN INMEDIATAMENTE SUS ARMAS Y QUE SE RETIREN A SUS BARRACONES. (FIRMADO) LUIS.

El coronel arrancó la orden de las temblorosas manos del monarca y lo miró disgustado.

—Acabáis de firmar la sentencia de muerte de mis valientes suizos y de *vuestra* monarquía.

Los suizos eran soldados bien entrenados que no podían hacer otra cosa más que obedecer y abandonar sus armas. Tan pronto quedaron desarmados, una multitud sedienta de sangre masacró a los impotentes mercenarios. En total, 786 soldados suizos, incluyendo a sus 26 oficiales, pagaron con sus vidas por la debilidad del rey. Cuando todos los suizos estuvieron muertos, la turba acudió en tropel a la residencia del rey para seguir con la matanza. Les cortaron el cuello a todos los nobles, jardineros o lacayos o bien los arrojaron por las ventanas. Una mujer que escapó del horror, madame Campan, fue obligada a recitar «La nación para siempre». Otras damas de la Corte fueron perseguidas hacia el exterior, les arrancaron los vestidos y fueron destripadas. Sus cabezas fueron empaladas en estacas y paseadas orgullosamente por las calles. Los pocos que lograron escapar por un pasadizo secreto fueron acorralados en la Rue de l'Échelle. Los hombres murieron apaleados o atravesados por dagas y las mujeres fueron violadas antes de ser violentamente asesinadas. Por orden de los jacobinos dejaron que los cadáveres se pudrieran en las calles durante días para que los parisinos cogieran miedo al poder de los extremistas.

Cuando la noticia de las masacres llegó a oídos de la Convención, los extremistas jacobinos hicieron callar a gritos a los moderados girondinos. María Antonieta abrazó a su hijo contra su pecho y rompió en sollozos. El rey se sentó en su puesto de diputado, un espectador desinteresado ante las airadas discusiones de los diputados. «Lo que estáis haciendo no es muy constitucional», fue todo lo que dijo. Nadie le escuchaba ya. A los insurrectos no les importaba utilizar la mentira, el engaño y el terror para instigar al populacho y llevarlo a un punto de excitación tal que sus *sans-culottes* estuvieran preparados para lanzarse de cabeza frente al fuego de los mosquetes, para masacrar a la odiada nobleza y después pasear sus cabezas cortadas ensartadas en estacas. «Si Luis hubiera adoptado una postura firme y hubiera salido montado en su caballo para dirigir ese día las operaciones en las Tullerías, con toda seguridad hubiera resultado victorioso.» El autor de este comentario fue Napoleón.

El 21 de setiembre de 1792 Luis XVI se convirtió en el primer rey de Francia depuesto por sus propios súbditos. La Convención abolió la monarquía y estableció la Primera República, con su lema: *Liberté, égalité, fraternité;* Libertad, igualdad, fraternidad. Unas semanas más tarde, la familia real fue encerrada en el siniestro Temple, un calabozo de planta cuadrada construido 500 años antes por los caballeros del Temple. El primer hombre en recibirlos fue Antoine Simon, zapatero de profesión y revolucionario por

La Libertad guiando al pueblo, pintura de Eugène Delacroix. Pese a que corresponde a los sucesos revolucionarios de 1830, ha sido asociada erróneamente a la Revolución de 1789.

vocación, que les condujo a sus «aposentos reales» con una sola cama, sucia e infestada de pulgas. María Antonieta dejó a su hijo, el heredero de un trono que ya no existía, en la cama, y ella durmió en el suelo. La situación mejoró una vez se permitió a la familia comprar algunos enseres básicos. Una vez al día se les permitía pasear por el pequeño jardín donde los guardias tenían la oportunidad de hablar en voz bien alta sobre el destino que les aguardaba. Así es cómo el rey se enteró de que uno de sus leales partidarios, el editor de la *Gazette de Paris,* había sido guillotinado.

La desaparición de la monarquía constitucional llevó a la dictadura de la Comuna de la Insurrección. Su malvada estrella, Jean-Paul Marat, profeta de la *égalité*, utilizó a la plebe como instrumento para hacer pagar a la vieja aristocracia y a la burguesía reinante el precio político de una revolución sangrienta. Planeaba hacerse con el control total mediante la primera «dictadura del proletariado» del mundo, fuera cual fuera el medio que tuviera que utilizar. Pero Danton se adelantó al apoderarse del Consejo de la Ciudad de París. Cuando el comandante de la milicia Mandat se negó a obedecer a nadie que no fueran los líderes electos de la comuna, los hombres de

Danton le dispararon y arrojaron su cadáver al Sena. Con este acto de oportunismo Danton se abrió un camino hacia el poder dictatorial y se convirtió en el caudillo incuestionable del Consejo Revolucionario Ejecutivo. Su único error fue que, a diferencia de Robespierre, quien se aseguró de asesinar a sus rivales, Danton siguió siendo fiel a sus seguidores y concedió buenos puestos a sus amigos.

Los acontecimientos se apoderaron de la Revolución. El noroeste se encontraba en medio de una revuelta abierta; Marsella se levantó en protesta contra el gobierno de París; el pueblo de Lyon ejecutó al Consejo Revolucionario de su ciudad; los ciudadanos de Burdeos entraron en París; y el importante puerto de Toulon fue entregado a los británicos sin que se disparara un solo tiro. El mayor peligro era el duque de Brunswick, que avanzaba hacia la capital con un poderoso ejército prusiano.

Francia se encontraba al borde del abismo. La decidida voluntad de toda una nación para salir en defensa de su *patrie* estaba inspirada por una explosión de fervor nacionalista. Pero fue Georges Danton quien se encargó de espolear las emociones hasta un punto enfebrecido y de derribar las barreras de la contención con su inmortal frase: «*Laudace, encore l'audace, toujours l'audace!* (La audacia, más audacia, siempre la audacia!)». Igual que en su día hiciera Juana de Arco, Danton dio *l'espérance* (esperanza) a su nación. Roger de Lisle escribió una canción para los voluntarios marselleses que se dirigían al frente; por eso la canción fue conocida como «La Marsellesa». Si era para salvar a la República, Danton no se arredraba ante las matanzas; por si hacía falta una prueba, su complicidad en las masacres del mes de septiembre lo demostró.

Un artículo publicado en *L'ami du peuple* de Marat fue la llamada que desencadenó esas masacres. El 2 de septiembre de 1792, tres carros que transportaban a veinticuatro clérigos fueron detenidos en la abadía de St. Germain des Prés. Fueron rodeados por una pandilla de *sans-culottes*, una banda de rufianes que sólo pensaban en el asesinato. Antes de la revolución algunos de ellos habían sido parroquianos del ascético sacerdote que ahora descendió del carro para calmar a la multitud. No ha quedado constancia de sus palabras. Uno de los escoltas del carro sacó su sable y descuartizó al sacerdote. La muchedumbre sacó a los demás de los carros y los pisoteó hasta la muerte. La locura se había apoderado de ellos. En el cercano convento de los carmelitas, 150 clérigos esperaban el resultado de su juicio. La turba subió por la verja cubierta de parras y empezó a masacrarles con garrotes, estacas y hachas. Los sacerdotes yacían con los cráneos abiertos por los pasillos y dormitorios, incluso en el interior de la capilla. Como suele suceder con frecuencia cuando la multitud enloquece, siempre hay alguien que grita más fuerte y que con ello se proclama líder. Un siniestro personaje, el ciudadano Maillard, colocó una mesa en el corredor y presidió un improvisado tribunal. Todo sacerdote que había sobrevivido fue arrastrado frente a ese juez, condenado y asesinado de la manera más atroz. En total, 119 sacerdotes murieron de este modo y sus cadáveres fueron arrojados a un pozo.

Desde los carmelitas los *sans-culottes* regresaron a la abadía de St. Germain, saquearon su gran biblioteca y arrojaron valiosas obras a una enorme hoguera, porque consideraban que el conocimiento era la raíz de su desgracia. Trescientos prisioneros más fueron llevados ante la justicia sedienta de sangre del ciudadano Maillard. Los alaridos de sus víctimas se mezclaban con las risotadas del populacho. Sus enloquecidas esposas incitaban a los carniceros: *«Vas-y, coupe sa gorge...* (Venga, córtale el cuello...)». Las connotaciones sexuales de la masacre quedaron bien patentes cuando la turba penetró en los hogares de la Rue de Seine y violó a las mujeres burguesas.

Escenas similares tuvieron lugar en el interior de la Conciergerie y de la prisión de Châtelet. Esa noche más de mil personas encontraron una muerte terrible.

Su víctima más destacada fue la hermosa princesa de Lamballe, que fue arrastrada de su celda, atada a un banco y obligada a confesar que era la amante de la reina. Docenas de hombres mugrientos la violaron y la obligaron a caminar descalza sobre los cadáveres mutilados del patio, antes de que un *sans-culotte* la acuchillara hasta la muerte. Un aprendiz de peluquero peinó el cabello ensangrentado de la princesa antes de que pasearan su cabeza clavada en una estaca por el exterior de la prisión del Temple, «para que l'Autrichienne pueda reconocer a su amante».

El populacho fue quien llevó a cabo las matanzas, pero las masas raramente son las únicas culpables. Pueden ser consideradas culpables igual que la palanca de la guillotina. Pero una palanca no mata. Sólo libera la cuchilla. Aunque no estuviera personalmente presente en los asesinatos, Danton, como ministro de justicia, ciertamente estaba informado de la carnicería. No hizo nada para evitar las masacres utilizando su instrumento de poder.

Ese horror contribuyó a espolear los ejércitos del duque de Brunswick. Nada pudo detenerlos hasta que franceses de todas las clases sociales, excitados por los inflamados discursos de Danton, se enrolaron. Llegaron de las granjas y de las ciudades. Incluso el cuerpo de oficiales reales ofreció su experiencia a este primer ejército del pueblo. Ya no se trataba de una monarquía en peligro, sino del sagrado honor de la *France.* Bajo el mando de los generales Dumoriez y Kellermann, los soldados de la nación desfilaron bajo sus estandartes revolucionarios y se dirigieron a un molino de viento cercano a Valmy para enfrentarse al ejército prusiano. Kellermann levantó el sombrero con la punta de su sable y ante esta señal los cañones empezaron a rugir. El duque de Brunswick echó una mirada a la artillería revolucionaria y declaró: *«Hier schlagen wir nicht.* (Aquí no tenemos nada que hacer)». El entusiasmo francés había detenido a un ejército profesional y con ello había acabado de una vez por todas con la falsa creencia de la inferioridad de un ejército compuesto por civiles. Con esta asombrosa victoria Francia fue salvada de la intervención extranjera. Dos días más tarde, el 22 de septiembre de 1792, Francia se proclamó República. Ahora Danton y sus jacobinos podían prestar toda su atención a los problemas que tenían en casa. El destino del ex rey ocupaba uno de los primeros puestos de la lista. Pero el pensamiento de al menos un revolucionario, Robespierre, estaba concentrado en su enemigo, Danton.

«L'homme est né libre, et partout il est dans les fers... (El hombre nace libre pero en todas partes está encadenado)». El hombre de las mejillas hundidas y del chaleco de seda azul era un ferviente admirador del filósofo revolucionario Jean-Jacques Rousseau. Lentamente, Robespierre dejó el libro sobre la mesa y entró en un profundo estado meditativo.

Había sido una mañana triste, ese distante día de invierno en París, cuando el director del Collège de Clermont había ordenado que la clase saliera al patio empedrado. Durante horas había mantenido a los chicos temblando bajo la lluvia y congelándose porque Luis XVI, rey de Francia, se suponía que iba a pasar frente a la verja principal. Cómo era su rey, símbolo incontestable del poder, se preguntaba un delgado adolescente de Arras, un brillante y aplicado estudiante que carecía de los medios económicos de sus compañeros, todos ellos hijos de la nobleza. Ahora se encontraba ahí en el patio, con las piernas doloridas y las gotas de lluvia deslizándose por su espalda. *¡Disciplina y obediencia!* No sólo era el credo de una escuela de muchachos, sino de un país entero. Tras una interminable espera, una espléndida carroza amarilla hizo su aparición en una punta de la estrecha calle empedrada. Estaba tirada por cuatro caballos y rodeada por escoltas armados. Los chicos nunca llegaron a ver la cara del rey, sólo una mano enguantada de blanco que saludaba tras una ventana. Volvieron a su aula, sacudiéndose el agua como perritos y discutiendo la omnipotencia de la realeza, cuando el director volvió a hacerles salir al patio. Otro carromato había hecho su aparición. Carecía de atractivo y tiraba de él una sola yegua, vieja y cansada. Había una figura de pie en él, vestida con una camisa mojada que se le adhería al cuerpo, y llevaba las manos atadas a la espalda. «El carro de *monsieur de Paris* —les advirtió su profesor—. Que esto sea una lección para vosotros. No os rebeléis jamás contra vuestro soberano.» Aquí no, no en el *royaume de France,* ¡quizá en algún otro lugar! Como las trece colonias americanas. Allí se habían atrevido a decirle que no a su monarca. Les había resultado fácil, separados de su real soberano por un gran océano, no como aquí, donde sólo había unas cuantas leguas de buena carretera entre París y Versalles. Mientras el carro pasaba frente a la verja, los ojos del muchacho se encontraron con los del condenado. Eran ojos de desesperación e impotencia. Uno de los muchos desheredados, privados de su derecho civil de hacer algo contra la injusticia. Fue un momento que el muchacho jamás olvidó...

Robespierre salió de su estado meditativo y volvió a coger el libro. «Divino Rousseau —reflexionó—, me has enseñado a apreciar la dignidad de la naturaleza humana.» Para él, la filosofía de Rousseau era lo más cercano a la religión. Al igual que Rousseau, mesías del cambio, Robespierre opinaba de sí mismo que era una presencia virtuosa entre el vicio del populacho y la corrupción de los burgueses. Su ídolo había insistido en el valor de la virtud, una palabra que iba a obsesionar a Francia. «El terror sin virtud es sangriento. La virtud sin terror es impotente.» Así el terror se convertía en virtud, decidió Maximilien de Robespierre.

El día en que los ciudadanos de París asaltaron la Bastilla, ese inmortal 14 de julio de 1789, él era prácticamente un desconocido, un diputado norteño que casi nunca sonreía pero que se pasaba horas para ponerse su traje de seda y empolvarse el cabello. Robespierre votó contra la censura, contra la pena de muerte y contra la guerra, pero fue él quien con su firma hizo que todos esos decretos llegaran al poder. No era ningún hipócrita, como algunos de sus detractores lo describían, ni tampoco un político oportunista, sino un auténtico creyente, lo que lo convertía en algo más terrible. Se unió a un pequeño grupo de intelectuales que hablaban de revolución en la capilla de un convento jacobino abandonado. Al principio se autodenominaban «Amigos de la Constitución», antes de que cobraran notoriedad como «jacobinos». A Robespierre no le gustaban las juergas, ni participó en los excesos perpetrados en nombre de la Revolución por ese nuevo fenómeno social llamado «populacho» y que eran los comuneros de Marat. Esos locos marginados, compuestos por la escoria de la sociedad, no tenían nada en común con el proletariado de una época posterior; su filosofía no estaba basada en «Arriba, parias de la tierra, ¡de pie, famélica legión!», sino en un «mata a aquellos que tienen y quítaselo». Todos ellos ratas de alcantarilla que no habían participado en la Revolución, pero que ciertamente se aprovecharon de ella. Él sabía perfectamente que no son las masas las que hacen la revolución, sino sus líderes. Las masas sirven para un único propósito: pueden ser manipuladas para cumplir con una necesidad política como grupo de presión, para manifestaciones o esporádicos estallidos de terrorismo, una técnica inteligentemente explotada por Marat. Dejémoslos que griten y que se sientan importantes, o bien dejémoslos invadir la Convención en masa y ahogar el debate de un tema con su griterío, algo que entonces podría ser interpretado como «la voluntad del pueblo».

Robespierre aborrecía a Marat. Este astuto «amigo del pueblo» había convertido a sus populistas *sans-culottes* en una formidable arma política, puesto que estos colaboradores del mal tenían mucho que ganar a expensas de sus víctimas. A diferencia de otros líderes revolucionarios, Marat era un asesino de filósofos que sólo sentía desprecio por todos los principios que otros hombres tenían como ideales. Marat era un problema que podía ser solucionado.

Pero Robespierre estaba roído por la envidia que sentía hacia otro hombre, Georges Jacques Danton. En agosto de 1792 este viril y brillante orador fue nombrado ministro de Justicia a la edad de treinta y dos años. Los celos por el excepcional talento y energía de su rival atormentaban el corazón de Robespierre. Tenían la misma edad (Robespierre nació en 1758, Danton en 1759); sus puntos de vista revolucionarios eran similares, pero no así sus personalidades. Danton era un hombre robusto y hablaba con voz estentórea; le encantaba la publicidad y su talento como orador podía ser comparado favorablemente con el de Cicerón. Robespierre era delgado y de tez pálida; se mordía las uñas nerviosamente y hablaba con un tono nasal. Rehuía la parte central del escenario y trabajaba desde la sombra. Danton era un *bon vivant* que amaba a su mujer, la buena comida y la compañía alegre. Robespierre detestaba la virilidad de Danton. Su propia existencia era la de un ermitaño; se encerraba con sus libros y sus pensamientos en un pequeño apartamento de la Rue St. Honoré. Ambos hombres soñaban con una Nueva Francia, pero mientras que Robespierre reflejaba la filosofía pura de Rousseau y consideraba que su principal misión era iniciar un reino de virtud,

Los excesos de la monarquía de Luis XVI junto con la miseria en la que estaba sumido el pueblo de París fueron uno de los desencadenantes de la Revolución francesa.

Danton no sentía respeto alguno por las restricciones morales de Robespierre y no se molestaba en ocultarlo. Un día en la Convención, mientras Robespierre hablaba sin parar sobre la virtud, Danton vociferó: « ¡Virtud es lo que yo practico en la cama con mi mujer!». Robespierre tenía pesadillas, incluso se refería a su rival como «un ídolo podrido, consumido por la corrupción». El deseo de acabar con Danton crecía diariamente y le llevó a cometer un acto de duplicidad. Durante esos días de angustia conoció a un joven que iba a tener un papel muy importante durante sus días de tiranía, Louis-Antoine de Saint-Just.

En esta selva de dogmas revolucionarios, una densa y peligrosa jungla, se precisaba un gran talento y habilidad para tener éxito y sobrevivir. Saint-Just era alguien capaz de pensar con gran rapidez, cortar a un oponente con su ácida lengua y manejar a una multitud. Elegido como delegado popular por Soissons, este muchacho de veinticinco años, «bello como un ángel», se ganó su mote no por su belleza física. Saint-Just, el «ángel de la muerte», era un fanático incondicional: «Aquellos que lideran revoluciones, aquellos que quieren hacerlo bien, nunca deben dormir, ¡únicamente en sus tumbas!». Si Robespierre mostraba algunos fallos humanos, Saint-Just era un reptil de sangre fría que se alimentaba de sangre. ¿O era él quien poseía la pureza revolucionaria en su corazón? Éste es el enigma de Saint-Just. Su versión de Utopía era un lugar donde los hombres sólo tenían dos funciones principales: desempeñarse como granjeros (para alimentar a la nación) o como soldados (para defender a la nación); donde los niños eran alejados de sus padres a una tierna edad, encerrados en una institución y obligados a pasar por un molde revolucionario para convertirlos en un ejército de robots. Nunca mencionó a las mujeres puesto que ni tan siquiera reconocía su existencia. Estos dos hombres conspiraron para derribar a Georges Danton.

Para el juicio del rey, Danton podía contar con el apoyo de la mayoría de los diputados. Se tuvo que recurrir a una estratagema; en su pasión por trabajar con relojes el rey había contado con la ayuda de un cerrajero profesional, François Gamain. Danton le dijo a Gamain que el rey le había traicionado y que estaba sentenciado, a menos que... «La caja fuerte, ¿dónde está?». Un asustado Gamain lo condujo a una caja fuerte oculta, que contenía 627 documentos secretos. Con ellos, Danton tenía los medios para presentar cargos de alta traición contra el monarca. En la Convención, Antoine Saint-Just, igual de frío y cínico que despiadado, declaró: «No estamos aquí para juzgar a un rey sino para asustarle. En el siglo XVIII estamos menos avanzados que en la época de César, cuando un tirano podía ser eliminado en el propio Senado sin mayores formalidades, con veintitrés buenas cuchilladas y sin ninguna otra ley que la exigida por la libertad de Roma. Hagamos aquí lo mismo. ¡Exijo que el rey sea sentenciado a muerte sin juicio!». La pretensión de los jacobinos ya había salido a la luz: para obtener el poder, ¡el rey tenía que morir! La Convención se asustó ante esta demanda. El diputado Chambon fue enviado al Temple: «La Convención me encarga de informaros: Luis Capeto tiene que comparecer ante el tribunal... ». Luis fue sacado a empujones de su habitación y conducido al patio. Desde un ventanuco una reina observaba y un niño lloraba. El delfín sólo tenía siete años y no entendía nada.

—Luis Capeto, la nación francesa te acusa...

Con esa frase el juicio contra el rey quedó abierto el 26 de diciembre de 1792. El rey fue acusado de una serie de crímenes en los que tanto él como sus acusadores sabían que nunca había participado.

—No reconozco a este tribunal. No podéis juzgar a un rey.

—Podemos y lo haremos. Eres tú y no nosotros quien está siendo juzgado. —¿Por qué motivos?—preguntó el depuesto rey. —¡Por tu vida!

El rey se sentó y escuchó con digna resignación. El fiscal público Fouquier-Tinville agitó un pliego de papeles.

—Ciudadanos, tengo aquí unos documentos que van a demostrar sin duda alguna que el acusado es culpable.

Dos abogados, Tronchet y de Malesherbes, fueron designados como asistentes legales y se les permitió discutir la estrategia defensiva con el ex monarca. Sabían que sus posibilidades eran escasas. El debate sobre el veredicto se convirtió en una acalorada discusión acerca de tres cuestiones:

1. ¿Es Luis Capeto culpable de los cargos imputados?
2. ¿Debe someterse la sentencia al voto popular?
3. Si resulta culpable, ¿cuál debería ser la sentencia? ¿Arresto, deportación o muerte?

Los moderados girondinos lucharon contra los extremistas jacobinos y su «¡Muerte al tirano!». El «ángel de la muerte» habló: «Luis luchó contra su pueblo y fue derrotado».

Consideraba a sus *citoyens* como esclavos de su propiedad. Él es el único responsable de los hechos de la Bastilla y de las Tullerías. ¿Acaso ha sido algún enemigo extranjero quien nos ha hecho daño? —preguntó. E hizo una pausa por un momento antes de añadir, en el gélido tono que lo caracterizaba—: «¡La nación exige su muerte!».

Thomas Paine, un revolucionario inglés invitado al acto para darle a este un mínimo de credibilidad, escribió una sugerencia en un papel y la pasó al presidente de la Convención: «Deportad al rey a las Américas». La propuesta de Paine no fue tomada en consideración.

«Dadnos la cabeza de ese cerdo obeso», gritaba el populacho de Marat desde la galería. Danton argumentó convincentemente por la pena máxima. Saint-Just amenazó a los diputados; sólo Robespierre se quedó quieto, observando. Marat estaba en los primeros puestos de su lista; tenía que ser eliminado, y sin piedad. Fue convocada una votación y por un buen rato los síes y los noes estuvieron empatados. Hasta que el primo del rey, que ahora se hacía llamar Philippe Égalité, se puso de pie: «¡Voto por la muerte!». Su voto fue decisivo. ¡Muerte al rey por cinco votos! Lazare Carnot, cabeza del Ejecutivo, lloró mientras firmaba el decreto. La apelación fue denegada. Se dio la orden para que el verdugo público, Charles-Henri Sanson, conocido sólo como *monsieur de Paris,* preparara una ejecución. A monsieur Sanson, un hombre totalmente apolítico que se jactaba de realizar «un trabajo bien hecho», no le pagaban por tomar partido. Él nunca hacía preguntas; él se limitaba a cortar cabezas, ya fueran de ladrón o de rey.

El último intento de súplica por la vida del monarca corrió a cargo de una conocida actriz del Théâtre Français, mademoiselle Fleury. Fleury logró entrar en la vivienda de Marat, que por toda decoración tenía un cartel donde había escritas dos palabras: *La mort.* ¡La muerte!

—Te ruego que muestres clemencia con el rey

—¿Qué es lo que te has atrevido a decir? No hables tan alto que otros puedan oírte, o tu blasfemia será castigada con tu propia muerte.

—Oh, Marat, no estoy asustada. Es a ti a quien compadezco, por verte tomar el resbaladizo camino de la sangre, y quiero detenerte.

—No lo niego, fue Luis quien nos empujó a hacer la Revolución y ahora tenemos que defenderla con todas nuestras fuerzas.

—Marat, ¿cuántas lágrimas más, cuánta sangre, antes de que encontremos el camino de vuelta hacia la unidad y el amor? Para ello tendrás que cortar muchas cabezas.

—Que así sea. Cuando hay gangrena tienes que amputar el miembro para salvar el cuerpo. Sembramos con sangre y lágrimas para que los que vengan detrás puedan cosechar alegría.

—Eso queda para un futuro lejano.

—Los hombres fuertes saben esperar.

Mademoiselle Fleury supo que había fracasado.

La puerta de la celda de Luis se abrió de golpe y entraron doce hombres del Ejecutivo de la Convención. Le leyeron la sentencia, pero el rey no demostró emoción alguna.

Un sacerdote irlandés, Edgeworth de Firmont, permaneció con el condenado. El rey se sentó a tomar la cena; su único comentario fue que le habían quitado el cuchillo con el que cortaba la carne. «¿Creen que soy tan cobarde que voy a quitarme la vida?» Más tarde el rey solicitó ver a su familia. La primera en entrar fue la reina, que llevaba a su hijo de siete años de la mano. La seguían dos de las hermanas del rey. Por una vez el carcelero mostró algo de decencia y cerró la puerta, para permitirles un último momento de intimidad. Las princesas lloraron, la reina intentó mantener la compostura; sólo el delfín parecía no estar afectado, su tierna edad evitó que fuera consciente de la magnitud de la tragedia. El rey y la reina cogieron a su hijo de la mano.

—Te veré mañana por la mañana —prometió el rey.
—¿Me lo prometes, *cher papa?*
—Te lo prometo —contestó, y luego susurró a María Antonieta: —*Adieu.*

Luis colocó sus efectos personales sobre la repisa de la chimenea, su caja de rapé, su reloj y sus gafas. Entonces mandó llamar al abate Edgeworth. Incluso ayudó a vestir la pequeña mesa como altar y se arrodilló cuando el sacerdote le dio la sagrada comunión. En algún lugar de la ciudad cantó un gallo. Luis tanteó el camino hacia el espejo. Lo que allí vio fue una cara arrugada, un cabello grisáceo, unos ojos enrojecidos y dos profundos surcos en medio de la frente. Comprobó el reloj. Las tres. Cinco horas más. Una bandada de palomas pasó volando frente a los barrotes de la ventana del prisionero. La madrugada del 21 de enero de 1793 dio paso a un gélido día; las calles de París estaban desiertas. Se había ordenado que los *citoyens* se quedaran en casa, con las ventanas cerradas. Se colocaron cañones en todos los puentes, en todas las plazas, y miles de guardias custodiaban cada paso de la ruta. La guillotina se encontraba en la Place de la Révolution (actualmente Place de la Concorde), entre la verja de los jardines de las Tullerías y la base de un monumento que anteriormente había sostenido la estatua ecuestre de Luis XV. El verdugo y sus ayudantes realizaban los últimos preparativos. A las 8:30 de la mañana se descorrió el cerrojo de la cámara del rey. Entraron tres hombres. Dos eran sacerdotes que habían colgado los hábitos, Pierre Bernard y Jacques Roux, miembros extremistas de la Convención, que habían solicitado el dudoso honor de conducir al rey a su muerte. El tercero era el general Santerre, comandante de la guardia nacional.

La ejecución de Luis XVI.

Louis intentó pasarle a Roux un pergamino con su testamento.

—¿Podrías darle esto a la reina, por favor?

—Mi tarea consiste en llevarte al patíbulo, no en hacer tus recados —se mofó Roux.

El general Santerre cogió el documento.

—Yo me hago cargo —dijo mientras le dirigía una hosca mirada a Roux. El ayuda de cámara Cléry sostuvo el abrigo del rey, pero éste dijo:

—No lo necesitaremos.

El rey se volvió hacia el general:

—Estamos listos. Vámonos.

En el carruaje negro con las cortinas corridas, el abate Edgeworth le pasó al rey su breviario, que Luis empezó a leer. Las herraduras de los caballos resonaban por las calles desiertas, cruzando la Place de Grève, siguiendo por la Rue St. Honoré y llegando a la Place de la Révolution, hacia una enorme estatua de yeso de la *Liberté*. Fue aquí donde varios meses más tarde, la Pasionaria de la revolución, madame Roland, de camino hacia la guillotina, miró hacia la estatua y dijo: «Oh Libertad, ¡cuántos crímenes se cometen en tu nombre!». Mil doscientos soldados con las bayonetas caladas rodeaban la máquina del doctor Guillotin. Había sido construida por un fabricante de pianos parisino y el rey había contribuido a mejorarla al sugerir una cuchilla triangular para que el corte fuera más limpio. Más allá de la masa de hombres armados se encontraba el carruaje negro de Philippe Egalité, cuya abyecta traición había provocado la sentencia de muerte para su primo. Al cabo de nueve meses él también iba a subir esa escalerilla para acudir a su cita con el verdugo.

«General, si no estamos equivocados, hemos llegado a nuestro destino.» El rey omitió la palabra «final». Sin vacilar dirigió la mirada hacia el siniestro instrumento, se sacó la chaqueta y se soltó los botones del cuello de la camisa. No se oía ni un murmullo en la abarrotada plaza, no había ni un solo movimiento; el único sonido era el relincho de los caballos y el de sus pezuñas contra el empedrado del pavimento. Empezó a sonar un tambor, al que se unió otro y luego otro, hasta que centenares de tambores tocaron al unísono. El ayudante de Sanson cogió al rey por los codos y se los ató a la espalda. «No vas a atarnos los brazos. No te lo permitiremos.» Los ayudantes estaban confusos. Sanson hizo un gesto y Luis supo que era inútil resistirse. Puso las manos tras la espalda y un ayudante le pasó un fino cordel alrededor de las muñecas. Lentamente subió la escalerilla. En el estrado el abate Edgeworth trazó el signo de la cruz sobre la cabeza del rey condenado. El redoble del tambor fue subiendo de tono en un crescendo ensordecedor.

Luis se volvió hacia los tambores:
—*Arrêtez vous!* ¡Deteneos!
El general Santerre dio la contraorden:
—*Continuez!* ¡Seguid!

El toque del tambor prosiguió. El rey se enfrentó a la multitud: «Como Dios es mi testigo, soy inocente de todos los crímenes que se me imputan...». Pero el redoble de cien tambores ahogó sus palabras; sólo un sacerdote irlandés escuchó su justificación. Los ayudantes de Sanson sujetaron a Luis por debajo de los brazos y le ataron en vertical a un tablón de madera recién pulido. El abate rezaba: «Hijo de san Luis, sube al Cielo». Un ayudante empujó el tablón hacia delante y lo colocó en posición horizontal. El hijo del verdugo cogió la cabeza del rey y la empujó hacia la ranura. Con un golpe seco el cierre de madera que sujetaba la cabeza quedó en posición. Sanson se dirigió hacia la palanca. Hubo un momento de vacilación en que *monsieur de Paris* miró hacia el general Santerre, quien respondió: «*Monsieur*, ¡cumpla con su deber!». La palanca bajó, la soga se aflojó... Por un instante la reluciente cuchilla quedó suspendida en el aire y brilló al sol. Entonces el gran peso del afilado acero cayó y atravesó la carne y el hueso. Se disparó un cañón. Un ayudante de campo, el capitán Le Gros, recogió la cabeza del cesto y la sostuvo en lo alto para que todo el mundo pudiera verla. Se escuchó un fuerte grito: «*Vive la République!* (¡Viva la República!)». El rey Borbón estaba muerto.

Más allá de las fronteras francesas la reacción ante el regicidio fue de consternada incredulidad. Pero aparte de llamar a sus embajadores (los que todavía quedaban en París), los monarcas extranjeros no hicieron nada. En Francia prevalecía una mezcla de júbilo y de vergüenza. El periódico *Le Véridique* escribió: «La muerte de Luis XVI ha creado un nuevo santo». Ciertamente Luis XVI había intentado complacer a todo el mundo, pero había fracasado por completo. María Antonieta supo de la ejecución de su marido a la mañana siguiente, cuando un guardián de la prisión la llamó cínicamente «la viuda Capeto». Tenía que ser fuerte, no podía olvidar que todavía era reina. Hizo que su hijo se enjugara las lágrimas. «Un rey nunca llora», dijo, e hizo que el niño, que sollozaba, se pusiera de pie. Entonces ella se arrodilló para saludarle como el nuevo rey de Francia, Luis XVII.

—*Le roi est mort, vive le roi.* El rey ha muerto, viva el rey.

Lo que vino a continuación era de esperar. Cualquier cosa que tuviera alguna relación con la monarquía fue eliminada; cayeron las estatuas y las tumbas fueron desecradas; los corazones embalsamados de grandes reyes fueron vendidos en subasta pública. Todo el que estuviera remotamente emparentado con la familia real fue detenido y enviado al cadalso. Lo último que dijo Philippe Égalité fue: «*Merde!*». Madame du Barry, la amante de Luis XV, gritó pidiendo clemencia. El abogado que había osado defender al rey murió valientemente, junto con sus hijos y sus nietos. Elisabeth, la hermana del rey, fue decapitada y su cadáver arrojado desnudo a una fosa con cal viva.

Los tres principios de la Revolución Francesa: *liberté, égalité, fraternité,* de hecho la propia idea de libertad política, habían muerto. Mientras que *égalité* significaba la destrucción de antiguos privilegios *y fraternité* la nueva unidad nacional, la *liberté* fue pisoteada. Los tribunales revolucionarios condenaban y el verdugo cumplía con su trabajo, alimentando su voraz guillotina con más y más víctimas. Francia se convirtió en una gigantesca cárcel y su población vivía bajo la amenaza permanente de la cuchilla. La guerra con Austria había llegado a un punto muerto. El ciudadano Louis Antoine Saint-Just (sin que se notara mucho había quitado el *de* que indicaba la nobleza de su apellido), elegido para el Comité de Salvación Pública, fue despachado como su representante hacia los Ejércitos Revolucionarios del Rhin y del Norte. El enlace entre París y sus tropas se había deteriorado tanto que el general Dumoriez, el comandante de los ejércitos del norte y vencedor de Valmy, estuvo diez días sin saber que Inglaterra había entrado en guerra contra Francia. (Tras unas negociaciones secretas, Dumoriez desertó al bando austríaco. Su deserción iba a resultar desastrosa para su amigo Danton.)

—Las técnicas militares de la monarquía están obsoletas —declaró Saint-Just.

La République Française no recibe más que plomo de sus enemigos, y sólo devolverá plomo. El poder de la Revolución reside en su gente y en sus conquistas. Nuestra República ya posee su carácter político, ahora éste debe traducirse en un sistema militar para derrotar a nuestros enemigos. Para conseguirlo, no podemos aceptar otra cosa que no sea una guerra sin cuartel. Nuestro destino es cambiar la faz de Europa. No descansaremos hasta que todas las naciones sean libres, porque su libertad garantiza la nuestra. Existen tres infamias en este mundo: los reyes, la obediencia a esos reyes, y que depongamos las armas mientras todavía exista un amo y unos esclavos.

Saint-Just fue capaz de comunicar su intransigencia a las tropas e infundir en los ejércitos de la República ese entusiasmo irresistible que iba a conducirlos a la victoria. Ese muchacho de veinticinco años supo crear el clima esencial en el arte de la guerra moderna: el espíritu de ofensiva o *attaque à l'outrance.* En el escenario político Saint-Just llevó su ardor revolucionario a límites absurdos. Justificó su pensamiento ante el Comité de Salvación Pública: «Lo que constituye una República es la total aniquilación de aquellos que se oponen a ella. En esto debemos ser inflexibles. Debemos castigar a los traidores y a todos los que no muestran entusiasmo por nuestra causa. *Esta República debe otorgar su protección a los buenos ciudadanos. Lo único que les debe a los malos es la muerte*». Esta afirmación iba a convertirse en la directriz del Terror. Saint-Just pronunció su famosa frase, tan frecuentemente repetida por dictadores de todo el mundo: «Dejemos que los cementerios rebosen, no nuestras prisiones».

Monsieur de Paris seguía muy ocupado. La creencia popular de que el verdugo público era el sumo sacerdote de la muerte estaba muy arraigada entre la gente común. Nadie se atrevía a dirigirle la palabra; nadie se acercaba a su familia. El panadero guardaba su pan cabeza abajo para que nadie lo cogiera por error. Su profesión era ejercida en el centro de la ciudad, en una plaza pública. En el París de la Revolución ese lugar era la Place de la Révolution. Sus dimensiones permitían que un gran número de personas pudiera asistir al morboso espectáculo, y así prevenir futuros crímenes. Pero los aristócratas que fueron guillotinados no eran criminales, ni tampoco lo eran los delincuentes comunes, ninguno de ellos había cometido ningún crimen, como tampoco la octogenaria Madame «la Maréchale» de Noailles. Mientras que estas almas desgraciadas eran transportadas hacia el terrible instrumento, los saltimbanquis divertían a la muchedumbre con parodias de ejecuciones y las tabernas que tenían vistas a la guillotina no paraban de hacer negocio sirviendo sopa y cerveza. Llegó a ser familiar el sonido de la campanilla del verdugo repiqueteando en el carro que transportaba a los infortunados condenados, sentados inertes sobre los tablones, casi sin darse cuenta de lo que ocurría a su alrededor. Ya estaban muertos. Una vez los carros llegaban a la guillotina, algunos tenían que ser arrastrados por la escalinata, mientras que otros subían los escalones con dignidad. Los ayudantes del verdugo les vendaban los ojos, no para que los condenados no pudieran ver su momento final, sino por el mismo motivo que se vendaba los ojos a los espías antes de fusilarlos: nadie quiere mirar a las víctimas a los ojos. Algunos se dirigían silenciosamente a su muerte, mientras que otros maldecían a sus jueces antes de que cayera la cuchilla y ésta silenciara sus maldiciones. «El terror no dejará de ser la orden del día hasta que el último enemigo de la República haya perecido.» Así fue cómo la aristocracia francesa llegó a su destino final; más de 3.000 aristócratas pasaron por la guillotina.

Entre toda esta inhumana carnicería destaca una víctima. El 16 de octubre de 1793, nueve meses después que su marido, María Antonieta hizo su último viaje por las calles de París. Por las mismas calles en las que había viajado en una carroza dorada el día en que había hecho su entrada triunfal en París como la joven novia de un futuro rey, veintitrés años más tarde una ex reina era llevada en el carro utilizado para los criminales de camino al patíbulo. La misma muchedumbre que antes había lanzado pétalos de rosa ante su carruaje y había vitoreado con entusiasmo a la hermosa y joven princesa ahora lanzaba maldiciones a esa mujer envejecida y cansada, con el cabello blanco que asomaba bajo una gorra, vestida con una fina camisola blanca y envuelta en un viejo chal contra el frío. *«Mort à l'Autrichienne!* (¡Muerte a la austríaca!)»

Ese día la Revolución Francesa tocó realmente el fondo del pozo de la infamia. «Eso no fue un regicidio, fue algo mucho peor.» Ésas fueron las palabras de Napoleón. Se puede poner fecha al inicio del Régimen del Terror: el 13 de julio de 1793. 0, para ser más exactos, empezó a las 10:30 de esa mañana, cuando la devota hija de un noble normando, de veinticuatro años de edad, Charlotte Corday d'Armont, entró tranquilamente en casa de Jean-Paul Marat y le clavó un cuchillo para el pan en el pecho mientras él tomaba un baño medicinal. Antes de su ejecución, Charlotte Corday le confió a un amigo que un ser superior le había ordenado liberar al mundo del Anticristo. ¿Quién fue ese ser superior que le susurró al oído? ¿Fue Dios, un monárquico, o quizá uno de los enviados camuflados de Robespierre? Marat era una úlcera que debía ser curada.

Para esta finalidad Robespierre se alió con Danton en lo que era una alianza antinatural, porque a Danton, que describió a Robespierre como un «eunuco virtuoso», le movía la misma ambición y no tenía escrúpulo alguno en utilizar cualquier medio para conseguir sus fines. Danton no era profeta ni sacerdote, y sólo amaba una cosa: ¡el poder! Así que Robespierre conspiró con el propio diablo para eliminar a Marat, un loco fanático y profeta de la *égalité*. Su ejecución en la bañera desató la furia populista contra los moderados. Durante los años anteriores sus vitriólicos mensajes desde *L'uni du peuple* habían sido responsables de muchas de las masacres perpetradas por las turbas de París. Un mes antes de su muerte había provocado la caída del poderoso partido girondino al incitar a sus comuneros a que irrumpieran en la Convención Nacional y expulsaran a veintidós diputados a punta de bayoneta. Con Marat fuera de combate, el camino hacia el poder dictatorial quedaba abierto para los dos protagonistas radicales que se convertirían en símbolos del Gran Terror: Danton y Robespierre. Dadas las diferencias de carácter y pensamiento, estaba bien claro que uno de los dos tenía que desaparecer.

Durante meses Robespierre había intentado someter bajo su firme control a la facción jacobina. Pero el día que Marat cayó víctima de su propio odio de clase, Danton rápidamente ocupó su lugar. La nación se encontraba bajo las garras del caos y de la anarquía y necesitaba un hombre fuerte. El Terror empezó con los representantes electos del pueblo guillotinándose entre ellos. Los primeros en ser eliminados fueron los girondinos. Durante más de un año habían controlado la Convención, medrando en la intriga y apoyando la revuelta, pero cuando llegaron las presiones, fueron demasiado escrupulosos para derramar sangre. Los jacobinos carecían de tales escrúpulos. Veintinueve girondinos fueron arrestados a punta de bayoneta, acusados de crímenes antirrevolucionarios, y veintinueve perdieron la cabeza, entre ellos sus líderes Vernigaud, Ducos y Brissot.

Vernigaud intentó excusar su debilidad:
—Nos hemos equivocado de tiempo para intentar conseguir la libertad para todos. No nos llevemos el futuro con nuestra muerte y ofrezcamos a esta nación alguna esperanza.
Ducos: —¿Y qué haremos mañana a esta misma hora?
Brissot: —Por fin dormiremos en paz.

Quizá lograron dormir en paz, pero no así su país. En el transcurso de un año, la «Dictadura de la Montaña» (la de los jacobinos o montagnards) condujo a la nación a una guerra temeraria. La situación se volvió desesperada. El sudoeste se unió al oeste de Francia en una rebelión abierta. Algunos girondinos expulsados consiguieron levantar un ejército en Normandía para entrar en París. Córcega se levantó en armas bajo el liderazgo de Paoli. Los prusianos concentraron sus ejércitos en Maguncia y los austríacos tomaron Valenciennes. Los ingleses desembarcaron en Dunquerque y los españoles invadieron el Rosellón. Los antiguos generales prerrevolucionarios fueron ejecutados «por falta de entusiasmo», y otros más jovenes ocuparon su lugar. En diciembre de 1793 el general Dugommier tomó Toulon de manos británicas, Kléber derrotó a los Choans en Cholet, Marceau a los Blancos (los monárquicos) en Le Mans, y en el norte Jourdan venció a los austríacos en Wattignies. Estos victoriosos generales tenían menos de treinta años de edad.

En París la gente vitoreaba y hacía ondear banderas. Las mentes de los dos protagonistas principales no estaban ocupadas en tratar de resolver los peligros exteriores, sino en la lucha por el poder que estaba teniendo lugar

Danton (izquierda), y Marat (derecha). Los dos fueron piezas clave en la Revolución. Aunque ambos murieron de forma violenta, Marat lo hizo asesinado, mientras que Danton murió en la guillotina después de un proceso largo en el que Robespierre, de forma encubierta, fue quien le acusó.

en la Convención. Era claro y diáfano que esos dos individuos totalmente despiadados, enloquecidos por el poder, iban a chocar frontalmente. Así como Danton extraía su fuerza de las gentes de las secciones de la ciudad, o comunas, Robespierre basaba la suya en el Club de los jacobinos y el poderoso Comité de Salvación Pública (Comité du Salut Publique). Con ese comité como herramienta empezó a cavar la tumba de Danton. Esta vez Robespierre demostró ser más eficiente. Como era imposible acusar a Danton de algún cargo antirrevolucionario, elaboró un caso distinto. En un ensayo para el arresto de Danton, sus partidarios fueron detenidos, acusados de actos inmorales y enviados a la guillotina. Este «tema de la inmoralidad» condujo al paso siguiente. Con la ayuda de Saint-Just, el dechado de virtud empezó a urdir cargos: «Danton se rodea de elementos inmorales. ¿Cómo se puede confiar en un hombre tan alejado de la moral para luchar por la *liberté?*»

Sus amigos le rogaron a Danton que contraatacara o huyera del país. Él rechazó sus sugerencias con una típica respuesta dantonesca: «Yo no llevo la *patrie* en las suelas de los pies».

Saint-Just lanzó el primer disparo. Exigió que el Comité de Salvación Pública (cuyo poder de decisión es comparable al del Senado estadounidense) ordenara el arresto de un tal Georges-Jacques Danton por cargos de alta traición, por haber ayudado y sido cómplice de los enemigos de la República. Sostuvo que Danton había intervenido en la deserción del general Dumoriez hacia el campo austríaco. De los veinte miembros del comité, sólo dos se atrevieron a rechazar la demanda de Saint-Just; fue un acto valiente pero imprudente, que les condujo a la guillotina.

Fueron a arrestar a Danton en plena noche. Cuando oyó los pasos en el patio, dio un beso de despedida a su esposa Louise. París estaba horrorizado por el arresto de su revolucionario más sincero y el de su amigo Camille Desmoulins, el atrevido joven que había exhortado a los parisinos para que tomaran la Bastilla cinco años antes. Con el arresto de Danton sus partidarios se quedaron sin líder y resultó fácil dominarlos gracias a la autoritaria orden de Robespierre y de su Comité de Salvación Pública. En cuanto a los dóciles delegados de la Convención, se acobardaron ante la doble amenaza de Robespierre y Saint-Just. Sólo dos diputados, Legendre y Tallien, se atrevieron a hablar (el mismo Tallien que más adelante iba a desempeñar un papel decisivo); su advertencia topó con un embarazoso silencio. Si sólo una fracción de los diputados hubiera actuado esa mañana, la mayoría de sus propias cabezas hubiera seguido estando sobre sus hombros a lo largo de los tres meses siguientes.

Saint-Just leyó en voz alta la acusación:

Ciudadanos, ha sido descubierta una vil maquinación para derrocar la República por parte de los émigrés *de Coblenza. Peor todavía, están recibiendo ayuda desde el corazón, de esta misma asamblea [con lo cual inteligentemente establecía una relación entre la deserción del general Dumoriez y Danton]. Una conspiración así jamás debe volver a amenazar nuestra sagrada tarea. Debemos asegurarnos de que entre nosotros sólo existan auténticos patriotas. No podemos construir una República sobre la consideración, sino sólo sobre el más estricto rigor y la máxima inflexibilidad contra aquellos que nos han traicionado. Yo digo que todos los criminales, sea cual sea el puesto que ocupen actualmente, deben ser castigados.*

En su discurso podía escucharse el susurro de una guillotina.

Para el juicio de Danton los conspiradores emplearon como bien dispuesta herramienta al hombre que había enviado al rey y a la reina a su muerte, el fiscal revolucionario Antoine Fouquier-Tinville. Como era de esperar, Danton no aceptó los cargos sin protestar. «Yo, Danton, voy a desenmascarar ahora a una dictadura que está revelando su existencia... ». El presidente del tribunal hizo sonar su campanilla para cortarle, pero la voz estentórea de Danton llegó hasta la calle y fue escuchada por una inmensa multitud que se había congregado frente al edificio. «Exijo que mi acusador se presente. Que se muestre públicamente.» Danton seguía estando bajo la impresión de que se enfrentaba a Saint-Just. «Tú, Saint-Just, responderás por tus calumnias... ». Ante las palabras desafiantes de Danton, el público estalló en un ensordecedor aplauso.

«Danton, habla de forma que te entienda la gente», interrumpió el fiscal Fouquier-Tinville.

Danton apuntó con su dedo índice hacia la multitud. «Pregúntales a ellos. Pregúntale al pueblo. Ellos me entienden.» Sus palabras fueron recibidas con más aplausos aprobadores. «Pueblo de Francia, juzgadme después de que os lo haya revelado todo...»

En este punto a Fouquier-Tinville le entró el pánico. Sabía que Danton iba con toda seguridad a mencionar nombres, y que la conspiración contra Danton estaba en peligro de malograrse ante ese orador de voz tan potente. Danton era simplemente demasiado brillante y había que silenciarle. «*Citoyen le président*», gritó el fiscal agitando los brazos como aspas de molino para atraer la atención del tribunal. Contrario a cualquier ley existente, exigió que el presidente del tribunal suspendiera el proceso. Igualmente temeroso del resultado de los acontecimientos, Saint-Just ya había salido del recinto para consultar con su mentor.

Enfrentados al desastre inminente, Saint-Just y Robespierre conspiraron para eliminar incluso la ilusión de un juicio justo al concebir una ley tan nefasta que se ha convertido en un hito de la injusticia. Cuando la completa dimensión de su conspiración fue por fin revelada, su vileza fue recordada como una traición incluso mayor que el terror de la propia guillotina. Saint-Just regresó corriendo para increpar a la Convención: «Ciudadanos, acabáis de libraros de un grave peligro. No necesitamos más pruebas; la resistencia y las viles acusaciones lanzadas por el acusado [Danton] contra los representantes electos de esta nación son suficientes para demostrar su culpabilidad». Entonces impuso a los acobardados diputados una moción conocida por la posteridad como «Ley del 22 de pradial» (10 de junio), un decreto que sigue siendo único en los anales de la jurisprudencia. En él se negaba al acusado su derecho básico a una defensa, puesto que estipulaba que la *acusación equivale a fallo condenatorio.* Cuando esta nueva ley fue leída por el presidente del tribunal, Danton se dio cuenta de que había perdido. Sólo entonces reconoció la identidad de su enemigo, acechando en las sombras. Por encima de la campanilla del presidente, la voz de Danton bramó: «¡Maldito Robespierre, tan seguro como yo voy a morir hoy, tú me seguirás a la guillotina!».

Esa noche Robespierre se dirigió a los miembros del Club de los Jacobinos para tratar de justificar su injusta ley: «Danton era el más peligroso de todos los enemigos de *la patrie,* prometía fidelidad a nuestros patriotas mientras enterraba su confianza en la intriga y las conspiraciones. La palabra "virtud" le hacía reír. Nuestro Tribunal Revolucionario ha sido instituido para *ayudar* a la Revolución, no para *retrasarla* con vociferantes tácticas defensivas. Los que pasan por encima de él son culpables de un solo crimen, el de alta traición. Y sólo existe un castigo: la muerte».

París palpitaba con morbosa agitación: *«Grand gibier ce soi;* (Esta noche hay caza mayor)», y las multitudes se agolparon alrededor de la máquina del doctor Guillotin. Hasta su último instante Danton siguió actuando como siempre había sido: audaz e insolente. En su viaje final en el carro de monsieur Sanson, vio a una linda muchacha que lloraba: «Qué lastima que no le pueda dejar mi polla a ese eunuco de Robespierre». Los carros que transportaban a Danton y a Desmoulins se detuvieron ante los dos postes de madera. La cuchilla de la máquina reflejaba el sol vespertino que brillaba tímidamente en los Campos Elíseos. A su lado estaba la inmensa estatua de yeso de *la Liberté.* Cuando Danton lanzó una última mirada al monumento que él mismo había ayudado a erigir, agitó la cabeza con desespero. Sin un segundo de vacilación subió por los empinados escalones hasta el cadalso. Quizá, por un instante, sus pensamientos se dirigieron hacia Luis XVI y María Antonieta, a quienes él había enviado a esta máquina de matar. Desde la parte superior de la plataforma miró hacia abajo, hacia la silenciosa multitud, controlada a punta de bayoneta por la Garde Républicaine. Danton se dirigió hacia monsieur Sanson, el único hombre del país que no era llamado *citoyen.* «Muestra mi cabeza a la gente. Es digna de ello.» La cuchilla cayó.

El Terror que siguió a la muerte de Danton duró doce semanas, tres meses de un baño de sangre indiscriminado, de miedos, acusaciones y condenas. Con una lógica implacable, Robespierre, el abogado teólogo, hizo de la muerte su sistema político.

Hasta la caída de Danton sólo 116 personas habían sido decapitados: a partir de entonces, 3.000 más fueron guillotinadas. Todos los días se llevaba a cabo un meticuloso registro de todas las ejecuciones, pero este no incluía los asesinatos de millares de personas que se cometieron en las cercanas provincias y ciudades, como Nantes y Lyon. Los primeros en caer fueron políticos que se guillotinaban unos a otros para escapar ellos mismos de la guillotina. A partir de entonces los carros de la muerte, cada vez más numerosos, ofrecían un menú diario. (Frente a los puestos de comida, al lado de los platos que ofrecían, colgaban un listado de las víctimas del día, al que denominaban «menú».) Hombres de gran saber, como Antoine-Laurent de Lavoisier, padre de la química moderna, inventor del vocabulario químico y del sistema métrico, fueron sentenciados con una sola frase: «La República no necesita científicos». Otra víctima fue el marqués de Condorcet, gran matemático y filósofo, quien sufrió el mismo destino. André Chenier, un poeta liberal, fue arrestado en un caso de identidad equivocada. La sentencia iba destinada a su hermano. Pero uno era tan bueno como el otro: «Lo tenemos a él, a su hermano no», y el solo hecho de su arresto fue suficiente para enviarlo a la guillotina. Con gran frecuencia la carniceria era tan gratuita como caprichosa. La viuda Mayet fue sentenciada a muerte entre un grupo de cincuenta personas simplemente porque alguien la había denunciado como madame De Maillet (que se pronuncia igual), una dama de la aristocracia. Fouquier-Tinville desestimó el alegato de inocencia con la frase: «Ya que se encuentra aquí, de paso la ejecutamos». Algo similar le ocurrió a madame Quetier, un ama de casa que discutió con su marido por un tema de dinero para comprarse una *rouet* nueva (una rueda de hilar), y fue decapitada por ensalzar al roi (rey).

La Conciergerie se convirtió en la parada final antes de la guillotina. Para poder manejar el creciente número de prisioneros, utilizaron un patio cerrado con verjas como zona de contención. Dentro de las paredes de piedra de la prisión la situación era casi indescriptible. Centenares de personas eran empujadas hacia mazmorras sin ventilación, sin retretes ni agua suficiente. «No la necesitáis, vais a morir», se mofaban sus carceleros. Los prisioneros se peleaban por un espacio donde dormir; las aristócratas se acurrucaban al lado de las mujeres de la calle, compartiendo sus pulgas y sus malos olores. Los ladrones quitaban a la nobleza sus camisas y sus zapatos. Pero lo que lo hacía casi insoportable era el profundo temor de la incertidumbre, esperar día tras día a que pronunciaran su nombre. La supervivencia bajo tales circunstancias se convirtió en una improbabilidad lógica. Para muchos casi resultaba un alivio una vez que eran llamados. Entonces sabían que su tortura mental había terminado, que estaban en la lista del día. Las despedidas en prisión son siempre dramáticas; los maridos eran separados de sus esposas, las madres arrancadas de sus hijos. Los juicios trajeron consigo un fuerte incremento de la actividad burocrática, había que anotar los nombres, llevar un registro de las pertenencias confiscadas. A los condenados se les permitía conservar un par de zapatos y una prenda de vestir. Los buitres humanos que rodeaban la fosa común les arrancaban incluso eso y vendían «camisas de mujer» en el mercado negro. Robespierre, a quien le disgustaba ser un espectador involuntario de la procesión cotidiana de los carros de la muerte que pasaban ante su ventana, ordenó que la guillotina fuera trasladada a la Place du Trône (actualmente Place de la Nation).

La ciudad de la luz había apagado sus luces. La diversión y la vida habían abandonado París. La cultura se extinguió rápidamente, las obras del «monárquico» Moliére y las sátiras de Voltaire fueron o bien prohibidas o modificadas para proyectar un mensaje revolucionario. La gente se refugió en la botella; un borracho consiguió introducirse en la sala del tribunal. *«Vive le Roi»,* gritó y se suicidó lanzándose desde el piso superior. Las más abyectas de todas las criaturas eran las *tricoteuses* (las tejedoras) que se sentaban alrededor de la guillotina con sus agujas de tejer punto y vitoreaban cuando las cabezas caían en la cesta. La muerte desataba en ellas un frenesí sexual, que después satisfacían en episodios de lujuria desaforada. Una de las nuevas funciones, cuya asistencia era obligatoria, era la cena fraternal, a la que todo el mundo en su *arrondissement* tenía que acudir llevando unos alimentos. Si no llevaban suficientes ofenderían al guardián del bloque jacobino que presidía el acto; si llevaban demasiados serían acusados de acaparamiento. Tenían que echar los brazos sobre los hombros de los comparteros y cantar a todo pulmón como si se encontraran en una cervecería bávara, todo ello bajo la vigilante mirada de los espías de Robespierre.

«El poder corrompe, y el poder absoluto corrompe absolutamente.» Los tres meses en el poder del Incorruptible Robespierre se pueden explicar con esta sola frase.

El Comité de Salvación Pública, su intrumento para el Terror, cayó en la confusión. Dos de los miembros más destacados del comité, Saint-Just y Carnot, estaban enfrentados. Otros dos, Collot d'Herbois y Billaud-Varennes, conspiraban desde las sombras. Robespierre se beneficiaba de sus disensiones para ser el dictador indiscutible. Utilizaba a Saint-Just y a otro acólito, el tullido Couthon, para preparar su siguiente ronda para la guillotina, que se convirtió en «la lista».

Los *enragés,* los insolentes *sans-culottes,* representaban una amenaza para cualquier persona que estuviera en el poder. Poco numerosos, su estrategia básica era la provocación. Incluso después de que Jacques Roux, su mesías, decidiera suicidarse antes de subir los escalones de la guillotina, sus sucesores siguieron dando tantos problemas y creando tanto caos que «el Incorruptible» no tuvo más remedio que actuar. El descubrimiento de un espía de Robespierre entre ellos había dado pie al rumor de una lista negra. Una vez la idea de una lista había quedado implantada en sus cabezas, las sospechas fueron creciendo, y no solamente entre los *enragés.* El esfuerzo empezó a afectar a Robespierre y sus nervios empezaron a dar muestras de desgaste. Todo lo que hacía falta era un hombre diabólicamente listo para derrocar al tirano. Un hombre así llegó a París el día después de la muerte de Danton.

Poco se sabe de Joseph Fouché, una de las figuras más fascinantes de la revolución. La intriga era su vida. En gran parte fue tan responsable de la muerte de Luis XVI como de la caída de Napoleón. Fue el maestro prestidigitador de la política del poder de seis gobiernos consecutivos, de la monarquía a la República, de la tiranía al imperio y de vuelta a la monarquía, traicionando a todos aquellos a quienes había prometido lealtad. Cuando Napoleón se enfrentó a él con las palabras: «Ah, Fouché, ¿no fuiste tú quien votó por la muerte de tu rey?», su ministro, ennoblecido con el título de duque D'Otrante, replicó: «Sí, señor, y ese fue el primer favor que le hice a su majestad».

Fouché había observado la lucha de poder entre Danton y Robespierre desde la segura distancia de Lyon. Hacía meses que esa ciudad a orillas del Ródano se encontraba en revuelta abierta contra los dictados de los jacobinos parisinos, y Fouché había recibido la orden de supervisar su abolición. En el invierno de 1793 miles de lioneses fueron llevados fuera de las puertas de la ciudad y ejecutados con fuego de cañón. Los cadáveres fueron arrojados al Ródano, para que flotaran aguas abajo y sirvieran de terrible advertencia. El centro de la ciudad fue arrasado por una lógica aplastante: «Nada más que el uso del fuego puede expresar del todo la omnipotencia del pueblo».

Para un maquinador de sangre fría como Fouché, hablar de la virtud humana era un cuento infantil. Es por eso que el Comité de Salvación Pública lo había nombrado a él y a Collot d'Herbois para supervisar la aplicación de la «omnipotencia del pueblo». Fouché menospreciaba a Robespierre. Con la ejecución de Danton, cuyos pensamientos principales compartía, Fouché sabía que su nombre aparecería en la próxima lista de la muerte. Había llegado su momento de atacar. El día en que regresó a París desapareció del escenario público para trabajar diligentemente entre bastidores. Con máxima habilidad desplegó sus armas maestras: la sorpresa y la intriga.

Robespierre recibió su primer sobresalto cuando descubrió que Joseph Fouché había forjado alianzas para ser escogido presidente del Club de los Jacobinos. Robespierre se maldijo; había infravalorado en gran manera el alcance de su potencial enemigo. Antes que nada hizo expulsar a Fouché de los jacobinos; a continuación lo convocó a una *Féte d'être Supreme* (Festival del Ser Supremo), que él presidía, no como cabeza de su Comité de Salvación Pública manchado de sangre, sino en su nuevo papel de dictador. Se celebraron grandes festividades en los jardines de las Tullerías. Robespierre ascendió a una pirámide entre los vítores de una enloquecida multitud. Solo y bien visible, se quedó en la cúspide como el sumo sacerdote del festival. No se ciñó al viejo proverbio que dice «aquel cuya cabeza destaca por encima del resto es posible que la pierda». En un simbolismo exclusivo de tiempos revolucionarios, prendió fuego a una figura que representaba la Insinceridad. La muchedumbre rompió en exclamaciones cuando de sus cenizas surgió una nueva estatua, la de la sabiduría y la virtud. Este acto iba a ser la coronación de un tirano. Un mes más tarde estaría muerto.

Cuando Robespierre aprobó la Ley del 22 de pradial puso con ese acto el sello final a su propia tiranía. Esta ignominiosa ley estipulaba que: «No podrá desestimarse el caso de ningún acusado hasta que el Comité de Salvación Pública y el Comité de Seguridad General lo hayan examinado». Así la decisión de quién debía enfrentarse a una acusación quedaba en manos de ambos comités. Como que Robespierre controlaba ambas instituciones, no sólo estaba libre de poder ser acusado, sino que también podía decidir el resultado de los juicios. Esta sombría amenaza a su seguridad personal no pasó desapercibida para los diputados; nadie podía estar seguro de no ser el siguiente de «la lista». Este temor jugó en beneficio de Fouché. Al explotarlo, hizo que algunos miembros que habían tenido rencillas entre ellos se unieran. La clave del plan estaba en manos de dos hombres, Collot d'Herbois y Billaud-Varennes, miembros del Comité de Salvación Pública. Se arriesgó al decir: «Cuando entreguéis mi cabeza a Robespierre, ¿quién estará ahí para proteger la vuestra?». Una vez se unían a él en su conspiración ya no podían dar marcha atrás. El tiempo se acababa; Robespierre había pronunciado una siniestra amenaza en el Club de los jacobinos: «Todos los buenos ciudadanos deben estar en guardia contra las intrigas». Había hecho recaer el acento en el «todos». La confrontación estaba a punto de empezar.

Robespierre y Saint-Just trabajaron toda la noche en una lista de diputados para ser enviados a la guillotina. Robespierre organizó un contingente de la comuna de París para que ocuparan las galerías superiores y gritaran consignas de apoyo. Pero Robespierre no era Marat; incluso los comuneros habían tenido suficiente con un terror que atacaba sin discriminación. La historia de la viuda Mayet se había extendido. Muchas de las «pequeñas gentes» ya no apoyaban al dictador. Fouché no era el único que estaba activo. Lazare Carnot, cabeza de asuntos militares del Comité de Salvación Pública, contrarrestó la petición de unidad de Robespierre hecha a la comuna poniendo a la guardia nacional en estado de alerta. Como precaución añadida puso a sus propios hombres a cargo de las armas y los depósitos de municiones. Este movimiento de sables no engañó a nadie, puesto que la batalla no iba a librarse con pólvora ni bayonetas; el derramamiento de sangre se haría con palabras, en la sala de la Convención.

El 26 de julio de 1794 una gran multitud atestaba las graderías. Era otro día que prometía una pieza de caza mayor. Los cotilleos circulaban entre los asustados diputados. Los conspiradores de Fouché circularon para expandir los rumores de «la lista» y azuzar los miedos. Robespierre subió al estrado vestido con una casaca de seda azul verdoso y unos calzones amarillos. Reinó un silencio mortal cuando levantó las manos y empezó a hablar.

«Los hombres leales no tienen nada que temer. Pero aquellos cuya conspiración llega hasta el Comité de Salvación Pública y el Comité de Seguridad Nacional, esos traidores deben ser expuestos y castigados.» Terminó diciendo: «Debéis saber que en el interior de este organismo existe una liga de villanos que luchan contra nuestra virtud pública». Entonces solicitó el arresto de «todos los conspiradores». No dio nombres, la insinuación siempre le había resultado suficiente para conseguir sus fines. Pero esta vez se convirtió en un fallo fatal, porque hizo que todos los que temían por sus vidas se aliaran. (Era seguro que la lista contenía los nombres de Fouché, Billaud, Collot, Tallien, Carnot y Barras.) La serpiente había hablado y los miembros de la Convención estaban fascinados por sus colmillos.

Todos menos uno, Bourdon de l'Oise, a quien Fouché le había dicho que su nombre estaba en la lista. «Ciudadano Maximilien, has lanzado una grave acusación que tiene que ser aclarada.» Robespierre se le quedó mirando fijamente, mudo. ¡Alguien se había atrevido a levantarse y a pedir una justificación! Antes de que tuviera ocasión de responder, Cambon, director del Comité Financiero y hombre de Fouché, saltó y acudió corriendo al estra-

Maximilien de Robespierre (1758–1794), apodado «El Incorruptible» por su dedicación a la Revolución y por su resistencia a los sobornos, fue uno de los más importantes líderes de la Revolución francesa.

do, bloqueando la vista del atildado Robespierre. «No estoy dispuesto a perder mi honor —gritó—, hablaré en nombre de Francia. Es hora de decir la verdad: *existe un hombre que está sofocando la Convención.*» Para dar más impacto a su acusación, Cambon se hizo ligeramente a un lado para que todos pudieran echar una buena ojeada al hombre de la casaca azul verdoso, antes de declarar con voz atronadora: «¡Ese hombre es Robespierre!». Fue como si una ráfaga de aire glacial hubiera soplado por el piso bajo y el superior, dejando a todos congelados y mudos. Billaud-Varennes saltó sobre su banco de madera para apuntar con el brazo extendido a un Robespierre ligeramente tembloroso: «¡Sí! ¡Hay que desenmascararlo! Como miembro del Comité de Salvación Pública no deseo participar en sus crímenes».

Fue el diputado Panis quien llevó la Asamblea a un punto de ebullición. Se levantó y, casi como un escolar, dijo:

—El ciudadano Robespierre ha dicho que ha redactado *una lista...*

—*¡La lista! ¡La lista!* —aullaron los diputados—. ¡Di el nombre de aquellos a quienes acusas!

Robespierre estaba tan sorprendido que tuvo que buscar las palabras:

—Yo... yo sólo escucho la llamada del deber...

Sus palabras fueron ahogadas por un grito de protesta colectivo. La campana de las cinco salvó a Robespierre y el primer asalto terminó con un claro vencedor. El exhausto dictador se fue a dormir a su casa, mientras que las velas seguían encendidas en las salas del Comité de Salvación Pública. Saint-Just estaba trabajando intensamente, planificando la actuación decisiva que sabía que tendría lugar a la mañana siguiente.

El 9 de termidor del año 11 (27 de julio de 1794) prometía ser un día caluroso y húmedo; densas nubes se cernían sobre París. Mucho antes de que se abriera la sesión, ambos pisos de la Convención estaban llenos a rebosar de diputados, periodistas y seguidores; los ruidosos y los curiosos se habían unido a la multitud. Fouché había presentado su carta ganadora. Consiguió que Collot d'Herbois fuera nombrado presidente para la sesión del día. Robespierre, acompañado de Saint-Just y Couthon, entró en la Asamblea entre los vítores de la montaña. (Eso era una referencia a la disposición de los asientos: los liberales se encontraban en la planta baja, conocida como «el llano», y los extremistas jacobinos en el piso superior, conocido como «la montaña».) Saludó apaciblemente, seguro de su triunfo, y se instaló en un banco en medio del llano para ganarse el apoyo de los dubitativos moderados. Su plan requería un buen cálculo del tiempo. Saint-Just iba a a encargarse del «calentamiento» antes de que el propio Robespierre lanzara su ataque contra Fouché y su conspiración.

A partir de ese momento los acontecimientos se sucedieron a una velocidad vertiginosa. Saint-Just avanzó hacia el estrado, pero antes de que pudiera pronunciar palabra, Tallien gritó: «¡Exijo ser escuchado!». Saint-Just quedó muy sorprendido por la interrupción. Cuando recobró la voz, el presidente de la Convención, Collot d'Herbois, le cortó con su campanilla. Prescindiendo de toda ceremonia, el corpulento Tallien empujó a Saint-Just para apartarle del estrado y exclamó con todas sus fuerzas:

—Exijo que se levante el telón.

Los compañeros conspiradores de Tallien se levantaron de sus asientos y repitieron:

—¡Levantad el telón!

Antes de que Saint-Just tuviera oportunidad de hablar, Billaud-Varennes había ocupado el lugar de Tallien. Señaló a Robespierre:

—¡Este hombre está planeando asesinar a la Convención!

—*À bas le tyran!* (¡Abajo el tirano!) —gritó el grupo de los bien organizados partidarios de Fouché, lo que produjo confusión entre los de la montaña y un tímido apoyo desde el Llano. La actuación por sorpresa de Fouché había demostrado que después de todo existía la posibilidad de que salvaran el cuello. Los indecisos, aquellos que iban a votar siempre según soplara el viento político, se apuntaron al coro de voces que repetía «¡Abajo el tirano!». Robespierre estaba anonadado; iba abriendo y cerrando los puños. Veía con impotencia cómo sus alianzas se venían abajo; para salvar sus cabezas, algunos jacobinos habían empezado a cambiar de bando. Tallien sacó una daga, que agitó teatralmente por encima de su cabeza. *«À bas le tyran!»*

Robespierre se puso de pie bruscamente y se acercó al estrado, pero una barrera compuesta por los conspiradores de Fouché le impidió el paso. Cuando gritó su voz quedó ahogada por la campanilla del presidente. En la sala reinaba el caos. Los diputados gritaban, los del piso superior vociferaban y golpeaban el suelo con los pies, el presidente se desgañitaba y hacía sonar la campana. El picar de pies fue cogiendo ritmo y derivó en palmadas sincopadas mientras seguía sonando el grito de *«À bas le tyran!»*. Con la respiración entrecortada y los labios amoratados, Robespierre seguía repitiendo su desesperada súplica:

—Dejadme hablar, escuchadme.

Pero su voz no podía oírse por encima del estrépito. La campanilla de Collot finalmente hizo su efecto y el griterío fue disminuyendo. Robespierre, que siempre había medido sus palabras con gran cuidado, estaba furioso por cómo se habían desarrollado los acontecimientos. Las últimas palabras que iba a pronunciar frente a la Asamblea fueron:

—*Donnez moi la parole, président des assassins.* (Déme la palabra, presidente de los asesinos.)

Este insulto, que calificaba a la Convención de asesinos, fue contestado por una voz que atravesó la hulla como una sirena para la niebla:

—Asesino tú. ¡Los fantasmas de Danton y Desmoulins te persiguen! Tallien gritó:

—Este monstruo ha insultado a la Convención del Pueblo. *À bas le tyran!*

Louchet, otro diputado, se subió a su banco, agitó las manos para calmar a la multitud y a continuación dijo las palabras que nadie se había atrevido a pronunciar pero que todos esperaban oír:

—¡Exijo el arresto de Robespierre!

—¡Arrestadle!

El clamor surgió tanto del llano como de la montaña. En un débil intento de mostrar una supuesta legalidad para el arresto proponiendo una votación, el presidente vio tantas manos levantadas que el recuento se hizo innecesario. No hubo abstenciones; incluso los jacobinos de Robespierre abandonaron a su líder. Las tinieblas nocturnas se apoderaron del «Incorruptible» a plena luz del día; sus ojos veían sin poder creerlo como se le acercaba la muerte. El clamor subió de tono; Collot d'Herbois agitaba con fuerza su campanilla: «Ordeno el arresto inmediato de aquellos acusados de traición: Robespierre, Saint-Just, Couthon... ». Un tirano había sido depuesto.

La tensión que se apoderó de la Convención rápidamente pasó a las comunas de París. Los jacobinos leales despacharon mensajeros a las secciones para reunir «a un grupo de hombres y mujeres fuertes» en la Place de la Maison-Commune. Respaldados por los cañones de la guardia nacional, pronto se iban a encargar ellos de esa Convención rebelde. Su dirigente, François Hanriot, general de la guardia nacional parisina, era un borracho y un pendenciero. Inició su «carrera militar» como ayuda de cámara de un oficial monárquico antes de convertirse en la mano ejecutora de Marat. A petición de Marat, en junio de 1793, había instigado a una turba para que asaltara la Convención, expulsara a los girondinos y pusiera en su lugar a los jacobinos. Unos días después, Marat estaba muerto y Hanriot rápidamente cambió de bando y se pasó al de Robespierre, quien le nombró jefe de la guardia nacional. La víspera del 9 de termidor le había asegurado a Robespierre que apuntaría sus cañones contra la Convención «y enviaría al infierno a cañonazos a esos traidores».

Lo que ocurrió a continuación sólo puede explicarse en términos de la naturaleza sacrosanta de esa institución francesa: la cena. En medio de esa increíble revuelta, ¡la Convención se tomó un descanso de dos horas para ir a cenar! Fleuriot, alcalde de París y firme partidario de Robespierre, utilizó esas dos horas para reunir una fuerza de miles de seguidores armados frente al Ayuntamiento de la capital. El líder de las masas, el comandante

Hanriot, estaba totalmente borracho y era incapaz de pronunciar una palabra inteligible. Se subió a un caballo y salió al galope dando insensatos alaridos y blandiendo su sable hacia las Tullerías, donde fue arrancado de la silla sin ceremonia, atado y arrojado a un almacén.

Cuando Fleuriot se enteró del arresto del comandante de su guardia demostró que tampoco él era un buen estratega militar. En lugar de mandar a una tropa para salvar a Robespierre, Fleuriot envió a 200 comuneros armados a la Convención para liberar al borracho. Los diputados habían regresado de cenar y se toparon con las turbas de Fleuriot. Nadie resultó gravemente herido, pero fue suficiente para demostrar el poder del populacho parisino. El ebrio Hanriot fue llevado triunfalmente al Ayuntamiento, donde sus artilleros habían colocado sus treinta y dos cañones; aparte de eso, no habían mostrado ninguna iniciativa. Durante esas horas cruciales los partidarios de Robespierre poseyeron una aplastante superioridad en cañones, una carta ganadora que ciertamente hubiera podido decantar los acontecimientos a su favor si hubieran encontrado un comandante militar que se hiciera cargo de la situación, porque Hanriot una vez más se había escapado hacia el Auberge du Cheval-Vert.

Para los diputados era importante remediar rápidamente esta peligrosa situación, en especial porque los que custodiaban a Robespierre estaban aterrorizados por las crecientes multitudes y lo habían soltado. Inmediatamente dictaron un decreto que iba a decantar la balanza. La Convención declaró a Robespierre fuera de la ley; eso significaba que cualquiera que saliera en su ayuda se enfrentaría automáticamente al arresto y a la ejecución sin juicio previo. Recayó en Paul Barras, miembro de la Convención, llevar a cabo la decisión. Se envió el primer mensaje al Ayuntamiento para convocar a Fleuriot ante la Convención. «Acudiré —declaró el alcalde—, y traeré al pueblo conmigo.» Pero otros mensajeros obtuvieron mejor respuesta: de las 48 comunas, sólo 13 respondieron a la llamada de Fleuriot para defender el Ayuntamiento, mientras que 27 se quedaron observando los acontecimientos desde las gradas. Cuando otros líderes de sección vieron que el viento cambiaba de dirección, se declararon a favor de la Convención. Aunque los delegados todavía no estaban seguros del resultado y vivían en el terror constante de las turbas parisinas, esas turbas se movían de acá para allá, sin rumbo, esperando órdenes. Entretanto, el tiempo cambió y densas nubes de lluvia se cernieron sobre la ciudad.

¿Pero dónde estaba Robespierre? En esa, su mayor crisis, él también se vio atrapado por ese decaimiento que había vencido al rey. Durante esas horas vitales de forcejeos y maniobras, el tirano que siempre había sabido sacar provecho de los fallos de sus oponentes se quedó paralizado por la conmoción. Mientras sus partidarios le esperaban en el Ayuntamiento, un asustado y confuso Robespierre se negaba a abandonar su refugio de la Rive Gauche. Una muchedumbre sin líder es como un pollo sin cabeza. Empezaron a beber copiosamente y surgieron peleas a medida que llegaban noticias de que los *arrondissements* estaban cambiando de bando. Se perdieron valiosas horas antes de que Robespierre, Saint-Just y Couthon llegaran al Ayuntamiento para unirse a Fleuriot y Hanriot (que había sido sacado a la fuerza de su taberna). Una vez más, en ese día aciago, a Robespierre le falló la suerte. Esta vez fue debido al tiempo. Estalló una tormenta de tal calibre sobre la ciudad que el gran Talleyrand la inmortalizó con estas palabras: «¡La lluvia es contrarrevolucionaria!». La lluvia empapó al populacho e hizo que éste se dispersara a toda prisa hacia las tabernas más cercanas. Fuera llovía y dentro ellos siguieron bebiendo. La plaza quedó vacía.

Fue en ese momento cuando llegó Barras con cincuenta gendarmes. La violencia que se desató a continuación sólo se puede explicar si tenemos en cuenta el despiadado reinado del terror que Robespierre había impuesto a la ciudad y a la nación. Ahora iban a pagarle con la misma moneda. Él y sus confederados estaban reunidos en una sala del primer piso del Ayuntamiento. La puerta se abrió de golpe, se escuchó un disparo y una bala destrozó la mandíbula de Robespierre. La cabeza del dictador cayó sobre el documento que acababa de firmar, ordenando a la milicia (uno de cuyos miembros acababa de dispararle) a que acudiera a toda prisa en su ayuda.

Augustin Robespierre, su hermano, abrió una ventana *y* se arrojó al patio, *y* aunque se rompió varios huesos, no se mató.

Joseph Lebas se sacó una pistola del cinto. Saint-Just le rogó:

—Dispárame a mí primero, *mon frère.*

—*Pauvre con* (pobre estúpido), tengo cosas más importantes que hacer —dijo Lebas.

Lebas alzó la pistola hasta la sien y se voló los sesos. El tullido Couthon se escondió bajo una mesa; unos milicianos lo encontraron y lo arrojaron escaleras abajo. El borracho de Hanriot salió a tientas por una ventana y aterrizó sobre un montón de estiércol, donde se quedó dormido hasta que un gendarme lo oyó roncar. Fue despertado a punta de bayoneta y le dieron una paliza de tal calibre que perdió un ojo. Al alba del 10 de termidor (28 de julio de 1794) los hombres que habían atenazado a Francia bajo el Régimen del Terror ya no eran más que una triste colección de brazos y piernas rotos y caras sanguinolentas. Barras hizo una entrada teatral en la Convención con el grito de: «Tenemos al traidor Robespierre aquí fuera», palabras que hicieron que los delegados rompieran en vítores. Su presidente proclamó: «Su lugar no se encuentra frente a esta augusta institución, sino en la Place de la Révolution». Su declaración fue recibida con una ovación, para esta ocasión, la guillotina iba a ser devuelta a su emplazamiento original.

Un Robespierre gravemente herido fue remolcado, atado a un tablón con los brazos colgando a ambos lados y con los nudillos arrastrándose por el suelo empedrado. En el Comité de Salvación Pública, el traidor Robespierre fue colocado sobre la misma mesa desde la que había ejercido el poder absoluto. Las multitudes desfilaron ante un lamentable espectáculo. Su destrozada barbilla estaba vendada con un trapo empapado en sangre, sus medias de seda le colgaban sobre los tobillos y su casaca de seda azul verdoso estaba manchada de sangre. Aquellos que ayer lo llamaban «Incorruptibie» hoy lo maldecían como «ogro». Un viejo que había perdido a su hijo víctima del Terror miró hacia la triste figura: «Sí, Robespierre, Dios existe».

Al mediodía Robespierre y sus 22 cómplices fueron llevados frente al Tribunal Revolucionario. Debido a la ley que él mismo había promovido para silenciar a Danton, el fiscal público Fouquier-Tinvile (cuyos días estaban contados) sólo tuvo que leer sus nombres para que todos ellos fueran condenados a la guillotina. «Los acusados se pondrán de pie: Couthon, Fleuriot, Hanriot, Robespierre, Saint-Just... » Los que no podían sostenerse de pie fueron ayudados sin muchas contemplaciones por los gendarmes. A última hora de la tarde, los 23 fueron introducidos en tres carros. En el primero iba Saint-Just, todavía impecablemente vestido con calzones de color cervatillo y camisa blanca, erguido como un faro sobre un mar de dóciles jacobinos. A pesar del odio que los parisinos sentían por esta fría e inmiscricorde figura, él fue a su muerte con un aire de nobleza. No había pronunciado una sola palabra en su defensa. Chateáubriand le rindió tributo: «Sólo el silencio es grande, el resto es debilidad»

A Robespierre tuvieron que llevarle los gendarmes al segundo carro y hacerle sentar sobre un tablón. Ésta era la manera de Fouché de demostrar al pueblo que era realmente Robespierre quien iba hacia la muerte. En el último carro iba Hanriot, cubierto de estiércol. A su lado se acobardaba Couthon, que proclamaba su inocencia. La procesión siguió la conocida ruta a la que los parisinos le habían puesto el mote de Vía Dolorosa. Ante la casa Duplay, donde Robespierre había conspirado contra tantos de sus rivales, las horribles *tricoteuses* bailaron en corro alrededor del condenado.

Una mujer que había perdido a su hijo gritó: «Satanás, ¡que la maldición de todas las madres recaiga sobre ti!». Miles de personas se habían congregado en la Place de la Révolution para ser testigos del fin de un tirano. Sobre ellos se alzaba el propio instrumento de Robespierre para el terror: la guillotine. Uno a uno los jacobinos fueron llevados ante la presencia de monsieur Sanson. Sólo Saint-Just retuvo la dignidad y subió los escalones para enfrentarse a la muerte con esa terrible frialdad que lo había convertido en el personaje más enigmático de la Revolución. Los demás tuvieron que ser atados al sanguinolento tablón. El número veintiuno del «menú» del día era *l'Incorruptible,* Maximilien De Robespierre. Un silencio descendió sobre la multitud, los hombres agarraron con más fuerza sus bastones de paseo y las mujeres se persignaron: «Ahí va el diablo». Todas las miradas estaban puestas en el cadalso y la reluciente cuchilla. El cuerpo quebrado de Robespierre fue arrastrado por la escalerilla, con los pies golpeando cada escalón. Se le podían ver los ojos en medio de su cara vendada, mirando hacia un cielo plomizo. Si no estaba inconsciente, sí se encontraba en un estado de indiferente letargo. Las rodillas le fallaron y lo dejaron allí tirado, el símbolo de un tirano caído, antes de que fuera atado al tablón. Un ayudante del verdugo le arrancó las venas sanguinolentas de su mandíbula rota. Robespierre dio un grito de dolor. Sanson inclinó ligeramente la cabeza... El tablón fue inclinado hacia delante para que descansara entre los dos postes verticales... Un sonido sordo mientras el cierre de madera que le sujetaba la cabeza caía en su lugar... Un momento de vacilación... Silencio total... Sanson tiró de la palanca y la cuchilla cayó. Todo el mundo pudo escuchar su susurro. Un suspiro atravesó la Place de la Révolution. Un tirano había entrado en el infierno de la historia.

El dictador que se había creído infalible fue destituido por un complot urdido en un barracón: éste llegó con asombrosa celeridad. En el París de la Revolución, aquel que había vivido gracias a los tumultos fue vencido por ellos. El talento que hacía que el Incorruptible destacara en la oposición y en la astucia de la insurrección no era el adecuado para mantener el liderazgo. Pasó por alto el hecho de que una República, con sus fuerzas en conflicto, tenía más necesidad de la legalidad que una monarquía. El terror que él había desatado finalmente se lo tragó.

La última víctima del Terror fue un niño de diez años, condenado a una muerte lenta. Su sufrimiento por fin terminó el 8 de junio de 1795. Ese día, el rey no coronado Luis XVII murió oficialmente en la prisión del Temple.

¿Pero por qué «murió oficialmente»? Ningún relato de la tragedia sería completo sin el «Enigma del Temple». ¿Cuál era la identidad real del chico que murió en esa prisión? Si era el delfín, entonces podría haber sido más humano acabar con su sufrimiento junto con su madre, antes que permitirle sufrir esa tortura dos años más.

En la primavera del 2000 se realizó una prueba de ADN con un cabello de la reina y un fragmento del corazón del niño. El resultado demostró que realmente se trataba de Luis XVII, el hijo de la reina.

En el enigma participan principalmente cinco personas. Un rey fantasma de diez años, su carcelero, Simón el zapatero, Robespierre, y dos jacobinos, Hébert y Chaumette, que entraron en el aposento de la reina en el Temple y se llevaron al niño. Arrancado de los brazos de su madre, fue encerrado en una celda minúscula e infestada de ratas, sin retrete y con un tablón clavado a la ventana para que no entrara la luz. Cuando se negaba a cantar canciones obscenas sus carceleros le pegaban, sólo le daban una sopa negra para comer y le hacían dormir sobre sus propios excrementos. Simón el zapatero convirtió a un alegre niño en una criatura muda que jamás volvería a hablar.

En 1819 una anciana, la esposa de Simón el zapatero, salió a la luz pública y pidió dinero por contar su historia. Según ella, Chaumette, con la ayuda de Simón y Hébert, había sacado al delfín del Temple y lo había sustituido por un niño enfermo. Hébert y Chaumette fueron arrestados con los cargos de «ayudar a restituir la monarquía», y su acusación encerraba una frase todavía más extraña: « ... y de facilitar la huida del delfín».

El niño murió durante la noche del 8 de junio de 1795. El doctor Pelletan, un médico de la vecindad, realizó una autopsia sobre una mesa de cocina en la antesala de la prisión. Como nadie estaba prestando demasiada atención, envolvió el corazón del niño en un pañuelo y se lo metió en el bolsillo antes de cerrar el cuerpo. Este corazón iba a convertirse en el punto central del misterio y de apasionadas discusiones. El doctor lo conservó en un frasco con alcohol pero no se dio cuenta de que el líquido se había evaporado y el corazón se había resecado. Su ayudante, que murió al cabo de poco tiempo, robó el frasco, pero su viuda lo devolvió al doctor Pelletan. Años más tarde el doctor lo ofreció al rey restituido y tío del niño muerto, Luis XVIII, pero este lo rechazó. Entonces el doctor Pelletan lo dejó en manos del arzobispo de París. Durante la Revolución de 1830 el palacio del arzobispo fue saqueado y un monárquico, Lescroart, intentó salvar la reliquia. Fue descubierto por un guardia nacional que lo golpeó; el frasco de vidrio se estrelló contra el suelo pero el corazón fue recuperado de entre los fragmentos y fue trasladado a la catedral de Saint-Denis, el lugar donde está enterrada la realeza de Francia. Con el tiempo, unos cuarenta pretendientes se presentaron diciendo que eran Louis-Charles de Bourbon. La mayoría de ellos fueron encerrados por fraude.

Este desventurado niño que murió era realmente el rey, y sufrió la infamia de un martirio infantil porque la Revolución temblaba ante la idea de que pudiera algún día convertirse de nuevo en rey.

Un niño murió, un niño que murmuró: *«Toujours seul.* (Siempre solo, mientras que mi madre se encuentra en la otra torre)». Un niño a quien nunca le dijeron que su madre había sido ejecutada.

Y después...

El Terror murió con Robespierre, un terror injustificable. No fue él solo el responsable de los excesos que se cometieron en nombre de un ideal: la virtud. En primer lugar hubo un rey que pagó el precio de la bancarrota moral y económica de su reino. Sus reveses de fortuna y sus graves fallos de carácter tomaron el color de una tragedia de Rabelais y alcanzaron su punto álgido con su falta de decisión cuando tuvo que enfrentarse a un populacho enloquecido. Débil por naturaleza, se negó a sacrificar a unos pocos para salvar el conjunto y por tanto dio paso a la tragedia. Por su culpa se derramó mucha sangre. Esto es algo que los franceses jamás le perdonaron.

Luego estaban los revolucionarios. Marat, uno de los parias de la historia, motivado por una creencia patriótica de que sólo la sangre es capaz de limpiar y que creó una nueva clase de ciudadano: la comuna del pueblo. Danton, el temerario y ambicioso «ultra», que justificó sus actos de regicidio con la necesidad de fortalecer una frágil Revolución. Con una frase exhortó a una nación para borrar la vergüenza de la derrota, sólo para caer víctima de un ambicioso y envidioso villano. Saint-Just, ese arcángel de la guillotina, enigmático y frío, que deseaba llenar los cementerios en lugar de las prisiones. Su deseo se vería cumplido. Finalmente Robespierre, guiado por la virtud de algún oscuro ser superior, que justificaba su malicia con un ideal. En general, su terror fue menos eficazmente absoluto que el que han practicado algunos gobiernos más cercanos en el tiempo.

La Revolución francesa puso la palabra *fin* a la era de una estructura monárquica medieval en Europa. Sus estigmas han permanecido como símbolos de toda revolución subsiguiente. Inventó las purgas de toda una capa de la sociedad; creó los tribunales populares, los juicios sin defensa y las ejecuciones sin juicio y el resto de herramientas que hoy calificamos de régimen totalitario. También tuvo muchos aspectos positivos. El Comité de Salvación Pública cumplió con su función. El reclutamiento de Carnot reunió a un ejército de un millón de hombres, los convirtió en una máquina de luchar eficiente y desarrolló la primera industria armamentística moderna al producir en masa el mosquete. Saint-Just levantó la moral del ejército del Rhin para vencer a los prusianos y a los austríacos. Estas victorias salvaron a la joven república e hicieron que las monarquías más poderosas de Europa corrieran el peligro de tambalearse como un castillo de naipes. De esta confusión surgieron nuevas repúblicas. Precipitó el primer conflicto realmente global, las guerras napoleónicas, en las que se vieron involucradas gigantescos ejércitos de las grandes potencias europeas, y sentaron las bases para el dominio naval británico.

La historia tiende a castigar a Marat, a olvidarse de Saint-Just y a idealizar al impuro Danton por encima del Incorruptible Robespierre. «El cielo me ha inspirado una pasión por la libertad —solía decir— y es mi tarea trazar con la sangre de mi corazón el camino hacia la felicidad y la libertad del pueblo.» Mediante un reinado de terror quería asegurar un reinado de la virtud y conseguir la felicidad por medio de la violencia. Allí donde al rey le preocupaba causar un derramamiento de sangre, él avanzaba sin vacilación. Hasta el día en que algunos de aquellos a quienes había aterrorizado se rebelaron. Porque se ha demostrado a lo largo de la historia que el hombre puede tolerar que se interfiera con la rutina de su vida cotidiana sólo hasta cierto punto.

Uno tras otro, los grandes revolucionarios franceses cayeron víctimas de su propia vanidad. Cuando se elevaban demasiado, les cortaban la cabeza.

Al final, «la revolución devoró a sus hijos».

ENTREACTO: 1794-1809

La Primera República francesa duró siete años. Con el final de Robespierre y del Gran Terror, los diputados se dedicaron a su pasatiempo favorito: discutir. En 1799 la vacilante llama de la Revolución fue extinguida por el olor a pólvora de un joven genio de la artillería: el general Napoleón Bonaparte.

Los intereses de Napoleón eran diametralmente opuestos a los de los revolucionarios. No le interesaba en absoluto el bien de todos, sino que demostró ser un dictador megalómano, preocupado sólo por su poder personal. «El poder es mi amante —declaró—. He trabajado demasiado para conquistarla como para dejar que otros se aprovechen de ella.» Con este propósito en mente, utilizó cualquier medio a su alcance para conseguirlo: aplastó a la oposición política, exilió al campo a los supervivientes del período revolucionario; convirtió a tenientes en reyes y a reyes en parias; instituyó reformas hechas a medida para aumentar su dominio represor, primero en Francia y después en todo un continente. Utilizó incluso la religión, diciendo sin ambages: «La sociedad no puede existir sin desigualdad, por tanto necesitamos la religión para poder decir: *es la voluntad de Dios».* Se redactó una nueva Constitución siguiendo sus instrucciones, «para mantener los valores revolucionarios de *égalité* y *fraternité». Sus* represivos métodos policiales ignoraban convenientemente el tercer principio de sus antecesores revolucionarios, *la liberté.*

Muchas de sus reformas sociales han sobrevivido a los siglos. Sin duda alguna su mayor logro fue una ley civil codificada que fue conocida como «Código napoleónico» y que sigue actualmente en vigor. Legó a su país una sólida base económica al instituir la Banque de France y creó un sistema impositivo justo. Sus embajadores culturales se pasearon por todo el mundo (y robaron los tesoros que actualmente se exhiben en el museo del Louvre). Sus primeros años en el poder fueron un éxito total. Este triunfo y la adulación por parte de las masas se le subieron a la cabeza. Era demasiado joven, demasiado ambicioso y estaba demasiado convencido de su singular papel en la historia para descansar en sus laureles. Francia se le quedó pequeña a sus ambiciones, luchó para convertirse en el único gobernador de una Europa unida. Y con esta finalidad empezó a aplastar a los ejércitos europeos en una brillante maniobra estratégica tras otra. En menos de diez años el indigente corso había ascendido al mismo rango que el emperador del Sacro Imperio Romano Germánico de los Habsburgo de (casi) mil años de antigüedad y del zar de todas las Rusias.

El peligro que suponía la implacable ambición de Napoleón de continuar con su expansión (llegó a soñar incluso en un nuevo imperio mundial con base en la posesión francesa en la Luisiana) y su incuestionable talento militar, llevaron a la guerra. El 2 de diciembre de 1805 un ejército astrohúngaro ineptamente dirigido sufrió una humillante derrota en Austerlitz. En el punto culminante de su gloria militar ningún general podía igualar su genio y ninguna nación se atrevía a desafiar el poder de sus ejércitos. Los generales se rendían ante su mera presencia, reyes y emperadores se doblegaban ante él. Obligó incluso al monarca Habsburgo a desmantelar el Sacro Imperio Romano, de 844 años de antigüedad. Para fracturar la unidad alemana los principados de Württemberg y Baviera fueron elevados a la categoría de reino por la gracia de Napoleón. Su dictado de paz de 1806 incluía otra cláusula: para proteger su flanco cisalpino, Napoleón le ofreció al rey de Baviera la titularidad de una provincia austríaca: el Tirol.

Napoleón parecía invencible, pero en su momento más glorioso surgió un serio desafío de una fuente totalmente inesperada. Fue un asunto relativamente menor, pero Napoleón cometió el pecado capital de crear un mártir y con ello unificó a Alemania en su contra.

10

Rodolfo II, protector de alquimistas

Muy cercano al emperador solar Carlos V, del que era nieto, pero en las antípodas de aquel, no sólo por sus aficiones totalmente dispares sino, sobre todo, por una disposición de ánimo que le llevaba a la quietud y al ensoñamiento —mientras que el césar Carlos era, como ya se ha visto, todo actividad y realismo— se encuentra este personaje entrañable y sorprendente del que vamos a ocuparnos en el presente capítulo: el emperador Rodolfo II. Nacido para gobernar un gran imperio, dejó prácticamente las tareas de estado en manos ajenas para poder dedicarse a su verdadera afición: el hermetismo y, sobre todo, la alquimia. En su corte, famosa en toda Europa por sus singularidades, se dieron cita sabios, artistas, astrólogos, alquimistas y, en buen número, charlatanes que supieron aprovecharse de su bondad. Las conquistas del emperador Rodolfo, en el supuesto de que llegara a hacer alguna, no fueron materiales sino de otro orden, más íntimo y transcendente. Por todo ello también hemos querido incluirlo aquí, en nuestra estirpe solar.

El príncipe soñador

Hijo del emperador Maximiliano II y de María, hija segunda de Carlos V, nació en el año 1552 este archiduque Rodolfo, cuyos astros natales marcarían en él, desde su más tierna infancia, una singular y poco ortodoxa trayectoria. Un camino que poco o nada tendría que ver con el recorrido por la ilustre prosapia de la que descendía, ni con los intereses políticos que primaron en su familia.

Cuando Rodolfo vino al mundo, su padre, Maximiliano, todavía no había sido elevado al trono imperial. Tendrían que pasar doce años para que, tras la muerte del emperador Fernando I —aquel bello joven nacido en Alcalá, que tantas simpatías había provocado entre los españoles—, su progenitor heredase la corona del Sacro Imperio Germánico. No fue Maximiliano un emperador de carácter fuerte y decidido. Dominado siempre por la duda, tanto en las cuestiones políticas como en las religiosas, optó finalmente, en lo tocante a estas últimas, por prohibir la publicación de los decretos del Concilio de Trento, y por declararse neutral en materias confesionales.

Como sucede en tantos casos, también en la todavía corta vida de Rodolfo se iban a producir ciertas paradojas. Porque si bien su padre no parecía decantarse demasiado por el hecho de que el catolicismo imperase en sus dominios, careció de reparos para enviar a su joven vástago a la más que católica corte española de su pariente Felipe II. En ella pasó el príncipe austríaco nada menos que siete años, educándose —al menos oficialmente— con los jesuitas.

Y hablarnos de educación oficial porque no es hecho desconocido que en la corte en la que vivió temporalmente, también burbujeaba —paralelamente a un catolicismo devoto y tajante— un ambiente de claro esoterismo, al que el joven Rodolfo debió aficionarse con rapidez.

En la corte del rey Felipe

Los años que vivió el archiduque Rodolfo en la corte de España, desde 1564 hasta 1571, que fueron precisamente los de su adolescencia y juventud, sin duda sirvieron para reforzar su tendencia hacia lo hermético, hacia lo más íntimo y transcendente. Felipe II se hallaba en esos años inmerso en su obra magna: la construcción del monasterio-palacio del Escorial. Un año antes de que llegara el archiduque a Madrid se había puesto la primera piedra del monumento coincidiendo, meses más meses menos, con la clausura del Concilio de Trento, aquel otro hito con el que la ortodoxia católica quería frenar el avance de las corrientes libertarias de la Reforma protestante.

Felipe II, el «rey prudente», no quiso permitir que la historia le pudiera pasar por alto. Ya que no era un conquistador de reinos, como lo había sido su padre, al menos se propuso ser el gobernador de sus dominios. Pero esa labor de burócrata especializado, de «ejecutivo» regio, no deja, es evidente, una huella tan perenne, tan visible e impresionante como lo puede ser una construcción monumental e imponente, algo que recuerde a las generaciones futuras la importancia del augusto gobernante pretérito que la ordenó. Es la forma más sencilla de querer trascender lo efímero, al fin y al cabo. Y para embarcarse en cualquier empresa importante es necesario disponer de una relevante compañía. Que se lo digan, si no, a Fausto.

Así pues, Felipe tuvo también su grupo selecto de sabios heterodoxos y solares, es decir, amantes de la trascendencia. Lo formaban, entre otras, las figuras señeras del arquitecto Juan de Herrera y del humanista Arias Montano, máximos exponentes del llamado «Grupo del Escorial«, al que pertenecían personajes amantes del hermetismo y de lo esotérico. Resulta innecesario decir que el joven Rodolfo de Habsburgo tuvo que estar no sólo al tanto de las conversaciones y teorías de estos ilustres señores, sino que debió ver muy reforzada con tales compañías sus más íntimas inclinaciones.

El rey-mago en su trono imperial

En 1576 accede al trono del Sacro Imperio Germánico Rodolfo II. Tiene veinticuatro años, y prácticamente desde el primer momento da claras muestras de que su interés por la política y el gobierno es cuasi nulo. Pero las circunstancias por las que está pasando el Imperio no son fáciles. La Reforma emprendida por Lutero, y la Contrarreforma del Concilio de Trento dividen la opinión, los intereses y las creencias de sus súbditos. Es imposible mantenerse al margen de lo que conlleva esta situación crítica. A un año escaso de su elevación al trono, el emperador decide imponer en sus territorios las tesis tridentinas, como credo religioso. No todo el mundo está de acuerdo, y surgirá el conflicto.

Pero, en el fondo, Rodolfo sigue mostrándose un tanto indiferente ante estos graves problemas. Lo que le importa, lo que verdaderamente le fascina, son otros asuntos que nada tienen que ver con los intereses de estado, ni con las intrigas de su hermano Matías, hombre ambicioso que empieza a conspirar para apartar del trono imperial a su hermano mayor. Este, mientras tanto, se deja aconsejar tan sólo por su hombre de confianza. Tadeus

Hajek, que sabe muy bien como bailarle el agua. Este Hajek era uno de los médicos que habían atendido a su padre, el emperador Maximiliano, durante los últimos días de su vida en Ratisbona. Nada más subir al trono, Rodolfo le nombró «Maestro de alquimia», cargo de amplias y vagas competencias que el otro aceptó gustosamente.

Este Tadeus Hajek era un elemento de cuidado. Poseedor de no desdeñables conocimientos, no sólo de medicina sino también de matemáticas y, por supuesto, de alquimia, se hacía llamar pomposamente por toda la corte de Praga «el sabio Hagecius», sin que, al parecer, al Emperador le importase mucho esta y otras variadas muestras de la manifiesta vanidad de su consejero. Porque el caso es que Hajek se había convertido hasta tal punto en el factótum de Rodolfo, en asuntos de lo que podríamos denominar «asesoría interna», que no había científico, médico, astrólogo, mago, alquimista o hermetista de prestigio, deseoso de pertenecer a la «corte mágica de Praga», que no tuviera que pasar por el examen y revisión minuciosas que él imponía. Lo que Hajek dijese era palabra divina para el emperador Rodolfo. Las cosas no podían marchar demasiado bien con tales consejeros.

Una corte muy especial

La fama que rodeaba a la corte de Praga, la ciudad mágica convertida en capital del Imperio, se había extendido por toda Europa. Es sabido que durante la primera época de su reinado el Emperador llegó a tener a su servicio hasta doscientos alquimistas, si bien la mayoría de ellos poco tendrían que ver con el trabajo trascendente y profundo del verdadero «Arte Real». En esta primera etapa —y aparte del ya mencionado Hajek— se encontraba en la corte un tal Wilhelm von Rosemberg, que fue uno de los hombres que más estimularon al Emperador para que siguiera fomentando sus empresas alquímicas.

Para que no se dispersaran y, se supone, para que pudieran intercambiar sus hallazgos y conocimientos, Rodolfo había alojado a toda esta pléyade de hermetistas en minúsculas viviendas que formaban la «Calle del oro» —la famosa *Zlatá ulîcka*—, dentro de la misma fortaleza imperial de Praga. Inevitablemente, los trabajos que se llevaban a cabo en esta meca de lo oculto generaban consejas y leyendas, a cada cual más pintoresca. Al propio emperador se le veía como un elemento estrambótico —cuando no, desquiciado— en todas las cortes europeas, y también sobre él se contaban las más variadas anécdotas. Sirva de botón de muestra el hecho de que cuando, en 1583, pidió a su primo y antiguo camarada Felipe II la mano de su hija, éste se la negó muy discretamente. Quedaba claro que la vida que llevaba su hipotético yerno no era en absoluto del agrado del monarca español.

Pero es justo decir que Rodolfo II, a pesar de que pudiera interesarse básicamente por los frutos materiales de la obra alquímica, vivía el mundo de lo hermético, de lo trascendente y solar con reverencial intensidad. Su respeto por aquellos personajes que le merecían consideración era tan grande, que cuando, en 1599, fue presentado en la corte el famoso astrónomo danés Tycho Brahe, el emperador se descubrió la cabeza ante él, dando de este modo una insólita muestra de la humildad y de la deferencia que sentía hacia una figura de semejante talla científica. Brahe se quedó en la corte de Rodolfo hasta su muerte, en 1601. Durante los escasos años que en ella permaneció fue nombrado astrónomo y matemático imperial, teniendo como ayudante al no menos famoso Kepler, que le sucedió en su puesto de la Universidad de Praga. Una universidad que el Emperador mimaba con cariño.

El retrato prodigioso

Vemos, pues, que Rodolfo II no era solamente un soñador, un patrocinador de quimeras, un individuo de carácter débil que se dejaba embaucar por el primer aprendiz de brujo que se le pusiera a tiro, sino que constituía un ser de una delicada intuición que le llevaba a discernir con claridad en donde se encontraba lo verdaderamente valioso. En el universo para él más querido de lo esotérico y lo oculto, tuvo muy cerca de sí a alquimistas de la talla del noble moravo Michael Sendivoj —más conocido por «Sendivogius», adaptación de su apellido— o del ilustre inglés William Sethon, asimismo más famoso por su seudónimo del «Cosmopolita». Se dice que Sendivogius realizó ante la atenta mirada de Rodolfo una verdadera trasmutación alquímica, en cuyo recuerdo se hizo grabar la leyenda que adorna una mesa de mármol que el propio emperador regaló a uno de sus cortesanos: en ella se podía leer la siguiente frase admirativa: «¡Ojalá todos pudieran hacer lo que aquí realizó Sendivogius!»

Pero también el arte fue una de las aficiones de este notable emperador de nuestra *estirpe solar*. Por ejemplo, se sintió muy atraído por pintores renacentistas de la talla de Durero, de quien conservaba con sumo cuidado alguno de sus cuadros. Pero el artista que más había de marcarle sería el milanés Giuseppe Arcimboldo, que ya había sido pintor de cámara del emperador Fernando I.

En 1589, cuando Rodolfo II acababa de cumplir treinta y siete años, le encargó a Arcimboldo el retrato más extraño que se haya pintado en la edad moderna. En él se representaba al Emperador disfrazado del dios romano Vertumno. ¿Por qué se escogió precisamente a este dios, al que se solía representar en la Antigüedad como un hermoso joven, de cabeza coronada con espigas y follaje? ¿Tal vez porque era un símbolo de la riqueza y de la abundancia que de él procedían? Misterio. Otro más en la larga cadena de hechos insólitos que rodean la vida de nuestro emperador solar. En cualquier caso, en esta pintura —que algún historiador no ha dudado en calificar de «extravagante»—, tanto la cara como el cuerpo de Rodolfo se hallan formados por una curiosa mezcolanza de frutas y vegetales; el cabello está representado por el maíz, la nariz es una pera, las mejillas son dos pequeñas manzanas, y el pecho está compuesto por un conjunto vegetal a base de pepino, ajos, cebollas y calabacines. Todo un homenaje a los frutos de la madre Tierra.

John Dee aparece en la escena

Aunque el retrato continúa siendo algo misterioso, y no puede por menos que llamar poderosamente la atención de quien lo mire, parece claro el significado que Arcimboldo —pintor, también él, cautivado por lo hermético— quiso darle a la figura del emperador Habsburgo. Rodolfo-Vertumno encarnaba la naturaleza; era la deidad cuyo vigor creaba una fertilidad eterna. Vertumno era el dios pagano de la mutabilidad inefable y mistérica; y, tal vez, el pintor quiso ver a su egregio protector como una figura de ocultos y solares poderes, que trascendía la humana condición de un simple monarca. Es posible.

Cinco años antes de que fuera pintado este singular retrato, en 1584, hace su aparición en la corte de Praga un extraño individuo que viene precedido por un gran halo —aunque no demasiado claro— de hermetista y de ocultista; su nombre: John Dee. Dee, atraído indiscutiblemente por la fama de mecenas de alquimistas que tiene Rodolfo, se establece definitivamente en Praga —en donde ya ha estado anteriormente—, para conquistar un puesto brillante entre la cohorte de los numerosos sopladores, magos y alquimistas que rodean al soberano. Pero, ¿quién es, en realidad, este misterioso individuo?

John Dee había nacido en Londres, en 1527, en el seno de una familia que pertenecía a la baja nobleza de Inglaterra. Realizó estudios universitarios en Cambridge, obteniendo en el Trinity College su graduación académica. Médico y, sobre todo, astrólogo, vivió en su país etapas de esplendor y de desgracia —incluso sufrió prisión, acusado de conjurar contra el Estado—, hasta la subida al trono de Isabel I, que se convirtió en su protectora y llegó a nombrarle «filósofo oficial de la Corte». Pero las cosas no debieron irle demasiado bien en Londres —o, quizás, su espíritu aventurero le impulsó a ello—, porque en 1564 le vemos en el Continente, dedicado por completo a sus trabajos de ocultismo. La notoriedad que llegó a adquirir como astrólogo y mago fue muy grande, aunque no siempre se vieran con buenos ojos las extrañas manipulaciones que llevaba a cabo.

A Dee le acompañó durante mucho tiempo un ayudante muy especial. un tal Edward Kelly que presumía de grandes conocimientos en materia de ocultismo y de alquimia, y cuyos manejos arteros produjeron la ruina de su maestro y asociado. Dee, instalado en la corte, fue el gran protegido de Rodolfo al que, según se dice, proporcionó amuletos de notable poder mágico. Pero la gran estima mostrada por el Emperador tuvo también un brusco final —la vida de John Dee fue un continuo encadenamiento de éxitos y desgracias—, y el mago y alquimista inglés se vio obligado a abandonar Praga y regresar a su Inglaterra natal, en donde acabó sus días en la más absoluta miseria.

Acto final

Entregado en cuerpo y alma a su vertiente esotérica, a su mundo de lo sobrenatural y de lo oculto, Rodolfo II mostró con el paso de los años un interés cada vez menor por los compromisos que conllevaba su alto cargo; un cargo con el que nunca se había identificado. La conflictiva situación religiosa y el delicado panorama político, cuyos problemas crecían y se multiplicaban por momentos, no parecían ser de su incumbencia. Cuando se veía presionado por intereses confesionales contrapuestos o era necesario adoptar decisiones inminentes, su postura no se perfilaba con la claridad necesaria. Se le consideraba un ser débil y posiblemente trastornado. En cualquier caso, nadie —si se exceptúan algunos de sus más íntimos y «heterodoxos» colaboradores— se preocupó nunca por entender a aquel hombre cuya mayor ambición, como alguien afirmó con acierto, era la de llegar a integrar plenamente su yo más íntimo.

En 1611, su hermano menor, Matías, supo utilizar la compleja situación política y religiosa, para apoderarse de la Corona bohemia y recluir a su hermano en el castillo de Hradschin. Hasta su muerte, ocurrida en enero de 1612, Rodolfo II de Habsburgo, sin que le importara en absoluto el menoscabo que había sufrido su dignidad imperial, siguió entregado a lo que siempre le había atraído: a procurar trascender su miserable condición humana y alcanzar una dimension solar.

La alquimia en la corte de Praga

Resulta inevitable, después de cuanto hemos dicho referente a la atmósfera que rodeaba al buen emperador Rodolfo en su corte de Praga, que hagamos una referencia a ese «Arte Real», a esa ciencia que, practicada o no por los personajes aquí tratados, bien podríamos considerar como un emblema común a nuestra *estirpe solar.* Hablamos, naturalmente, de Alquimia: y la escribimos así, con mayúscula, porque cuando no está alterada ni es manipulada por manos espúreas, ella constituye una disciplina, ciencia o arte hérmetico que se merece todo respeto.

La palabra *alquimia* parece proceder, según la mayoría de las teorías, del término árabe *al-kimiya* que, a su vez, derivaría de la voz egipcia *kême,* que quiere decir «tierra negra». Es posible que esta expresión pudiera hacer referencia a Egipto, país en donde se practicó durante mucho tiempo esta ciencia hermética, o bien al elemento primordial, es decir, a la base de todo el proceso alquímico. Todavía hay otros tratadistas que consideran que el término procede de la voz griega *chyma* que significa fundir o derretir, operación que resulta imprescindible en todo el proceso alquímico.

Tanto los autores de la Antigüedad, como ciertas corrientes esotéricas, hacen remontar los orígenes de la alquimia a épocas históricas tan poco precisas como pueda serlo el Egipto prefaraónico. Tal aseveración, sin embargo, carece de bases comprobables. Es más lógico admitir que la alquimia tuvo sus orígenes en tierras mesopotámicas, cuna de todas las ciencias que han dado en llamarse «ocultas». En apoyo de esta teoría R. Eisler, en la década de 1930, publicó una serie de trabajos en los que manifestaba que se podían identificar ciertas creencias babilónicas con el origen mesopotámico de la alquimia, esgrimía, como prueba un texto perteneciente a la biblioteca del rey Asurbanipal que este monarca creó en Nínive, en el siglo VII a. C., una gran biblioteca de más de 22.000 tablillas en la que había tratados científicos de toda índole, entre los que figuraban obras dedicadas a la metalurgia y a una incipiente alquimia.

En la China taoísta y en India védica encontramos también importantes escuelas alquímicas, si bien más interesadas por su aspecto filósofico-esotérico que por el operativo. Pero es en el mundo árabe en donde la alquimia, o «Arte Real», adquiere un importancia inmensa, siendo muchos y de gran importancia los alquimistas árabes surgidos en el transcurso de la Edad Media. Hecha esta breve referencia a los orígenes de la alquimia, se hace muy importante aclarar cuál es el verdadero plano en el que se desarrolla la obra alquímica. Desde la más remota antigüedad los alquimistas sabían muy bien que al procurar la perfección de los metales, procuraban su propia perfección. En un texto alquímico clásico, el *Liber Platonis,* se habla de este sincronismo entre la «obra» y la propia experiencia del alquimista, de forma que no quede duda alguna: «Las cosas se hacen perfectas por sus semejantes; y por eso el operador debe participar en la operación». Tanto el alquimista occidental como el oriental trabajaban sobre sí mismos, es decir, sobre su plano físico y psicológico, al igual que sobre el espiritual y el moral. Muchos textos alquímicos están de acuerdo en ensalzar las virtudes que debe tener el alquimista a la hora de iniciar su obra: «ha de sentirse en plena sintonía con lo que está haciendo; ha de mostrarse sabio e inteligente, y debe entregarse a la meditación y la oración». La alquimia no es un conjunto de manipulaciones de laboratorio, aunque éstas sean imprescindibles. Es el propio adepto el que ha de transformarse en la piedra filosofal: «Transformaos vosotros mismos de piedras muertas en piedras vivas», escribe un alquimista.

Aunque el proceso alquímico, es decir, el desarrollo de las distintas etapas de la «Obra» es algo que está bien descrito en los textos alquímicos —si bien el orden en que se desarrolla varía de unos alquimistas a otros—, resulta muy difícil conocer la naturaleza exacta de la experiencia crucial, o sea, de la obtención por parte del alquimista de la Piedra filosofal. Mircea Eliade al referirse a este punto, escribe: «La literatura alquímica, que se muestra excesivamente prolija en cuanto concierne a los preliminares y primeras etapas de la obra, no hace sino alusiones crípticas, la mayor parte de las veces de manera incomprensible, al *mysterium magnum.* Eliade establece también una comparación entre la obra alquímica y la iniciación de los misterios, basándose en que en ambos procesos existe una especie de pasión, muerte y resurrección. Sabemos que el sentido y finalidad de los misterios —como ya hemos visto, al referirnos a los misterios egipcios, griegos y persas—, era la transmutación del hombre para hacerlo, en cierto sentido, inmortal. Y el fin del «Arte Real» consiste en algo sumamente parecido.

Las etapas de la obra alquímica

La división más antigua de las etapas de la «Obra» es la de los colores. Así, la primera etapa es el *ennegrecimiento* (la melanosis *o nigredo)* de la materia; después viene el *blanqueo* (leucosis *o albedo),* más tarde el *dorado* (xantosis) y, finalmente, el *enrojecimiento* (*iosis o rubedo*). Existen también variantes dentro de esta clasificación, y algunos autores añaden todavía una quinta fase denominada *viriditas.* Pero de todas ellas, las más importantes son las que corresponden a los colores negro, blanco y rojo.

Además de esta división de la «Obra» en tres etapas o colores, existe otra que la divide en dos: *obra menor y obra mayor.* La primera corresponde a lo que podríamos llamar la «espiritualización del cuerpo», y la segunda equivaldría a la «corporeización del espíritu» o, empleando una terminología más alquímica, «la fijación de lo volátil». Por tanto, la obra menor tendría por objeto restablecer la capacidad prístina y receptiva del alma original, mientras que la obra mayor acometería la tarea de iluminar ese alma ya preparada, gracias a la revelación del espíritu.

El primer paso de la «Obra» corresponde, pues, al color negro, la *nigredo,* «la muerte». La mística cristiana aplica a dicho estado el ejemplo del grano de trigo que, para fructificar, debe quedarse solo en la tierra, y morir. En distintas ceremonias de iniciación se alude a esta muerte psíquica mediante un entierro simbólico, y algunas órdenes religiosas cristianas practican un rito semejante en la ceremonia de profesión de los monjes. Esta muerte corresponde al color negro que tomaban los ingredientes con que opera el alquimista, al reducirlos a la «masa confusa», es decir, a la masa fluida e informe que recuerda al caos primordial; o, también, al agua de la que surgió toda vida. Por este motivo, el simbolismo acuático adquiere mucha importancia. Así pues, es necesario que el ser humano abandone todo cuanto hay en él de corruptible, para que llegue a conocer su esencia inmutable. Esta «disolución» también puede efectuarse por medio del fuego, lo que constituiría la calcinación. Pero, en resumen, el resultado que se pretende es siempre el mismo: «la muerte».

A la *nigredo* le sucede «la obra blanca», también llamada *albedo o* leucosis. Una etapa que está presidida, simbólicamente, por Júpiter, que corresponde en el terreno espiritual a una resurrección, en la que surgen ciertos estados de la conciencia innacesibles en la condición normal del individuo.

En el taoísmo, la inmortalidad se alcanza mediante una forma sutil que sustituye al cuerpo físico normal. Esta forma sutil se obtiene mediante una sublimación, gracias a la cual el cuerpo retorna al estado primordial del que proceden todas las cosas. Cuando esto sucede se ha cumplido la transmutación. La relación que ahora sostiene el hombre regenerado con su propio cuerpo no es la misma que la sostenida por el hombre anterior. Decía el místico Böhme que cuando el Yo se encuentra simplemente añadido al propio cuerpo, es éste el que lo genera, lo forma y le da sentido, por lo cual el Yo se rige por su propio organismo. Pero cuando el verdadero centro del cuerpo se sitúa en la fuerza vital, que es la que sostiene al propio cuerpo, entonces esa fuerza no se agota en el organismo que anima sino que pasa de uno a otro, al igual que sucede con las llamas de una hoguera que pasan de una astilla a otra. El hombre que ha llegado a dominar esa fuerza no se verá afectado por la muerte y la disolución del cuerpo, del mismo modo que la facultad de hablar no queda suprimida cuando se interrumpe la palabra, sino que permanece plena y vigente en el silencio.

Pero el blanco no es todavía el final de la «Obra» y, por tanto, no hay que detener el trabajo en esa etapa. Es necesario acrecentar el Fuego para conseguir la culminación de la «Obra», la transmutación de la plata en oro. Nicolas Flamel, el gran alquimista del siglo XIV se refiere a esta etapa, diciendo que el color rojo que aparece en «la cocción» indica que el objetivo del alquimista se ha cumplido: «Alabado sea Dios por siempre, que nos ha otorgado la gracia de contemplar ese hermoso color púrpura, sobre el que ni el mismo cielo puede ejercer poder o fuerza.»

La auténtica meta de la alquimia

Estas son, pues, las tres fases más importantes de la obra alquímica, si bien, como ya se ha dicho, hay autores que establecen pasos intermedios. Estas variaciones, como tantos otros elementos del proceso de la «Obra», que resultan con frecuencia poco comprensibles para el profano, se hacen más explicables si tenemos en cuenta la complejidad y trascendencia del trabajo alquímico, que consiste en la transformación integral del ser humano. C. G. Jung, que dedicó al estudio de la alquimia muchos años, dice que la obra alquimista no se refiere a simples experimentos químicos sino a auténticos procesos psíquicos, que son expresados mediante un lenguaje velado y de índole pseudoquímica. La obra alquímica es un trabajo sacral para el alquimista, pues este considera a la naturaleza no solamente como algo vivo, sino como algo que tiene una dimensión divina.

Podría decirse que el fin último, la meta de la «Obra» es la obtención de la Piedra filosofal, sobre la cual se han hecho tantas especulaciones y que ha servido para tantas interpretaciones, con frecuencia erradas. En todo caso la piedra, obtenida tras un trabajo sumamente arduo, podía emplearse entera, en pedazos, en polvo o en disolución. Esta disolución constituiría el remedio universal y, a la vez, el elixir de larga vida. Sin embargo, para muchos alquimistas la obtención de la Piedra filosofal tendría un significado muy diferente y equivaldría al conocimiento perfecto de Dios, según Eliade. Por eso es por lo que la piedra hace posible la identificación de los principios contrarios, «el mal debe convertirse en bien».

De todo lo dicho se deduce que los auténticos alquimistas nunca se limitaron a una mera trasmutación de los metales y, por consiguiente, a la fabricación de oro. Casos famosos como el de Nicolas Flamel no invalidan esa afirmación. Ahora bien, uno de los principios básicos de la alquimia operativa es la idea de que todo cuanto tiene estado físico posee un sustrato, una esencia sin forma que es anterior a los principios de materia y espíritu. El alquimista al realizar la «Obra» va pasando, como se ha visto en las tres etapas, por un largo proceso de trasmutación personal. Llegado a un punto de trascendencia puede realizar una «proyección» mediante la cual logra alterar y modificar la materialidad de una determinada especie metálica. Esta actuación o proyección sobre la materia permitiría el paso, por ejemplo, del cobre o del plomo al oro.

Es muy probable que la alquimia que se practicó en la corte de Rodolfo II no tuviera siempre metas tan elevadas congo las que aquí se han expuesto. La afición que sentía el Emperador por el «Arte Real» —con cuya práctica es posible que en muchas ocasiones pretendiera conseguir nobles metas— se había hecho tan pública y notoria, que a su corte de Praga debieron acudir un gran número de charlatanes y falsos alquimistas, que lo único que pretendían era aprovecharse de la buena fe de Rodolfo. Una buena fe cuyo ejercicio le costó a nuestro emperador solar un alto precio.

Acontecimientos históricos más importantes del reinado de Rodolfo II

1552 Nace Rodolfo II, futuro emperador del ya decadente Sacro Imperio.
1555 Paz de Augsburgo por la que queda decretada la libertad religiosa.
1556 El emperador Carlos I de España y V de Alemania abdica la corona de España en su hijo Felipe II.
1558 Abdicación de Carlos V, como emperador de Alemania, en favor de su hermano Fernando.
1558 Muere en Yuste el emperador Carlos V, tío de Rodolfo.
1576 Rodolfo II es coronado emperador de Alemania.
1577 El emperador Rodolfo introduce la Contrarreforma en los dominios de la casa de Habsburgo.
1603 Fallecimiento de la reina María, madre del emperador Rodolfo.
1608 Los austríacos y húngaros eligen rey a Matías, hermano de Rodolfo.
1609 El emperador Rodolfo concede por la Carta de Majestad libertad religiosa a los bohemios. Su hermano, el rey Matías, concede el derecho a elegir libremente soberano.
1612 Fallece en Praga el emperador Rodolfo dejando como sucesor a su hermano Matías.

11

El complot masónico

Nuevos amigos, nuevos dolores.
MOZART

Pocos ven lo que somos, pero todos ven lo que aparentamos.
MAQUIAVELO

En *Ángeles y demonios* se nos cuenta que aquellos que buscaban el conocimiento y que en la obra aparecen como Illuminati, terminaron por extinguirse. Pero en las sociedades secretas nada se extingue, todo se transforma. En el libro se explica cómo pudieron sobrevivir los Illuminati:

> *Los Illuminati eran supervivientes (...). Fueron acogidos por otra sociedad secreta, una hermandad de ricos canteros (...). Los masones fueron víctimas de su propia bondad. Después de acoger a los científicos huidos en el siglo* XVIII, *los masones se convirtieron sin querer en una tapadera de los Illuminati. Los Illuminati fueron ascendiendo en sus rangos, y poco a poco fueron copando puestos de poder en las logias (...). Después, los Illuminati utilizaron los contactos a escala mundial de las logias masónicas para extender su influencia.*

El símbolo de la masonería, compuesto por una escuadra y un compás, grabado en una piedra en Lancaster, Reino Unido.

¿Cuánto de realidad hay en este párrafo del libro? La Francmasonería era inicialmente una sociedad esotérica e iniciática, cuyo origen se remonta a las hermandades religiosas del gremio de los albañiles ingleses y franceses de los siglos XII y XIII. Sin embargo, esta primigenia Masonería no es la misma que, como ya hemos comentado, se crea en 1717 (o al menos en ese año se levanta acta de su fundación).

El discutido origen de la masonería

Las corrientes esotéricas, culturales y rituales de la Masonería prácticamente se remontan a los misterios griegos y egipcios. Se afirma que en esa sociedad secreta se unifican desde el pitagorismo hasta el neoplatonismo, pasando por la cábala, las tradiciones celtas y druídicas, así como aspectos del esoterismo árabe, hebreo y oriental. Más allá de la participación de los albañiles masones en la construcción de las imponentes catedrales góticas, la leyenda cuenta que los constructores masones participaron directamente en la construcción del Templo de Jerusalén encargada por Salomón, el rey sabio que buscaba la conexión con lo divino. De ser cierta esta leyenda, deberíamos situamos alrededor del 960 a. C.

Más allá de la posible vinculación de la Masonería con Salomón y la erección de su Templo, está comprobado que los masones, en tanto pedreros y albañiles, tuvieron una gran participación en las construcciones de las catedrales góticas. En ellas incluyeron símbolos de significados iniciáticos, y al margen de crear un templo que tenía como fin rendir tributo a Dios, todo parece indicar que fueron capaces de «erigir templos dentro de los templos». De esta forma, utilizaron como excusa la construcción de las catedrales para hacer de ellas sus santuarios esotéricos.

Los típicos rosetones, claro exponente del arte gótico, no eran solamente ventanas que dejaban pasar la luz. La coloración de sus cristales y las figuras que emitía el resplandor de la luz de sol a través de ellos, favorecían la meditación, la introspección y la conexión con lo divino.

Las gárgolas que en las catedrales tenían la función de decorar los canalones que recogían el agua de lluvia, eran en principio figuras arquetípicas que aludían a valores morales y espirituales. Es cierto que entre las gárgolas se pueden encontrar imágenes demoníacas, que según la tradición indican que el mal está fuera del templo, pero también aparecen figuras en actitudes desvergonzadas o directamente pornográficas. ¿Diversión de los artesanos o ataque subrepticio a la dignidad y la moral de la Iglesia?

No podemos profundizar más en las construcciones de los templos góticos ya que este no es el objetivo de este artículo. Para quien le interese el tema, sugerimos la lectura de la controvertida obra de Fulcanelli, *El Misterio de las Catedrales,* donde el ávido buscador de enigmas hallará algunas sorprendentes propuestas. Baste por el momento recordar la otra gran leyenda de los masones como encargados de edificar el templo de Salomón en Jerusalén, que contenía el Arca de la Alianza.

El templo de Salomón

Salomón fue rey del antiguo reino de Israel, y gobernó entre los años 961 al 922 a. C. Era el segundo hijo de David, fundador de la dinastía de Judá y de Betsabé. Tanto en la tradición hebrea como musulmana, el rey Salomón es considerado como un personaje especial, capaz de establecer conexiones con el mundo invisible y de dirigir a las entidades espirituales que tienen vinculación con los planos divinos.

La gran obra de Salomón fue el Templo de Jerusalén, construido en siete años con el máximo esplendor que la época permitía. No está probado que los masones participasen en su edificación, aunque las crónicas nos hablan de un recinto cargado de simbolismo mágico y dotado de energías especiales que permitían que las personas sensibles y elevadas espiritualmente alcanzaran estados modificados de la conciencia o, si se prefiere, la conexión con lo divino.

El Templo era un santuario con una puerta presidida por dos columnas huecas de bronce de casi diez metros de altura y dos de diámetro. El recinto había sido edificado para guardar en su interior el Arca de la Alianza, que estaba custodiada por dos querubines de madera revestidos con láminas de oro. Se debe tener presente que para el judaísmo el Arca era en realidad una urna sagrada que contenía la vara de Aarón, un cuenco de maná y las tablas de los Diez Mandamientos que recibió Moisés en el Monte Sinaí.

Contradicciones de la masonería tangible

Provenga o no de los tiempos de Salomón, pasando por las catedrales medievales, la presencia tangible de la Masonería está registrada en fuentes históricas muy concretas. Es sabido que en el año 1717 surge la Gran Logia de Inglaterra, mientras que en 1732 aparece la denominada Gran Logia de Francia. Ambas, presuntamente, persiguen un sistema moral muy particular que se expresa a través de la alegoría y se ilustra gracias a los símbolos. Sin embargo, más allá de este carácter que podría ser sólo especulativo, la ingerencia de la Masonería en la historia tiene más que ver con una relación secreta con la política y las conspiraciones que con una simple búsqueda de la verdad suprema místico-espiritual. Quizá el cambio se debió a la influencia que unos años después ejercerían sobre ella los Illummati.

La Francmasonería que sale a luz en el siglo XVIII, ya no está compuesta por asociaciones de albañiles que pretenden enseñarse el oficio unos a otros, compartiendo el techo de una logia gremial. En este caso se trata de personajes de elevadas clases sociales, dotados de interesantes e interesadas conexiones políticas y religiosas. Los masones tenían una divisa, de la que unas décadas después se apropió la Revolución francesa: «Libertad, igualdad y fraternidad», y el nombre de la logia en inglés es «Freemasonery», donde «free» significa «libre». Sin embargo debemos saber que entre los masones ingleses, había poca o ninguna solidaridad. Para empezar, los negros, estaban totalmente excluídos, de ella. Se consideraba que eran de una raza inferior y por lo tanto no podían participar del objetivo, que no era ya construir la catedral para la Iglesia sino para el hombre, tanto en esta vida como después de la muerte.

La Masonería inglesa no aceptaba la presencia de mujeres en sus filas. De hecho, la lucha social por los derechos de la mujer no comenzaría hasta 1851, y en la época en que nos situamos, el género femenino estaba excluido, al igual que las personas de raza negra. En cambio, en la Masonería francesa existía un mayor grado de permisividad, ya que en su seno acogía la diversidad religiosa, política y sexual. La logia que se estableció en Francia era de origen escocés. Es interesante resaltar que procede de la casa Estuardo, que se consideraba guardiana de la tradición de los templarios franceses y que 400 años antes de la fundación de la Masonería, habían participado en la conquista de Escocia. Las logias inglesas, por su parte, se organizaron según el rito de York (que también recibe el nombre de Americano), basado en diez títulos de pertenencia a la orden o grados masónicos. La francesa optó por generar como rito propio el «Escocés Antiguo y Aceptado» que se compone de 33 grados. De hecho, este rito escocés será el que influya mayoritariamente en el continente europeo y en el americano.

La expansión de la Masonería llegó a ser tan relevante y notoria, que el papa Clemente XII emitió en 1738 una bula destinada a condenar a los masones e intentar apartarlos de la Iglesia. Unos años después el cultivado Benedicto XIV refrendará la postura del anterior Pontífice. Esta exclusión se ha mantenido hasta nuestros días, ya que Juan Pablo II la incluyó en un documento sobre la Francmasonería dirigido en 1983 a la Congregación para la Doctrina de la Fe.

A tenor de las declaraciones de los estamentos eclesiásticos, parecería que, más que los Illuminati, los que realmente «molestan» a la Iglesia son los masones. Desde luego, con afirmaciones como las mencionadas, y las que siguen llegando cada tanto en la pluma de los papas, uno se pregunta cuál es el conflicto que desde hace siglos mantiene la Masonería con la Iglesia, o más bien viceversa.

A pesar de esta hostilidad, lo cierto es que a partir de la segunda mitad del siglo XVIII los masones continuaron con sus actividades prácticamente en todas partes. Sólo la Revolución francesa provoca una crisis que hizo menguar e incluso disgregar algunas logias. Pero superado aquel momento, muchas se hicieron aún más fuertes y se han mantenido hasta nuestros días. En la actualidad se calcula que hay alrededor de 5.000.000 masones en todo el mundo. Y si al principio encontrábamos dos ritos, hoy existe una infinidad de ellos, que van desde los 10 grados del rito de York hasta los 90 que posee el rito de Misraim.

Las ocho reglas universales

Pese a las variedades litúrgicas o de nomenclatura que observamos en las distintas logias masónicas, existen ocho parámetros básicos que podríamos considerar de obligado cumplimiento y obediencia universal.

- Creencia en Dios, el gran Arquitecto del Universo.
- Juramento sobre el libro de la Ley Sagrada.
- Trabajo en presencia de las Tres Grandes Luces: Libro de la Ley Sagrada, Escuadra y Compás.
- Prohibición de discusiones políticas y religiosas.
- Masculinidad.
- Soberanía.
- Tradicionalismo.
- Regularidad de origen.

¿Existe una conjura masónica?

Si sabemos en qué se basan los preceptos masónicos, vemos de dónde proceden y observamos cómo se organizan, no resulta extraña la sospecha de que entre sus filas se hayan infiltrado en el siglo XVII algunos Illuminati. Mientras que los masones destilaban inocencia y buscaban la construcción de un Universo más elevado, los Illuminati perseguían más el poder social y político que el místico, y encontraban en los primeros la perfecta tapadera para lograr sus fines. Sin embargo, tampoco la trayectoria de la Masonería ha sido tan inocente como parece a primera vista.

Los masones fueron grandes protagonistas del Siglo de las Luces, y por ende influyeron en la Revolución francesa; estuvieron al pie del cañón en la Independencia y fundación de Estados Unidos y, ya en el siglo XX, no fueron del todo ajenos a las dos grandes guerras mundiales y otros acontecimientos decisivos.

No deja de ser paradójico que una sociedad mística, donde la política debe quedar fuera de las columnas del templo, haya tenido tanto quehacer político en la historia. Posiblemente esa sea la auténtica conspiración masónica.

En busca de un gobierno mundial

Una de las abundantes hipótesis conspirativas sobre las sectas secretas, vincula a los rosacruces y los templarios con la búsqueda de un gobierno mundial. Todo parece indicar que fueron los masones quienes recogieron el testigo y cambiaron ciertos objetivos. La historia asegura que tras la muerte del último maestre templario, sus seguidores tenían instrucciones precisas para perpetuar la Orden. Era preciso crear una sociedad secreta invisible, ya fuera integrándose en otras ya existentes o creando grupúsculos nuevos y muy discretos: «invisibles».

Cuenta la historia que un pequeño grupo de resistentes templarios fundó la Orden de San Andrés del Cardo Real, que más tarde pasaría a denominarse Colegio Invisible. A la mencionada orden se fueron incorporando, además de eruditos, un buen número de científicos cuyo objetivo era promover la ciencia y alejarla de los patrones impuestos por el clero. A mediados del siglo XVII, el Colegio Invisible se convirtió en la Royal Society británica, que según parece sigue hasta hoy estrechamente vinculada a los rosacruces y a la Masonería.

Entre los miembros del Colegio Invisible hubo un personaje de incierta biografía y comportamiento misterioso que se hacía llamar Comenius. Su idea era la creación de una «pansofia», es decir, una doctrina universal capaz de gobernar el mundo. Algunas de sus propuestas eran:

- Creación de un Parlamento Mundial.
- Reforma universal de la sociedad en general.
- Reforma de las conceptualizaciones religiosas, políticas y filosóficas.
- Creación de un Tribunal Supremo cuya misión sería velar por la reconciliación de las religiones, a fin de que todo el planeta estuviera consagrado pacíficamente a Dios.
- Establecimiento de una Corte de Justicia Internacional capaz de mediar en los conflictos políticos mundiales.
- Establecer un consejo mundial de sabios, que recibirían el nombre de Superiores Desconocidos y que tendrían la misión de erradicar desde la sombra la ignorancia, el ateísmo y cualquier atisbo de involución social.

Como vemos, la complejidad de la trama —que debía ser totalmente secreta— era notable. La pregunta es: ¿consiguieron sus objetivos? ¿Qué están haciendo ahora? Sólo es posible tener la sospecha de que buena parte de sus metas, en cierta manera... han conseguido ser una realidad.

12

Así nacieron las órdenes religiosas

Tanto san Jerónimo como san Basilio se pueden considerar fundadores de las primeras órdenes. Los monjes de la orden de los Basilios tomaron su nombre de un obispo de Cesarea en Capadocia por los años 340, el cual dio una Regla a los cenobitas de Oriente. Esta orden llegó a España alrededor del año 1540. En cuanto a la orden de San Jerónimo, llegó a España en el año 1350 y se instalaron por Castilla, Valencia y Portugal. El monasterio más antiguo que existe en España de esta orden es el llamado de Lupiana, en Guadalajara.

Los trapenses: una historia con tintes cinematográficos

La aventura de los trapenses se inicia con una capilla construida por el conde Rotron que poco a poco se convirtió en monasterio. Rotron III le dio fuerza e importancia al traer de Palestina santas reliquias.

La Trapa se hallaba situada en un valle sobre las fronteras del Perche y de la Normandía, un lugar alejado que estaba rodeado de espesos bosques que la ocultaban y la apartaban de cualquier vestigio de civilización. Un abad de la época, Marsollier decía a propósito: «nada se presenta a los sentidos, que no inspire la soledad y el retiro».

Si bien todo aquel lugar paradisíaco y silencioso parecía destinado a fomentar unos hombres volcados en la espiritualidad y la religiosidad, pronto se produjo un importante cambio de caóticas consecuencias. Según relata Antonio Zorrila en *Historia de los frailes y de sus conventos,* la abadía de la Trapa pasó de ser una morada de santos a: «una guarida de ladrones [...] Aquellos hombres, admirables que vivían según el espíritu, tuvieron la desgracia de que les sucedieran otros que vivían según la carne».

Aunque las abadías parecían ser un seguro asilo durante las guerras entre señores o señores y vasallos, muchas de ellas fueron demolidas y quemadas por los paganos, o despojadas de sus bienes y reducidas a la nada. La Trapa fue saqueada en varias ocasiones y sus monjes reducidos continuaron en la soledad. Poco a poco los que quedaban se separaron de la disciplina de la Trapa y se fue perdiendo la austeridad original, las Reglas que existían cayeron en el olvido.

Nada parecía poder reiniciar aquella abadía, incluso el rey Francisco I, se enfrentó al obispo de París, el cardenal de Bellay, abad de la Trapa.

Finalmente la Trapa se convirtió en un lugar alejado del mundo en la que vivían seis o siete religiosos dispersos por las ruinas del monasterio. Entre ellos no existía ningún espíritu de comunidad, y cada uno hacía una vida diferente a los demás en cuanto a comidas y horarios. En realidad, aquellos monjes solitarios, sólo se reunían para realizar una cacería o un banquete.

Fue en tomo a 1662 cuando apareció en el lugar un hombre de 37 años, delgado, débil, pálido y vestido de abad con severo paño común. Su aparición es como una imagen novelesca o un guión que aprovecharía cualquier director de cine para llevar una interesantes historia a la pantalla. Nuestro protagonista es Armando de Rancé. Pero veamos que se encontró en la Trapa.

Sus primeros pasos por el lugar le llevaron a palpar que el estado de la abadía era deplorable, tanto en el claustro o patio como en la capilla. Todo el conjunto amenazaba ruina. La abadía se había convertido en un lugar de encuentro en la que hombres y mujeres paseaban por el claustro. No había puertas ni límites para recorrer sus instalaciones, tampoco había nadie que se interesase por prohibir la entrada. El refectorio parecía un patio abandonado en el que las plantas salvajes crecían descontroladamente; los dormitorios se habían convertido en nidos de aves con excrementos de estos animales que se acumulaban en rincones y ventanas. Las paredes estaban destruidas, las baldosas rotas y el campanario alarmantemente inclinado, hasta el punto que las vigas estaban tan carcomidas que sólo el hecho de hacer sonar las campanas habría producido su caída como efecto de la vibración. En el altar mayor la Virgen María había perdido un brazo y de la misma manera san Bernardo estaba mutilado.

Ante todo aquel espectáculo solo faltaba añadir la presencia de los pocos monjes que vivían en el lugar jugando a las bochas con los seglares en el refectorio.

Debió de ser una imagen impactante para Armando de Rancé, un hombre desengañado del mundo que había estado entregado a la corrupción de la corte de Luis XIV. Rancé había sido un abad de costumbres disolutas en las que la duquesa de Montbazón había sido su última querida. ¿Qué le hizo cambiar? Para algunos historiadores fue la muerte de la duquesa, para otros la necesidad de salir de una sociedad en la que estaba tan comprometido que tarde o temprano habría terminado en una mazmorra. También queda la posibilidad de que Rancé hubiera tenido un sesgo de iluminación y decidiese cambiar su vida corrupta por la espiritual. La realidad es que Rancé renunció a sus bienes y tomó hábitos religiosos a los 37 años, y se dispuso a reformar la abadía de la Trapa.

Matar, envenenar o arrojar al abad al estanque

No tuvo unos pasos dificiles, aunque era un excelente orador se enfrentó a los pocos monjes que consideraban el ruinoso monasterio como una propiedad suya. En un principio lo escucharon, pero la mayoría de ellos se rebelaron contra él, en pocas palabras, se negaron a obedecerle. Ya he comentado que la llegada de Rancé a la Trapa parece un episodio sacado de una novela de aventuras o un guión cinematográfico, y no he exagerado en lo más mínimo ya que la estancia de Rancé con los siete monjes que habitaban en la ruinosa abadía se convirtió en una historia de terror y crímenes que inspiraría un nuevo relato como en el *En nombre de la Rosa,* pero con una abadía ruinosa y no una laberíntica abadía en la que, Umberto Eco, esconde una biblioteca secreta. Las ruinas de la Trapa parecían acechar en cada esquina a Rancé, quien sufrió varios intentos de asesinato, primero eran piedras que se desprendían desde lo alto de un morro, luego columnas que se abatían misteriosamente cayendo frente a su lugar predilecto de oración, luego llegaron los intentos de envenenamiento y cuando todas estas tentativas indirectas fracasaron, los monjes intentaron arrojar a Rancé al estanque helado.

Rancé sobrevivió a estos atentados, pero fue gracias a la aparición de otro hombre, Luis, un ex militar que decidirá hacerse trapense. La presencia de Luis fortalece la postura de Rancé y los monjes consienten la reforma.

Rancé establece la pobreza, la sencillez y la disciplina. La mortificación con el ayuno, la vigilia y la abstinencia de los seis miércoles de cuaresma. Pero también mantiene un código de reglas que, entre las principales, destacan: los monjes tienen que rebelar sus enfermedades; no deben rehusar la toma de medicamentos que se les administren para sus curas; deben poner especial empeño en cuidarse cuando están sanos para no caer en ninguna enfermedad, pero de la misma forma deben cuidarse en sanar cuando están enfermos; no deben dedicarse a observar la enfermedad ni tomar remedios que no hayan sido prescritos por el superior; no deben manifestar inquietud por los alimentos; deben hablar entre ellos lo menos posible, sólo lo imprescindible; los enfermos no deben comer frutas; las comidas se realizarán exclusivamente a las horas indicadas; deben acostarse a las horas de la comunidad; deben rezar junto a los enfermos; no se debe pasear por el huerto durante el oficio de trabajo; tampoco pasearan dos monjes juntos por una misma calle del huerto, etc.

Con el tiempo la Trapa se convirtió en un segundo Clairvaux del cual Rancé fue el san Bernardo. Rancé cerró las puertas del claustro a los ojos del mundo, arregló los desperfectos de la abadía y consiguió que el silencio volviese a reinar en su interior. La Trapa era un nuevo ejemplo de austeridad en un mundo en que el lujo imperaba en la vida monacal. Pese a este espectacular cambio, Rancé tuvo sus detractores, que fueron numerosos, y que le acusaban de que la Trapa fuese una comedia. La realidad es que la historia de la abadía de la Trapa, se resume en la historia de la vida de Armando de Rancé, y muerto este, la Trapa decae.

A Rancé le sucedieron nuevos abades, Adolfo, Gervasio Lambert, Adam, Renould conde de Dampierre y otros, pero ninguno con la personalidad y el empuje que él había abocado en la Trapa.

Durante el duodécimo abad de la Trapa, Ricardo II, los ingleses devastaron la abadía, y durante el decimotercero abad, Juan Olivero Paris, la Trapa sufrió la más desastrosa penuria, quedando tan pobres los monjes que no pudieron pagar su cuota al papa Bonifacio IX, y se vieron obligados a dejarse excomulgar. En el año 1434, la abadía fue saqueada. La realidad es que sufrió, a lo largo de la historia diversos saqueos y enajenaciones de bienes. La destrucción de la monarquía en Francia también llegó en 1790 a la amenaza de muerte para todos los monasterios de todas las órdenes, fue en esa fecha cuando se acordó la supresión de la Trapa y los religiosos tuvieron que abandonar la abadía. Los trapenses se llevaron consigo el cadáver de Rancé y fueron a establecerse en el cantón de Friburgo (Helvética), instalándose en una cartuja desierta. Algunos de los monjes viajaron a España y se acomodaron en el convento de santa Susana, otros huyeron hasta Piamonte. Sólo en 1814 peudieron volver a resucitar la Trapa.

Cartujos: los elaboradores del Chartreuse

Los monjes cartujos son más conocidos por la elaboración del licor Chartreuse que por su historia y su estricta orden. A España llegaron a Tarragona hace unos cien años huyendo de Francia, fueron recibidos con los brazos abiertos no por su popularidad como orden, sino porque traían desde Grenoble la fórmula secreta para la elaboración de un licor amarillo y verde conocido como Chartreuse.

Hoy, ante un mercado lleno de nuevas bebidas extranjeras —colas, whiskies, tónicas y un sinfín de licores— el licor Chartreuse ha pasado casi al olvido, como ha ocurrido con otros licores elaborados por las órdenes monásticas, como los Aromas de Montserrat, el Benedictine, etc. De la misma forma que las monjas han sido prolíferas en la fabricación de dulces y pastas, los monjes lo fueron en la elaboración de licores en sus monasterios. De la misma forma que muchas monjas fueron llamadas al orden por su adicción a los dulces, muchos monjes se convirtieron en asiduos consumidores de los licores que elaboraban. Antiguos grabados muestran imágenes de monjes completamente ebrios en sus refinerías, o dormidos por los efectos etílicos en sus púlpitos o frente a sus pupitres de trabajo. No cabe duda que el alcohol en los monasterios tuvo su efecto devastador y produjo más de un altercado.

Los cartujos siempre fueron una orden muy austera desde su fundación por san Bruno en 1084 o 1086. Son monjes dedicados a la oración, trabajos manuales e intelectuales que no aceptaban ministerios exteriores a los monasterios. Los cartujos hacen voto de silencio, sólo hablan los días festivos y en el refectorio cuando se reúnen para comer. Practican penitencia y duros ayunos. Su hábito es de sarga blanca con escapulario o cogulla sujeto con unos cordones. Fuera de su comunidad visten de negro. Su fundador no dejó ninguna Regla escrita, aunque, como veremos más adelante, si existen unas normas escritas por Guignes I. Entre las cartujos más notables está la Grande Chartreuse y Champnol en Francia; la Certosa en Pavía, Italia; en España tenemos Scala Dei en Tarragona, Miraflores en Burgos y El Paular en Segovia.

La historia de los cartujos se remonta a 1084 o 1086 cuando seis hombres que habían pasado por Voreppe y San Lorenzo del Puente, atravesado el desfiladero de Guier-Mort, llegaron hasta la roca del Grand-Som, cuya base se encontraba sumergida en el agua de un torrente y cuyas cumbres estaba, cubiertas de abetos. El lugar donde se habían detenido tenía el nombre de Cartuja y el anciano que conducía al grupo se llamaba Bruno.

Un mes más tarde había en su Tebaida seis cabañas alrededor de un oratorio y allí iniciaron la vida anacoreta. Bruno, el fundador, tuvo que regresar a Roma y más tarde en Calabria fundó un monasterio con el nombre de Torre. En 1296 los cenobitas de la Cartuja construyeron vastos edificios, pero una maldición parecía recaer sobre ellos, ya que fueron devorados por ocho incendios y saqueados por los hugonotes. No fue hasta 1440 que se construyó una capilla con el nombre de Santa María de Casalibus, y un poco más lejos una capilla para san Bruno.

Como ya he destacado anteriormente san Bruno no dejó ninguna Regla destinada a normalizar la conducta religiosa, fue Guigo o Guignes du Pin quién redactó, alrededor de 1128, los estatutos que llegaron a ser la carta de todas las casas con el título de *Prácticas de la Gran Cartuja.*

Guigo fue elegido prior por los monjes y su presencia alentó a que otros hombres se incorporaran a la orden. Sus normas están tomadas de la Regla benedictina o de la práctica de los monjes negros, con algunos aspectos que pertenecen a los cistercienses. Así se trata de una mezcla de varias Reglas tomando lo más adecuado para la nueva orden.

En estas normas vemos que cada cartujo debía tener como director espiritual un prior elegido por la comunidad; los cartujos estaban autorizados a recibir a monjes legos u oblatos, su número en la cartuja dependía de los que se pudieran mantener; cada monasterio tenía un fraile para amasar pan, un zapatero, un cocinero, un pastor y otro para las inspecciones de las labores del campo; cada monasterio disponía de dos claustros, uno para monjes y otro para legos; a los monjes se les permitía hablar y también conversar con los huéspedes; debían abstenerse de pan, agua y sal tres veces a la semana; no podían salir de sus celdas más que tres veces al día, para ir a los maitines, a la misa mayor y a las vísperas; debían comer en su habitación y el alimento se les pasaba por una ventanilla, la comida sobrante debían devolverla al cocinero, excepto el pan y el vino que consumían libremente hasta el sábado. Por lo general había una sola comida en invierno y dos comidas en verano. Solamente comían juntos cuando se celebraba una fiesta. En cuanto a la dieta se puede decir que era bastante estricta, ya que la carne estaba excluida, y los lunes, miércoles y viernes la alimentación se centraba en pan con agua, aunque siempre se permitía el vino que, como ya he explicado, el monje podía guardar en su celda. La vida se realizaba generalmente en la celda, aunque los monjes se reunían diariamente en la iglesia para celebrar conjuntamente las vísperas y los oficios nocturnos. El resto de los oficios los practicaba cada monje en su propia celda.

Ampliando un poco más el aspecto de la vida en soledad, las normas de Guigo establecían que cada monje viviera y durmiera en la soledad de su propia celda. Los edificios modernos de los cartujos, aquellos que se iniciaron a finales del siglo XII, eran muy distintos del conjunto de chozas separadas con las que se empezó. Ahora los monjes disponían de celdas de piedra que, como casas adosadas, estaban dispuestas en torno a un claustro cubierto. Cada celda disponía de una salida a un pequeño jardín privado y un aseo personal. A todo esto había que añadir la iglesia monástica, la cocina, el refectorio y otras dependencias habituales de los monasterios.

La práctica de las sangrías y la utilización del cilicio

Los cartujos tenían prohibida la entrada de mujeres en el claustro, la iglesia y el patio, el incumplimiento de esta norma estaba castigado con penas muy severas. En 1418 el prior de París fue condenado a una larga penitencia por no haber cerrado las puertas a la reina de Inglaterra, y a consecuencia de este hecho se derogó la prohibición a favor de las reinas y las princesas de sangre real.

La disciplina entre los cartujos era dura, pero esta dureza se notaba más especialmente entre los novicios que si la superaban podían llegar a monjes tras un año de esfuerzo. La disciplina cartuja contenía la obligación de llevar el cilicio y una cuerda sobre la carne de la cintura. El cilicio era especialmente duro para los novicios a los que se controlaba con severidad. Por lo general los novicios tenían un alojamiento particular, tenían su cocina, una alcoba, gabinete para estudiar, comedor, granero y su huerto. Como los monjes sólo disponían de un jergón y una sábana de lana para su cama.

En cuanto al ropaje de los cartujos este estaba constituido por una hábito de paño blanco sujeto a la cintura con una correa de cuero blanco con una pequeña cogulla o escapulario, también de paño blanco. En el coro llevaban una cogulla que llegaba hasta el suelo. Cuando salían fuera del monasterio se cubrían con una capa negra. Las riquezas estaban prohibidas entre los cartujos, así también estaban prohibidos los ornamentos y cualquier objeto de oro o plata a excepción del cáliz.

Si bien las riquezas estaban prohibidas no lo estaba la asistencia de los monjes por hermanos legos que hacían de sirvientes. Los cartujos defendían este servicio en base a que ellos tenían que dedicar la mayor parte del día a orar y dedicarse a la contemplación. Bajo este criterio los hermanos legos eran los encargados de realizar las tareas manuales, compraban lo que se necesitaba a los mercaderes que se acercaban a las cartujas y también vendían lo que se fabricaba en ellas. También eran los encargados de atender a los huéspedes o visitantes. Esto no quiere decir que los monjes no realizasen trabajos manuales, pero sí que estos trabajos quedasen confinados a su celda o el pequeño jardín que tenía cada una.

Había otras obligaciones, como la de dejarse la barba, pero posiblemente una de las más curiosas era la de sangrarse cinco veces al año, a los legos sólo se les exigía cuatro sangrías. Todo ello, sin que disminuyese en lo más mínimo la mortificación de la carne. Evidentemente la sangría no se realizaba con ningún fin terapéutico, sino dentro de la mortificación.

Una de las funciones importantes de los cartujos era confeccionar libros. Los libros fueron un tema de vital importancia y esmerado interés desde los comienzos de la orden. Guigo recomendaba, además de la oración y la contemplación, la tarea de confeccionar libros y destacaba al respecto: «[...] que los hermanos tengan cuidado de que los libros que reciban de la estantería no se ensucien de humo o mugre; los libros son, como si dijéramos, la eterna comida de nuestras almas; deseamos que se guarden con sumo cuidado y se confeccionen celosamente».

Los cartujos no disponían de *scriptorium,* y cada celda se convertía en el lugar de trabajo de los monjes que copiaban libros. Para ello, los monjes que se dedicaban a trabajar los libros, disponían en su celda de un escritorio equipado con pergamino, plumas, tintero y reglas. Por otra parte los monjes ponían especial empeño en que el que ingresase en la comunidad supiese leer y escribir, si no era así se le enseñaba. Para los cartujos, siguiendo las normas de Guigo, los libros tenían la finalidad de propagar la palabra de Dios. Por tanto, la comunidad, debía entregarse a la copia, iluminación y encuadernación de libros. Su labor fue tan merecedora de pulcritud y cuidado, que hasta la biblioteca de Cluny les suministraba códices para que los copiaran.

Se puede decir que el trabajo sobre libros era una de las tareas principales de los cartujos y que casi todos los monjes se dedicaban a ello, aunque también cabe destacar que el número de monjes de la Gran Cartuja siempre fue escaso, siendo en los tiempos de Guigo de una treintena de monjes y el doble de hermanos legos.

Cartujas de mujeres: ricos palacios cargados de lujo

Se ignora quién fue el fundador de las cartujas de mujeres, sólo se sabe que la más antigua parece ser la de Bertaud, que se remonta a tiempos de Guigo. Cien años después aparecen las de Salette, Destorges, Probaion, Soubins, Ramière, Parvalon y Sallobrand. Todas desaparecieron a finales de los siglos XV, XVI y XVII, sólo sobrevivió la casa de Prunol fundada en 1234 por Beatriz de Montferrat.

Las religiosas de la casa de Prunol estaban sujetas a la misma disciplina que los frailes. Comían y cenaban en comunidad y se les mandaba la observancia del silencio. Al principio profesaban a los doce años, pero posteriormente llegaron a los diez y a los seis. Conservaban el velo blanco de vírgenes y se las enterraba con los ornamentos que tenían derecho a llevar una vez en la vida en su año de jubilación después de haber transcurrido cincuenta de religiosas.

Las cartujas vestían un hábito de paño blanco ajustado con un cinturón de cuero. Llevaban cogulla y una capa blanca. Prometían obediencia a la priora y esta al vicario de la comunidad. Se les prohibía salir de la clausura bajo ningún motivo. Las restricciones eran tan fuertes que, para hablar con seglares, aunque fuesen de su sexo o parientes, eran acompañadas de la priora o de monjas. Las cartujas de monjas no mostraban la sencillez y humildad que había dictado san Bruno. La cartuja de Nápoles era como un palacio. Las monjas se habían gastado quinientos mil escudos en su construcción, y por todas partes se veían pinturas, esculturas, dorados, columnas de jaspe y de mármol. Pero esto no ocurrió sólo en Nápoles, algunas cartujas se convirtieron en ricos palacios muy alejados de la humildad de los orígenes de la orden.

Es Antonio Zorilla quién más duramente alerta sobre esta situación en *Historia de los frailes y de sus conventos:* «[...] desde el momento en que fallecieron los que habían trazado aquel primer camino, el vicio en toda su hediondez y en toda su asquerosidad, volvía a penetrar allí y los escándalos eran mucho mayores porque precisamente partían de personas encargadas de dar ejemplo y cuya conducta, por lo tanto, era mucho más visible. De aquí el descrédito en que fueron cayendo las órdenes religiosas, descrédito del cual no debe hacerse culpable precisamente a cierta clase de ideas, sino a los mismos que contribuyeron con sus actos a desprestigiar la misma obra que les estaba encomendada.»

Los carmelitas: cenas de horror y pesadilla

Si hubiera tenido oportunidad de cenar con alguna comunidad de monjes, sin dudarlo lo más mínimo, no lo hubiera hecho con los carmelitas, ya que sus cenas dramatizadas y teatralizadas en un ambiente lúgubre y un espectáculo tenebroso, eran capaces de indigestar la comida a cualquier huésped. Este es un tema que abordaremos más adelante, inicialmente sepamos algo sobre la fundación de esta orden.

Se atribuye la fundación de esta orden a Simón Stock en el siglo XIII, pero algunos historiadores hacen descender a los fundadores de Elías y Eliseo, otros tienen a Jesucristo como fundador de la orden, incluso hay quienes aseguran que fue Pitágoras uno de sus superiores, finalmente cabe destacar que también hay quien atribuye la fundación a los druidas de las Galias.

Todas estas pretensiones que se remontan en tiempos evangélicos y anteriores produjeron enfrentamientos entre los Jesuitas y los Carmelitas, una guerra que fue encarnizada.

Todo parece indicar que Alberto, patriarca de Jerusalén dio en el año 1209 una Regla a diez monjes, Regla que fue aprobada en el mismo año por el papa Honorio III.

En el año 1238 los carmelitas pasaron a París, y un siglo después contaban con más de cien casas pertenecientes a su Regla. Se dividieron en dos clases, unos eran los carmelitas mitigados, que estaban bajo la obediencia de un general y vicario general; y otros los que quedaron a las órdenes de dos generales, uno que residía en España y otro en Italia.

Los carmelitas es una de las cuatro órdenes mendicantes agregadas a la Universidad de París. Su indumentaria se componía de una túnica negra, con un escapulario y una capucha del mismo color. También llevaban una ancha capa y otra más pequeña o mantelete de color blanco.

Sus dormitorios o celdas son característicos de la orden, ya que están adornadas por una cruz de papel y una calavera. En cuanto al catre se acostaban sobre paja. Como llevaban una vida de ayuno y oración, sólo comían carne en casos extremos. Si añadimos a la cruz y la calavera de las celdas un refectorio iluminado con una lámpara de hierro colgada de una triple cadena que estaba fija en una viga negra, un conjunto que daba un aspecto sombrío y fúnebre, en resumen un ambiente sepulcral. Pero esto no es todo, los monjes recitaban en voz alta el Benedicite, y comían algunas legumbres que nadaban en caldo colorado, todo ello en una mesa presidido por una calavera. Para completar el decorado, otros monjes desnudos hasta la cintura con sus cabellos cubiertos de cenizas y su cabeza coronada con espinas, paseaban por delante de ellos llevando en su hombro izquierdo un madero de cruz y cantando ciertos salmos con voz lúgubre. Esta era una tarea que se iba rotando entre todos los monjes de la comunidad.

La cena terminaba cuando el más anciano levantaba la calavera de la mesa y anunciaba: «Aquí tenéis hermanos míos, esta es la imagen que os recuerda lo que será de vosotros después de la muerte. ¿Pensareis todavía en recrearos en comer y beber?».

La realidad es que los carmelitas sólo tenían un pensamiento: la muerte que era el vestíbulo del paraíso.

Fue Juan Sarta, monje normando y general de los carmelitas, el primero que estableció las casas de mujeres sometidas a la Regla de su orden. Juan Sarta fundó cinco conventos cuyas religiosas tomaron el nombre de carmelitas, el principal estaba en Lieja, que poco a poco fue trasladado a Huy. De esta casa sacó después Francisca de Amboise, mujer de Pedro II duque de Bretaña, aquellas religiosas con las que se fue a encerrar en Rennes en 1477, fijándose al siguiente año con esta misma hermanad, en Coetz, cerca de Nantes. Las carmelitas llevaban una cofia blanca y una túnica de tela negra junto a una capucha. En pocos años las carmelitas llegaron a ser tan numerosas como los carmelos.

Como todas las órdenes, la corrupción llegó a los carmelitas, y se hizo indispensable una reforma que se desarrolló a partir del siglo XVI con uno de sus personajes más emblemáticos: santa Teresa.

Los canónigos regulares, una orden híbrida de monjes clérigos

Los canónigos regulares aparecen dentro de una reforma que pretendía poner fin a la secularización de cargos eclesiásticos, alejar a los clérigos de la vida mundana, impulsarlos hacia el celibato clerical y otros aspectos. La vida comunitaria era la que ofrecía mejores perspectivas para conseguir estos fines. Así, hacia mediados del siglo XI empezaron a aparecer casas de canónigos regulares, donde los clérigos renunciaron a sus propiedades privadas y emprendieron una vida comunitaria. Las casas de los canónigos regulares tenían su refectorio y dormitorios comunes.

Los canónigos regulares representaron una nueva tendencia con ideas de reforma. No eran propiamente una orden, sino un movimiento que se extendía desde Italia hasta el sur de Francia. Se daba el caso de que los clérigos de una cabildo catedralicio decidían, a veces fomentados por el propio obispo, convertirse en una comunidad de canónigos regulares. Como carecían de una Regla recurrieron a una fórmula del siglo VIII en la Regla para canónigos, en la que se prescribía para los canónigos un régimen comunitario. Esta Regla permitía a los canónigos tener propiedades, siempre y cuando no habitasen en ellas, y esto contradecía el espíritu de pobreza, por lo que se decantaron por la Regla de san Agustín.

La Regla de san Agustín influyó en todo el pensamiento posterior sobre la vida monástica, y constituyó la base de tres instituciones de importancia: los canónigos regulares, la orden de Prémonte y los dominicos u orden de frailes predicadores. En el capítulo siguiente veremos la importancia de esta Regla y de las otras que marcaron la vida monástica.

Dominicos o frailes predicadores, intelectuales e inquisidores

La orden de santo Domingo o Predicadores, fue fundada por santo Domingo de Guzmán (1170-1221) en el año 1215. Se trata de una orden de carácter fundamental clerical cuya mayoría de componentes eran sacerdotes. Su fundador, santo Domingo de Guzmán, nace en la provincia de Burgos, y como la mayoría de los fundadores de órdenes, pertenece al seno de una familia de la nobleza.

Esta orden se acogió a la Regla de san Agustín, adoptando el modelo del capítulo general propio de los cistercienses. Se puede decir que el cultivo del intelecto era uno de los primeros objetivos de la orden que se volcó en estudios de arte, filosofía, idiomas y otras ciencias, copando las cátedras de teología de París. Entre sus intelectuales destacan Tomás de Aquino, Alberto Magno, Savanarola, Campanella, etc. Aunque, como todas las órdenes religiosas, se hacia voto de pobreza y propiedad, en el caso de los dominicos se produce una excepción, ya que cada monje podía tener sus libros propios. En cuanto a la rama femenina, las dominicas, el primer convento aparece en el año 1221, convento de san Sixto, si consideramos la casa de

Prouille de 1205 sólo como un centro de acogida. Entre las santas importantes de esta orden destaca Catalina de Siena y Catalina de Ricci. Referente a ropaje los dominicos utilizaban hábito blanco con capucha y capa negra, todo de lana, cinturón de cuero y rosario.

Santo Domingo de Guzmán ya observó en sus primeros viajes el gran poder que el catarismo había adquirido en Languedoc. Esto le escandalizó e inmediatamente consideró que aquellas prácticas religiosas eran una herejía contra la que había que luchar. Para evitar que las mujeres pobres se acercasen al catarismo fundó en 1206 una casa de acogida en Prouillé. También se dedicó a predicar contra el catarismo y contrarrestar su expansión con el apoyo del obispo de Toulouse.

En 1213 se desencadena la cruzada contra el Languedoc en la que santo Domingo participa fundando una milicia para luchar contra los albigenses. A su muerte los miembros de esta milicia se llamaron Caballeros de la Orden Militar de Santo Domingo.

No cabe duda que la participación de santo Domingo en la cruzada es básica para que se produzca en 1215, por Inocencio III el reconocimiento de la constitución del *Ordo fratrum praedicatorum,* en un tiempo en que no se quería reconocer ninguna orden más.

Se ha insistido mucho en que la participación de los dominicos en la Inquisición forma parte de la leyenda negra, sin embargo, fue por orden de Inocencio III que santo Domingo de Guzmán creó el Tribunal de la Fe en Tolosa en 1216, y por órdenes sucesivas de los papas Inocencio IV, Alejandro IV y Clemente IV, se les confió el tribunal de la Inquisición.

Una de las pruebas más evidentes es el cuadro de Pedro Berruguete (1504) conocido con el nombre de *El Auto de fe,* que se encuentra en el museo del Prado de Madrid. En este cuadro aparece santo Domingo con un manto estrellado sentado en una cátedra elevada, presidiendo el tribunal y rodeado de seis asesores, casi todos laicos. Debajo, a la derecha, se ven unos presuntos herejes medio desnudos que van a ser quemados en la hoguera. El cuadro fue pintado para gloria del santo.

Pero al margen de un cuadro tenemos el testimonio de Bernardo Gui (1261-1331) que no vacila en reivindicar que santo Domingo fue el primer inquisidor. El *Manual de Inquisidores* fue escrito por el hermano Nicolau Eimeric, un dominico. Y nadie duda que santo Domingo estuvo el 12 de septiembre de 1213 en el transcurso de la sangrienta cruzada albigense, como prueba se guarda en San Saturnino de Toulouse, su crucifijo acribillado a flechazos.

Se debe decir que no todos los inquisidores fueron dominicos, ya que también se podría incluir algún franciscano y también laicos.

Franciscanos: ¡el dinero ni tocarlo!

Fue san Francisco de Asís (1182-1226) quién impulsó la creación de esta orden que tras su muerte se encontraba completamente cubierta de controversias. El testamento de san Francisco era declarado nulo por una bula papal y los ministros provinciales ordenaban que fuesen quemadas las copias que existían. Es difícil tener una biografia exacta de san Francisco, incluso la de su primer biógrafo, Celano, sufrió rectificaciones y no encaja en muchos aspectos.

Francisco nace en Asís (Italia) dentro de una familia burguesa, su padre era un rico comerciante de paños de la ciudad. Inicialmente la vida de Francisco parece más inclinada por la aventura caballeresca, ya que sus biógrafos aseguran que participó en la guerra de Asís contra Perugía, en la que cayó prisionero estando un año en cautividad. Su mente cambia y del ideal caballeresco pasa al ideal eremítico, viviendo en cuevas y en iglesias que se encontraban en ruinas. La sociedad urbana le desagradaba y este hecho se convertiría en una lucha constante el resto de su vida y también el principal eje de la orden que crearía. ¿Cuándo se produjo el cambio? Para algunos historiadores fue en la pequeña iglesia de la Porciúncula, a las afueras de Asís, donde tras escuchar la lectura de evangelio se le iluminó su mente y se quitó los zapatos, hizo una túnica de la tela, y empezó a predicar a todos la necesidad de arrepentimiento. Otros autores dicen que fue en la iglesia de san Damián donde, por tres veces escuchó la voz de Cristo que le decía: «Repara mi Casa que se está cayendo en ruinas».

En cualquier caso Francisco optó por entregarse a la evangelización e, inmediatamente redactó una Regla breve y sencilla para quines vivían como eremitas. Pero antes de entrar en el contenido de esta Regla veamos algunos aspectos más de su vida. Algunos historiadores dicen que se unieron a él siete compañeros con los que comenzó a compartir vida común. Como aspecto curioso, es a san Franciscos a quién se le atribuye la invención del pesebre viviente. Este hecho acaeció en el año 1223, en Greccio, celebrando la Navidad. El santo presentó un pesebre basándose en el Evangelio según Lucas que destaca: «El niño fue colocado en un pesebre», por este motivo pensó que debían haber animales que acompañasen al nacimiento y puso bueyes y asnos en un establo.

Símbolo de la Orden de los Franciscanos.

En cuanto a la Regla de san Francisco su eje principal estaba centrado en la pobreza, y para ello los hermanos debían rechazar incluso la propiedad común de la Iglesia apostólica, no debían para nada tocar el dinero y debían andar errantes por el mundo, sin casa ni monasterio propio, durmiendo en pajares y graneros, realizando trabajos ocasionales y mendigando su sustento. Esta era su idea y la que recogía el primer borrador de la Regla que envió al Papa con el nombre de *Regula Primitiva.* En realidad no contenía otra cosa que una cadena de textos tomados de los cuatro Evangelios.

San Francisco, pese a venir de una familia burguesa, le indignaba el lujo y los valores de la aristocracia urbana. San Francisco planteaba una rebelión contra los ricos y los burgueses. Si bien buscó a sus frailes entre los sectores más desfavorecidos de la sociedad de la época, también recurrió a convencer a otros entre la acaudalada clase media y los más ilustrados del mundo clerical. Habían clérigos pero también habían laicos entre su fraternidad. Con todos ellos empezó a trasladarse de ciudad en ciudad por toda la Italia central. Como no poseían casas, ni monasterios, predicaban en las plazas de los mercados y dormían en lugares prestados.

En 1210 Francisco llegó a Roma y convenció a Inocencio III para que viese con buenos ojos su evangelización. Anteriormente en 1217 ya había tomado Francisco la decisión de mandar a los hermanos en misión universal, es decir, organizó grupos que se repartieron por diferentes países. Su campo de actuación siempre debían ser los centros urbanos, lugar donde se concentraba el pecado y la maldad.

Hubo diversos problemas que se desataron tras la muerte de san Francisco. Por ejemplo, la *Regula Bullatta,* que fue sancionada por el papa Honorio III en 1223, prohibía expresamente a los hermanos poseer edificios y tocar el dinero. Esto creaba un problema grave, ya que: ¿cómo podían los frailes predicar y administrar los sacramentos si no poseían iglesias? En 1230 Gregorio IX tuvo que buscar una interpretación de la Regla que solucionase este conflicto. Para ello dictó que los franciscanos podían nombrar un administrador que recibiera y guardara el dinero en nombre de los hermanos. Fue el comienzo del fin del ideal de san Francisco sobre la pobreza de la orden.

Orden de los premonstratenses

Los premonstratenses o norbertinos tomaron su nombre de la casa madre Prémontré. Su fundador fue san Noberto (1080-1134) que procedía de una vida opulenta y mundana como canónigo de Santen y después en la corte de emperador Enrique V de Alemania. La leyenda explica que un día del año 1115, cuando cabalgaba huyendo de una tormenta, un rayo cayó frente a él, se libró por metros de una muerte segura. Este hecho le hizo reaccionar y decidió ordenarse sacerdote renunciando a su canonjía y sus bienes. Inicialmente adoptó la vida de predicador eremita. En 1121, junto con trece discípulos, inicia en el valle de Prémontré, junto al bosque de Coucy, la orden de los premonstratenses, al amparo de la regla de san Agustín. La Orden fue aprobada por el Papa cinco años después.

La nueva orden adoptó un sencillo hábito de lana blanca que hizo que se les reconociera con el nombre de los canónigos blancos. Norberto se centró en la creación de comunidades misioneras en tierras eslavas.

A Noberto le sucedió como abad Hugo de Fosses, que se convirtió en el auténtico organizador de la orden, redactando los primeros estatutos, que se inspiraban en la *Carta Caritatis* cisterciense y en las costumbres de Cluny. Estos estatutos inclinaron a la orden hacia un tipo de vida contemplativa y de clausura más estricta, que obligaba a los monjes a un estricto ayuno y un silencio absoluto.

Los premonstratenses utilizaban, como otras ordenes hermanos legos iletrados para trabajar en el campo y realizar otras tareas manuales. El establecimiento de Prémontré contó inicialmente con laicos de ambos sexos, recogiendo las costumbres de los antiguos monasterios dúplices, aunque fue prohibido a partir de 1135.

Se puede decir que los premonstratenses combinaban la vida de pobreza apostólica con una función pastoral.

13

El tesoro de los zares

La historia no perdona a nadie

Es de dominio público que los zares acumularon inmensos tesoros que todavía levantan pasiones y que han generado prolijas investigaciones. El actual gobierno ruso, al igual que antaño hiciera el Soviet Supremo, evita darle mucha importancia a sus riquezas y evita asimismo la dispersión de estas riquezas por el mundo. Por eso se limita a ofrecer al público las que todavía pueden ser expuestas en un museo, y el mayor secretismo planea sobre los tesoros que contiene la cámara acorazada del Kremlin.

Con el beneplácito de Moscú, la Fundación del Museo Histórico del Palatinado consiguió exponer los «tesoros de los Romanov» en 1994 y más de 300.000 personas visitaron esta exposición. ¿Pero se exponía allí íntegramente la totalidad del tesoro de los zares?

Rusia nunca ha sido proclive a desvelar sus secretos, ni siquiera los más pequeños. La historia no perdona a nadie. Se sabe que en 1719 al zar Pedro el Grande se le ocurrió que para preservar las joyas de su país, todos los zares depositarían en el Palacio de Invierno de San Petersburgo los diamantes que poseyeran. El fue el primero en dar ejemplo. Así, de zar en zar, la colección se enriqueció fabulosamente.

Estas joyas quedaron depositadas en las cámaras secretas del Kremlin para protegerlas de la codicia del pueblo y de un eventual saqueo en caso de invasión. Napoleón sabía lo que quería cuando decidió conquistar Rusia, pero no tuvo ocasión de conseguirlo.

Tesoros destinados a la fatalidad

Estos tesoros permanecieron pues en el Kremlin hasta 1926 «olvidados» por los bolcheviques, a buen recaudo para ser destinados a buenos fines, lo cual parece una solución de lo más razonable. Sobre todo sabiendo el papel que han protagonizado en la historia de la humanidad tantos tesoros de importancia, que se emplearon para financiar rebeliones, conflictos internos e invasiones de países vecinos. En absoluto es descabellado considerarlo.

En cambio, en 1927, con el país hundido en la miseria. Stalin decidió vender el 70 por ciento de las piedras depositadas en el Kremlin en las subastas públicas de Christie's, en Londres. Así fue como las joyas de los zares se dispersaron por todo el mundo. Joyas de indescriptible belleza que, a su vez, no siempre aportaron efectos benéficos a las familias que las acogieron en su seno. ¿Maldición? Tampoco es cuestión de exagerar la nota; porque no hay que dejar al margen la coincidencia, el azar y la superstición...

Felices pascuas en casa de los zares

Otra tradición merece ser recordada en el marco de la transmisibilidad de los tesoros. Me refiero a la historia de los huevos de Pascua fabricados por Carl Fabergé, que la historia recordará como el creador de los huevos preciosos de los zares.

Todo comenzó en 1884, cuando llegó a San Petersburgo el primer huevo, encargado personalmente por el zar Alejandro III para sorprender a su bienamada esposa, la zarina María. Este huevo provocaría el asombro general. Era de un refinamiento extremado. Estaba hecho de esmalte nacarado translúcido, como el interior de una concha de ostra, y orlado con incrustaciones de oro, de plata y de piedras preciosas.

Esto fue el inicio. Cada año Fabergé tenía que suministrar un huevo a los Romanov, como símbolo de vida y resurrección para la familia imperial. La costumbre se prolongaría durante once años, pero esta tradición no desapareció con la muerte de Alejandro III. Nicolás II, su sucesor, y su hijo Alejandro, perpetuarían la tradición añadiendo una nueva particularidad a este curioso símbolo: que cada uno albergaría una sorpresa y que dicho contenido quedaría en el mayor de los secretos hasta la apertura del huevo.

Por tanto, en la corte imperial rusa, esperaban cada año aquel huevo simbólico creado por el famoso Fabergé: unos conmemoraban alguna fecha importante, como una batalla victoriosa o la coronación de un zar; otros simbolizaban la llegada a Rusia del ferrocarril o el cumpleaños de una zarina: algunos representaban una escena familiar en la corte imperial o la consagración del zar Nicolás II en la catedral de Uspenky. Los huevos siguieron llegando cada año a la familia imperial incluso durante la I Guerra Mundial, en cuyo caso, aparecían adornados con una cruz roja o con medallas militares.

¿Qué sucedió con el quincuagésimo séptimo huevo?

Cuentan que la colección estaba compuesta por cincuenta y seis huevos, todos ellos inspirados en el arte bizantino. No obstante, y sin poner en entredicho la versión oficial, relataré una historia bastante suculenta. Durante algún tiempo, Albert Malet fue jefe de gabinete en la prefectura de policía de París, lo cual le permitió frecuentar ambientes políticos, artísticos y demás. A veces íbamos a cenar al restaurante Moscou, muy de moda en aquella época, y allí fue donde, un buen día, fui presentado a Nadia Perescovia, una rusa exiliada, pero cuyo exilio en absoluto la disuadía a la hora de trabajar sobre temas históricos de Rusia, especialmente los relativos a la vida de los zares, su fortuna, su manera de vivir, y muchos detalles más. Afirmaba poseer documentos muy fiables sobre los huevos imperiales y aseguraba que eran cincuenta y siete; para ella y para su grupo de investigadores aquellos documentos tenían marchamo de autenticidad y no podían ser refutados. El tema despertó mi curiosidad.

Si creemos la versión de esta dama, faltaría un huevo de Pascua en la colección de Fabergé. ¿Dónde estaría? ¿Quién se lo quedó? La cifra total ascendía a cincuenta y siete en el momento de producirse la Revolución de 1917. Sólo más tarde la cifra fue rebajada a cincuenta y seis. ¿Quién robó el que faltaba? ¿Lenin?, ¿Stalin?, ¿Trotsky?, ¿Sus simpatizantes?

Lo más curioso de todo es el rumor que aseguraba que el huevo en cuestión habría sido hallado por los alemanes durante la campaña de Rusia en

Los famosos huevos de Fabergé, pertenecientes al tesoro de los zares de Rusia, se consideran obras maestras del arte de la joyería.

1942 y que formaría parte de los tesoros nazis tan afanosamente buscados tras la liberación. ¡Habrá que estudiar el tema con más detenimiento!

La locura de las joyas

El joyero favorito de María Paulova

Ya que estamos metidos de lleno en temas de orfebrería, permanezcamos un poco más para contar la historia de la duquesa María Paulova, cuyo apetito insaciable por las joyas era legendario. Esta duquesa, de orígenes alemanes, calcó sus ansias de grandeza sobre la Rusia imperial del desenfreno y los lujos exorbitantes.

> *A menudo fue objeto de críticas por su mal carácter y sus salidas de tono, pero cabe recordar que era la esposa de Vladimir, uno de los tres archiduques de la gran Rusia, ex general de los ejércitos, nieto de Alejandro II, hermano de Alejandro Ill, y, por tanto, tío del futuro zar Nicolás II. Para hacernos una idea de la importancia del rango que ostentaba María Paulova en San Petersburgo.*

Todas las miradas se concentraban en ella. Su pasión por las joyas y las piedras preciosas no dejó de suscitar la atención de Cartier, el célebre joyero parisino. Y así fue como Cartier se convertiría en el joyero favorito de María Paulova. Collares, gargantillas, broches y pendientes trabajados artísticamente adornaban a la duquesa, que parecía una joyería ambulante. Su propio perro le hacía los honores a Cartier, pues llevaba un collar de seis hileras de perlas raras rematadas por dos motivos simbólicos con el águila imperial. Corría el año de gracia de 1900.

Una villa de ensueño para Cartier

Voluntariosa y obcecada como pocas, le insistió a Cartier para que instalara una sucursal en San Petersburgo. Sin reparar en gastos, llegó incluso a ofrecer al célebre joyero el palacio de invierno construido sobre el río Neva, donde actualmente se halla el gobierno civil. Ni el mismísimo Rockefeller hubiese dudado ante tanta generosidad.

Una caja fuerte viviente

La duquesa María Paulova pasaría a la historia como retrato viviente de la opulencia material: llevaba en la cabeza una tiara adornada con diamantes y zafiros, un penacho sobre la frente formado por dos diamantes rectangulares, un collar de perlas que caían hasta sus rodillas, dos collares más de diferentes longitudes, uno de ellos con esmeraldas, y un broche con una esmeralda en forma de pera sujeta a un vestido completamente brocado con perlas finas. ¿Se imaginan la estampa? Sólo le faltaba pesarse cada año para que luego le ofrecieran su peso en oro y diamantes, como el Ali Khan, rey de Siam, y que luego la sentaran en el trono de oro de Atahualpa, el último emperador inca...

Sin embargo, el oro y los diamantes no protegieron contra la enfermedad y la muerte. María Paulova falleció en 1920, abandonando en este valle de lágrimas sus riquezas fabulosas y su apetito por el lujo, pero no vayan a creer que sus joyas fueron sustraidas, perdidas o reconvertidas en ayudas sociales para aliviar los pesares de los pobres mujiks de la época, nada de eso. Los pájaros de presa siempre estaban al acecho.

Y todos se sirvieron...

Un diplomático inglés, Albert Stopford, se ofreció voluntario para ir a San Petersburgo y recuperar disimuladamente los tesoros de la duquesa, pero el destino tenía otros planes. Sus cuatro hijos heredaron las joyas de Cartier: uno las perlas, otro las esmeraldas, el tercero los rubíes y el cuarto los diamantes. La cosa continúa con María, reina de Rumanía, que heredaría a su vez la tiara y los *pedruscos.* La diadema con rubíes de Beauharnais se la regaló Nancy Leeds, viuda del rey del estaño y rebautizada con el nombre de Anastasia a Xenia, princesa de Grecia y nuera de la anterior al contraer matrimonio en 1921 con su hijo William.

Cartier no se quedaría con los brazos cruzados. Adquirió las esmeraldas del penacho para engarzarlas de nuevo en una deslumbrante diadema para Bárbara Hutton, la célebre heredera norteamericana llamada a convertirse en esposa del actor Cary Grant.

¿Qué fue de las quinientas toneladas de oro?

En Rusia, el tesoro de los zares siempre estuvo rodeado de un secretismo casi total. Hasta tal punto que incluso hoy resulta imposible calcular su valor.

El almirante Alexis Koltchak

La historia del almirante Alexis Koltchak ilustra este punto a la perfección. En 1919 tuvo que salir de Omsk, en Siberia, con su regimiento, para dar escolta a un tren especial que transportaba quinientas toneladas de oro perteneciente al tesoro imperial. Huyendo de las masacres de la guerra civil, miles de personas tomaron parte de este éxodo, muertos de frío, de hambre y agotamiento en las tundras heladas donde el termómetro a menudo descendía hasta los sesenta grados bajo cero.

Este calvario tenía que llegar hasta Manchuria, destino final de la expedición, pero el transiberiano fue víctima de ataques dirigidos por los revolucionarios locales. Le detuvieron mediante sabotajes en los raíles y sus puntos de reavituallamiento fueron destruidos. Las quinientas toneladas de oro tuvieron que ser cargadas sobre trineos que se dirigieron hacia el lago Baikal completamente helado. Así fue como los supervivientes de esta caravana silenciosa, abandonados de la mano de Dios, se tuvieron que aventurar en la banquisa helada, barrida por la nieve y la furia de los elementos. La muerte se cobraba una vida humana cada minuto.

Sin embargo, el ejército de Koltchak, o lo que quedaba de él, seguía cuidando del tesoro imperial a pesar de que las posibilidades de llegar hasta Manchuria iban menguando a cada paso. De pronto se produjo el accidente. Una grieta se abrió en el hielo y se tragó a los trineos. Esta versión ponía punto final a los quinientos mil kilos de oro del tesoro imperial.

La otra versión oficial

Otra versión sostiene que el oro, cuyo peso lastraba considerablemente el avance de la caravana, fue enterrado por unos soldados antes de llegar a Irkusk, cerca de Tomsk. No hay más detalles, porque los soldados, apenas medio centenar, fueron, al parecer, exterminados con fusiles ametralladores para que el secreto quedara garantizado.

Esta versión no menciona la presencia del conocido almirante Koltchak, presuntamente capturado y fusilado por los bolcheviques en 1921, pero quedaban los dos oficiales que ordenaron el ametrallamiento. Uno de ellos disparó al otro y no sabemos qué fue del superviviente. Hay quien asegura que murió en una tormenta de nieve, otros dicen que acabó sus días en Manchuria sin la menor posibilidad de recuperar el famoso tesoro imperial.

¡Quinientas toneladas de oro!, pero bien mirado ¿para qué tanto? ¿para padecer en carne propia la maldición que parece pesar sobre este oro? Dos versiones con finales muy distintos y que los buscadores de tesoros se conocen al dedillo. ¿Pero cual es la verdadera?

Lo cierto es que una parte del tesoro de los zares desapareció de la faz de la Tierra; una fortuna colosal que todavía nadie está en condiciones de recuperar.

Los tesoros no siempre tienen el mismo rostro

Los aposentos de la ernperatriz Alexandra

Los tesoros difieren entre sí, sobre todo cuando representan bienes personales propiedad de personajes célebres. Por ejemplo, hay en Rusia dos habitaciones imperiales cuyo renombre sigue apasionando a los aficionados al arte clásico y surrealista.

La primera es la de la emperatriz Alejandra, esposa de Nicolás II. De una vieja cámara con muebles cubiertos de polvo, hizo una habitación encargándose ella misma de la decoración. Esta habitación debía integrarse en los aposentos nupciales con dos camas gemelas de bronce dorado que se alineaban una con otra para convertirse en una cama doble.

Las paredes estaban cubiertas de iconos y regalos procedentes de la familia imperial y de comunidades religiosas de Rusia y de otros países. En la pared derecha había una colección de objetos traídos desde Italia antes de la boda de Alejandra: acuarelas, cerámicas y una copia de la *Madona de Botticelli.* A la diestra de la cama había un pequeño oratorio bañado por una luz votiva permanentemente encendida, y donde la emperatriz rogaba a Dios por su hijo, hemofílico, y por su marido, que sabía expuesto al peligro. Muchos clérigos vinieron hasta aquí para escuchar las confesiones del zar y de la zarina... cerca de la arcada mural donde se hallaba una caja fuerte hábilmente disimulada.

La caja fue descubierta por los nazis durante la ocupación del palacio, en 1941.

> *Por increíble que parezca, nadie había reparado en aquello durante los veinticinco años en que el palacio fue reconvertido en museo. Durante el régimen soviético, miles de visitantes pasaron a escasos metros de esta caja fuerte sin siquiera sospechar su presencia. Increíble, pero cierto.*

Hizo falta una invasión alemana para que aquella caja fuerte fuera descubierta. ¿Y qué hallaron los alemanes en su interior? ¿Era este el escondite secreto de los Romanov? Por descontado, podemos especular con toda clase de conjeturas todas ellas baladíes, pues lo cierto es que este descubrimiento forma actualmente parte del tesoro de guerra nazi, la mayor parte del cual sigue sin haber sido recuperado, pero esto constituye un gran misterio que trataremos en otro momento.

Los muebles eróticos de Catalina la Grande

Catalina la Grande, emperatriz de Rusia entre 1767 y 1796, legó una extraña herencia que fue rechazada por todos sus sucesores. Transcurridos más de dos siglos, permanece el misterio. Es preciso destacar la personalidad excepcional de esta soberana de nacionalidad alemana. De hecho. Catalina nació en Prusia, hija de un duque y general que siempre mantuvo relaciones tumultuosas.

Muy joven, a la edad de 16 años, Catalina se desposó con el duque Carlos Pedro Ulrich de Holstein, proclamado emperador de Rusia como Pedro III en 1761. Se cree que fue ella quien le obligó a abdicar en 1762, apartando por las mismas razones a su hijo Pablo a resultas de múltiples intrigas palaciegas. A partir de entonces reinaría en solitario, cultivando su reputación de soberana ilustrada y manteniendo correspondencia con los grandes literatos de la ilustración, como Voltaire y Diderot a quienes incluso invitará a su corte.

Esta mujer cultivada, muy temida en política, tuvo además una gran reputación como libertina aunque, como demuestran los retratos de la época, no fuera particularnente hermosa y su porte resultara algo masculino. Estas cualidades no le quitaban un ápice de encanto y nos consta que utilizó sus encantos sin el menor escrúpulo.

Se comenta la existencia de un camarín secreto junto a sus habitaciones, con puerta camuflada por la que sus amantes venían a visitarla. Detalle menor que la historia oficial no suele consignar. Recientes investigaciones ilustradas con fotografías demuestran la existencia de este camarín secreto donde se pueden ver increíbles muebles de sorprendente carácter erótico.

> *Podríamos citar el dosel de un sillón rematado con una cabeza esculpida con la punta de un filo erecto en la boca, una mesa cuyos pies también son falos en erección y cuya bandeja reposa sobre chorros de esperma en erupción. El mundo de la sexualidad aparece también representado en otros muebles, en la decoración, en los cuadros de las paredes.*

Los zares y gobernantes soviéticos siempre negaron la existencia de estos muebles y de estos cuadros por pudor: quienes conocían la existencia de este camarín secreto no tenían permitido hablar de él. Sólo a finales del siglo XX las lenguas empezaron a soltarse. En abril de 2004 un programa televisivo de la cadena *Arte* sacó a la luz este secreto apoyándose en documentos irrefutables. Muebles, doseles y cuadros auténticos, que actualmente tendrían un valor equiparable al de un tesoro, pero ¿qué ha sido de ellos?

Apuntemos en primer lugar que el castillo de Catalina II, situado en los alrededores de San Petersburgo, quedó parcialmente destruido por los alemanes durante la II Guerra Mundial. Luego fue objeto de una maravillosa restauración. Un buen amigo mío, Charly Samson, lo visitó en 1998 mientras proseguían las obras en el salón de ámbar. Lamentablemente, el camarín secreto aún no había sido restaurado y no se podía visitar, pero informaban así a quienes preguntaran por él.

Los soldados alemanes que ocuparon el castillo durante la última guerra mostraron mucho interés por estos elementos eróticos. Parece ser que se llevaron algunos cuadros de Catalina y que algunas de estas obras de arte fueron colocadas como ornamentos en camiones y carros blindados. Qué duda cabe que todo lo que contenía el castillo de Catalina II pertenecía en buena lid a Alemania, dado que este era su país de origen...

La versión oficial es que todo fue embarcado (objetos, telas, doseles, muebles) hacia Konisberg, pero no todos los objetos llegaron a su destino, algunos fueron interceptados en el camino. El castillo fue bombardeado en 1944 y parcialmente destruido. Les faltó tiempo para afirmar que todo aquello había quedado destruido, pero hoy por hoy existen muchos documentos visuales que demuestran que muchos objetos fueron rescatados de la destrucción y quedaron en poder de militares y civiles.

En Alemania, al finalizar la contienda, los rusos recuperaron muchos cuadros y obras de arte. Hicieron inventarios en los que, curiosamente, faltaban los objetos más valiosos: unas ausencias muy comprensibles. Los estadounidenses acumularon, asimismo, muchas obras de arte que siguen almacenadas en voluminosas cajas. Algunas de estas cajas todavía no han sido abiertas y permanecen depositadas en almacenes militares del ejército estadounidense.

Hay más almacenes en otros lugares de Europa donde las «reservas» de muy importantes museos de Europa siguen vedadas a los historiadores de arte, pero también conviene tener en cuenta que hay particulares que poseen «tesoros» indebidamente obtenidos.

Por eso conviene preguntarse si los muebles eróticos de Catalina la Grande fueron realmente destruidos o permanecen olvidados bajo una pátina de polvo en algún almacén secreto.

14

El último papa y el fin de la Iglesia

En sus buenos momentos, el catolicismo fue sanguinario, como corresponde a toda religión verdaderamente inspirada.
Emile Michel Ciorán, *La tentación del elixir*

Algunos no somos católicos, no porque no seamos religiosos, sino porque queremos serlo más.
Fernando de los *Ríos*

Una parte importante de la poblacion mundial, entre la que se incluyen cristianos y católicos, intuye que la Iglesia católica se encamina a su final. Aunque ese final podría ser el de un sistema que, hasta ahora, sólo ha complacido y satisfecho a los más conservadores, tradicionales e, incluso, fundamentalistas.

Las posturas religiosas de las últimas décadas han alejado de la Iglesia católica a un sector de la sociedad cada vez más culto, intelectual y, por qué no decirlo, más espiritual. Es cierto que la Iglesia católica ha experimentado un crecimiento en algunos lugares del mundo, pero siempre entre poblaciones de un nivel sociocultural preeminentemente bajo. La ecuación que se fortalece parece ser: a mayor cultura, menor número de seguidores. Lo cual no significa que no existan seguidores de un elevado nivel cultural, sino que gran parte de ellos son los representantes de las corrientes más conservadoras e incluso fundamentalistas dentro de la Iglesia. Esa Iglesia católica determinada por unas posturas claramente conservadoras precipita, de ese modo, un desgaste que la aleja de las bases cultas e intelectuales más progresistas.

Prueba de ello son las cifras que demuestran que los estudiantes universitarios cada vez tienen menos interés en el catolicismo, aunque al mismo tiempo manifiesten ciertas inquietudes religiosas o espirituales. Lo cierto es que la Iglesia católica no ha sabido dar una respuesta adecuada a esas ansias de espiritualidad propias del hombre del siglo XXI, de la misma forma que no ha sabido adaptarse a las nuevas formas de vida y convivencia social.

La actitud de la Iglesia católica con los más de 150 teólogos expulsados de sus filas evidencia un accionar alejado de las necesidades de la sociedad. Aquellos fueron los teólogos de la liberación, que caminaban con los pobres y compartían su dolor a la vez que luchaban contra la opresión que determinados estados ejercían sobre ellos con total impunidad. Con su decisión radical el Vaticano prefirió estar más cerca de los estados opresores que del pueblo sometido.

La Iglesia católica actual se encuentra alejada de los pobres, algo que estos ven de una forma incomprensible. Como dice el teólogo Leonardo Boff: «Si una Iglesia no escucha a los pobres, no tiene nada que decir a Dios y se aleja de Jesús».

Más que nunca, la Iglesia católica precisa una recuperación de las instituciones del Vaticano II y del valor de las iglesias locales.

Cuando los papas eran elegidos por el pueblo y el clero

La muerte de Juan Pablo II y la consiguiente elección del nuevo papa se han convertido de cara al mundo en el escenario mediático para la autopromoción de la Iglesia. Por otro lado, mientras un sector del clero se regocija con el resultado del cónclave, favorable a su postura conservadora, otro sector, el más progresista, no puede más que lamentarlo. Una vez más el clero de base ha asistido a la elección de un nuevo papa sin poder influir verdaderamente.

Es evidente que la Iglesia ya no realiza sus elecciones como en los primeros siglos, cuando los papas se escogían de manera conjunta entre el clero y el pueblo, en ocasiones a través de un simple «suffragium» o aclama-

El primer concilio de Nicea. Ilustración de un manuscrito medieval de origen desconocido.

ción. Esta forma de elección perduró hasta que en el año 312 las cátedras episcopales engordaron demasiado en poder y nobleza y se vieron inmersas en luchas para mantener los privilegios.

En el año 325, durante la celebración del Concilio Ecuménico de Nicea, se intentó reducir la participación del pueblo y potenciar la de los clérigos y obispos en la elección de los nuevos papas; de ese modo, la influencia popular quedaba irremediablemente distanciada de un posible sufragio universal. Desde ese momento, y especialmente a partir del gobierno de Constantino, las elecciones pontificias se hicieron cada vez más difíciles y escandalosas. Algunas de ellas fueron violentas, como la de Dámaso en el 366, cuando el pueblo y el clero se dividieron entre los seguidores de Dámaso y los de Ursino y los primeros asaltaron a sus rivales con antorchas cuando aquellos estaban reunidos en la iglesia de Santa María de Trastevere, prendiendo fuego al lugar y produciendo más de 160 muertes entre los seguidores de Ursino.

Fue Nicolás II quien promulgó en 1059 el decreto *In nomine Domini* por el que se confiaba el nombramiento del papa exclusivamente a los cardenales. Más tarde, en 1179, Alejandro III creó la fórmula de los dos tercios para que la decisión resultara de una mayoría significativa. Pero no fue hasta 1216 que se celebró el primer auténtico cónclave —«cum clave», con llave, cuando los habitantes de Perugia encerraron a los cardenales y de ese modo consiguieron que dieran un resultado, saliendo elegido Honorio III. Hubo otros verdaderos cónclaves en los que los cardenales estuvieron encerrados bajo llave. Así, en 1214, se les retuvo dos meses en las ruinas de las cárceles de Septizonio. También hubo cónclaves en los que las disputan fueron evidentes, como el que se celebró en 1378, tras el cual fue elegido Urbano VI y en el que los cardenales manifestaron haber sido presionados y abandonaron la Ciudad Eterna para elegir a Clemente VII, lo que originó un cisma en la Iglesia, con una papa en Roma y otro en Aviñon.

La historia de la Iglesia está plagada de crímenes, injusticias y horrores, algo que no ha parecido cambiar en los últimos siglos. Como apreciará el lector al final de este capítulo, el siglo XX ha estado sometido a los mismos males que toda la historia, y vale la pena repasar esos sucesos.

El primer papa de la iglesia estaba casado

La historia de la Iglesia cristiana empieza con una incongruencia: Pedro, el primer papa, estaba casado. Esta circunstancia se puede confirmar en los mismos Evangelios, ya que en ellos se hace mención a la suegra de Pedro (Simón). En Marcos 1, 20-30, donde se puede leer: «Al salir de la sinagoga, vinieron a casa de Simón y Andrés, con Jacobo y Juan. Y la suegra de Simón estaba acostada con fiebre y enseguida le hablaron de ella». En otro pasaje del Nuevo Testamento, más precisamente, en Corintios 9, 5, leemos esta protesta de Pablo: «¿No tenemos derecho a traer con nosotros una hermana como mujer como también los otros apóstoles y los hermanos del Señor y Cefas?». Recordemos que, en su primer encuentro con Jesús, Pedro recibió el nombre de Cefas. En estos pasajes queda claro que el primer papa de la historia estaba casado. Pese a este hecho tan esclarecedor, la Iglesia católica se ha obstinado en mantener el celibato para sus sacerdotes, hecho que ha originado situaciones extrañas y escandalosas.

La historia de la Iglesia está plagada de hechos incongruentes y posturas terribles, de la mano de un clero que durante dos mil años se ha entregado a las debilidades humanas, ha impuesto al pueblo su execrable voluntad y se ha dejado llevar por ambiciones insaciables y codicias.

Los papas de la historia del cristianismo fueron en su mayor parte hombres detestables que se rodearon de asesinos e impusieron su voluntad por medio del miedo y el terror. Tuvieron un poder muchas veces excesivo, que los condujo a enfrentarse entre sí con el terrenal objetivo de mantener sus privilegios e impedir que otro papable les arrebatase su trono. Hubo papas que apenas duraron semanas e, indudablemente, no hace falta ser un gran historiador para adivinar que muchas muertes «naturales» de aquellas épocas escondían asesinatos a través de los más insólitos medios de envenenamiento, imposibles de ser detectados por los rudimentarios dispositivos médicos de la época.

En los primeros años de la institución del papado aparecen papas como Sisinio (708), que cayó enfermo tras su nombramiento y duró escasamente unos veinte días en el trono de Roma; o Bonifacio VI, que arrastraba una vida cargada de adulterios y murió de gota a causa de los excesos que cometió quince días después de su nombramiento.

La historia inconfesable

La vida personal de los primeros papas está colmada de sucesos inconfesables, como el reinado del papa Sotero (166-175), quien compartía su vida con Priscilla y Maximilla, dos bellas jóvenes romanas que eran sus «discípulas» y le acompañaban en todos los viajes. Sin embargo, aquellos eran otros tiempos. Por entonces la Iglesia permitía que los curas de Roma contrajeran matrimonio, tal como se deduce del hecho de que el papa Silvestre I (314-335) prohibiese el segundo matrimonio a los curas de Roma (los 11.000 curas concubinados se vieron obligados a pagar un escudo de oro para conseguir que su estado fuera tolerado).

En el siglo III, Sixto III (432-440) fue acusado por el sacerdote Bassus de haber violado a la religiosa Chrysogonie y de haber cometido incesto. Sixto III hizo encerrar a Bassus en prisión y lo envenenó en su celda. Luego hizo transportar su cuerpo a Roma, con el pretexto de que Bassus estaba enfermo, y explicó que en su lecho de muerte el cura había confesado y admitido que sus acusaciones contra el Papa eran falsas.

La historia de los papas del siglo VII conforma una importante acumulación de escándalos. Félix III estaba casado; Simaco fue acusado de crímenes horribles; Virgilio mantuvo su trono a base de horrores, abominables asesinatos y sobornos; Pelagio I fue acusado de asesinar a su antecesor, el papa Virgilio; y Juan III asistió impávido a la condena de dos obispos por sus crímenes, violaciones y adulterios. En aquel sinfín de impunidades, cabe especial mención Gregorio I (590-604), el pontífice sospechado de envenenar a un obispo y quemar la Biblioteca Palatina, entre otros variados actos atroces.

Puede decirse que los papas que siguieron a Gregorio I tampoco relucieron por sus glorias y virtudes. Durante el reinado de Martín I, la corrupción alcanzó grados muy elevados entre el clero romano. Sergio I compró el trono, ya que este se disputaba entre otros dos papas, de quienes se vengó cruelmente una vez que estuvo en el poder. El reinado de Sergio I terminó entre acusaciones de adulterio y el abuso de una joven religiosa.

Esteban II hizo arrancar los ojos y cortar la lengua al obispo Teodoro, amigo y defensor de Constantino. También mandó asesinar al padre Waldipert, después de someterlo a terribles torturas, condenar a Constantino a recibir mil golpes en la cabeza, arrancarle la lengua y otras muchas barbaridades que caracterizaron su reinado.

León III (759-816) sufrió un terrible atentado que le produjo varias mutilaciones. Cuando logró recuperarse, hizo exterminar a sus enemigos y todos aquellos sospechosos de haber intervenido en el atentado contra su vida.

Vidas desenfrenadas entre el poder y las cortesanas

El siglo IX trajo dos papas especialmente corruptos. Juan VIII (872-882) murió envenenado y rematado a martillazos por los padres de una dama romana con la que pasaba sus horas y practicaba sus libertinajes. Adriano III (884-885) llevó una vida desenfrenada y permitió que durante su mandato los curas de Roma vivieran públicamente con cortesanas y tuvieran en propiedad los lupanares de la ciudad.

Esteban VI (896-897) fue un modelo ejemplar de la corrupción mental de ciertos hombres que accedieron al trono de Roma. Un papa que no sabía firmar y que mantuvo su reinado cometiendo depravaciones y excesos. Fue hábil y corrupto. Hizo exhumar el cadáver de Formoso, quien le había arrebatado el trono un año atrás, y luego lo transportó a Roma y lo sentó en un trono con sus vestimentas papales. De ese modo tan espectacular y macabro inició un concilio por el cual pretendió juzgar a Formoso ante la presencia de los prelados y curas. Tras la condena, ordenó mutilarlo.

Uno de los episodios más vergonzantes de la historia de los papas se produjo en el siglo x. Cuando cayó el Imperio Carolingio el papado quedó en manos de la poderosa aristocracia romana, que se encargó a partir de entonces de controlar las elecciones y elegir a los sucesores del trono de Roma. Sergio III (904-911), un papa calificado de «monstruo» por los historiadores, cometía adulterio con una famosa cortesana romana llamada Marozia. Años más tarde, Juan X (914-928) fue elegido por las influencias de la noble Teodora, madre de Marozia. Juan X se convirtió en un papa sin fe, avaro y entregado a sus pasiones con Teodora. Marozia, que fue capaz de percibir la peligrosa situación en la que se encontraba su madre, mandó encarcelar al Papa acusándole de crímenes amorosos. Los historiadores concluyen que Juan X murió envenenado en su celda. Marozia era, sin duda, la personalidad más influyente de Roma. Juan XI (931-935) fue nombrado papa debido a sus influyentes contactos, y también por ser fruto de las relaciones amorosas de Marozia con el papa Sergio III. Los historiadores aseguran que Juan XI cometió incesto con su propia madre en una época en la que las luchas por el poder temporal y religioso, las intrigas de alcoba y la corrupción, constituían los rasgos más característicos de Roma. Juan XII (955-964) era hijo incestuoso del patricio Alberia y de la insaciable Marozia. Juan XII murió asesinado por un airado marido que lo descubrió haciendo el amor con su mujer. Su sucesor, León VIII, murió de un ataque de corazón mientras se regocijaba en una cama adúltera.

Un nuevo milenio plagado de matanzas

El nuevo milenio no sería mejor que el anterior. Mientras los excesos durante los primeros mil años de la Iglesia podían justificarse en la ignorancia y la crueldad de una civilización carente de principios y sometida a los designios de una cultura bizarra, los siguientes mil años se sostuvieron en unas matanzas en masa en nombre de la fe: cátaros, templarios e infieles en la cultura islámica, sin contar con la cruel Inquisición. La ciencia tuvo grandes dificultades para progresar en aquellos tiempos; cualquier descubri-

A Benedicto VIII se debe un decreto conocido como «Tregua de Dios» por el que se regulaba la guerra entre príncipes cristianos. Se basaba en un principio canónico que prohibía las hostilidades entre el sábado por la noche y el lunes por la mañana.

miento científico era considerado una herejía, por lo que Europa se sumió en oscuras tinieblas y perdió la posibilidad de progresar dignamente por medio de los descubrimientos. Ni la medicina, ni la astronomía o la biología pudieron abrirse camino sin dejar tras ellas un reguero de muertes y frustraciones. Astrónomos como Nicolás Copérnico y Galileo Galilei sufrieron uno la muerte y otro la humillación. Un médico como Miguel Servert, que anticipó la circulación de la sangre por el cuerpo humano, fue cruelmente quemado en la hoguera. Miles de mal llamadas brujas, que utilizaban herbolarios que hoy aplican miles de laboratorios farmacéuticos, fueron torturadas y quemadas.

La historia de la Iglesia en el segundo milenio se inicia con un papa calificado como brujo: Silvestre II, del que ya hablamos más ampliamente en otra parte de este libro. Después de otros tres papas, llegó al trono de Roma Benedicto VIII (1012-1024), quien se caracterizó por su inusitada y extrema crueldad. Este papa de comienzos del segundo milenio capitaneó una batalla contra los sarracenos en la que todos fueron asesinados y tras la cual se realizó un, al menos curioso, reparto del botín: a Benedicto VIII le fue otorgada la mujer del jefe de los sarracenos, una joven de gran belleza, a la cual el Papa rebanó la cabeza con su propia mano y entregó el cuerpo desnudo a los soldados.

Los métodos para alcanzar el poder de Roma no habían cambiado mucho con respecto al milenio anterior. Por ejemplo, Benedicto IX envenenó a Dámaso II para quedarse con el trono santo. Gregorio VII fue sorprendido en adulterio con una joven sirvienta de su monasterio. Más tarde hizo estrangular a su ama de llaves, Beatriz, tras una noche de libertinaje. De este papa también se contaron los amores escandalosos con la condesa Matilde.

Las cruzadas, primeras matanzas en masa

Las cruzadas, expediciones religiosas-militares impulsadas por la Iglesia católica, tuvieron en principio la finalidad de rescatar y conservar los Santos Lugares de Jerusalén y Palestina. No obstante, tras la primera de ellas las demás adquirieron un carácter preeminentemente político, con la clara intención de enriquecimiento por parte de sus esbirros.

La Primera Cruzada fue promovida por el papa Urbano II e impulsada en el campo de batalla por Godofredo de Bouillon. Este primer movimiento culminó con la toma de Jerusalén.

La Segunda Cruzada fue inspirada por san Bernard de Claraval en 1144. Esta Segunda Cruzada fue un fracaso completo. Luis VII de Francia y el emperador de Alemania Conrado III Staufen intentaron el asedio de Damasco pero fracasaron. Mientras que la Primera y la Segunda se llevaron a cabo por tierra, las demás cruzadas se hicieron por mar. Durante su segundo avance, los cruzados se vieron obligados a retirarse y regresar a su punto de partida al no poder hacerse con Damasco, que era su objetivo principal.

La Tercera Cruzada tuvo lugar en el año 1187 y sus protagonistas fueron Federico Barbarroja, Felipe Augusto y Ricardo Corazón de León. Terminó con la pérdida de Jerusalén, aunque se conservaron Jaffa y San Juan de Acre. Durante este avance ocurrieron muchos conflictos y muertes lamentables, entre ellas la de Federico Barbarroja, que murió ahogado en Salef mientras se bañaba. Por otra parte, Ricardo Corazón de León creó cierta enemistad entre los participantes, ya que antepuso siempre sus intereses personales a los del reino. Así, durante el asedio a San Juan de Acre, Ricardo Corazón de León ofendió al duque Leopoldo de Austria al apartar el estandarte que el austriaco había clavado en los muros de la ciudad para colocar el suyo. Como consecuencia de este enfrentamiento, cuando Ricardo Corazón de León regresaba de las cruzadas y pasaba junto a Viena, el duque Leopoldo lo hizo prisionero y lo retuvo dos años hasta que Inglaterra pagó un rescate por él.

La Cuarta Cruzada se inició en el año 1202. En esta cruzada las pujas económicas fueron el detonante del ataque a Constantinopla, muy a pesar de Inocencio III, quien insistía en que la expedición debía centrarse en la liberación de la Tierra Santa. Se puede afirmar que esta cruzada fue la más destructiva para la cultura islámica. Constantinopla sufrió el asedio y la destrucción a manos de los cruzados cristianos, fueron destruidos palacios de gran belleza arquitectónica, se arrojaron al mar tesoros artísticos de la Grecia clásica que nunca pudieron ser recuperados y se acometió un terrible vandalismo inspirado por una codicia asombrosa, ya que lo que no se podía llevar como botín era destruido. Nietzsche manifiesta en *El Anticristo* la brutalidad de esta expedición cruzada: «Los cruzados lucharon por algo que debían haber adorado —la gran cultura islamista—. ¡Seamos bastante sinceros para admitir que las cruzadas no fueron más que una piratería superior! ... todos ansiaban botín».

La Quinta Cruzada tuvo lugar en el año 1215 y, al igual que la Segunda, fue un gran fracaso. Había sido predicada en el Concilio de Letrán y estuvo dirigida por el rey Andrés II de Hungría y el rey de Jerusalén Juan de Brienne. Los cruzados fueron derrotados ante el monte Tábor, por lo que tuvieron que pasar a Egipto y ocupar temporalmente Damietta.

La Sexta Cruzada, iniciada en el año 1223, resultó paradójica y aleccionadora a la vez. Fue dirigida por el excomulgado Federico II Hohenstaufen y sin derramamiento de sangre, valiéndose de medios puramente diplomáticos, se alcanzó una serie de acuerdos con el sultán de Egipto (Tratado de Jaffa, en 1229). Este último terminó cediendo las ciudades de Jerusalén, Nazaret y Belén. ¿Se logró este resultado gracias a la connivencia de los templarios de Jerusalén? Lo cierto es que un hombre excomulgado consigue, sin derramamiento de sangre y sin fanatismo, lo que no habían logrado los demás cruzados.

La Séptima Cruzada fue predicada en 1245 en el Concilio de Lyon y dirigida en 1248 por san Luis, rey de Francia. Al igual que dos de sus predecesoras, fue un fracaso. El rey de Francia cayó enfermo y fue hecho prisionero por los musulmanes junto a varios caballeros de la nobleza francesa; sólo tras un suculento rescate económico los prisioneros pudieron regresar a Francia.

La Octava Cruzada también fue organizada por san Luis en 1268, quien se encaminó a Tímez, pero murió de peste a las puertas de aquella ciudad en el año 1270.

Sadismo exacerbado contra los cátaros

Al margen de las ocho importantes cruzadas también se produjeron otras expediciones religiosas que merecen ser mencionadas, especialmente la impulsada por el papa Inocencio III contra los albigenses, también conocidos como cátaros. En esta cruzada tuvo una destacada importancia la actuación de san Bernardo de Claraval y también la de los templarios, quienes, según algunos historiadores, ayudaron a muchos cátaros a huir. Indudablemente la cruzada contra los cátaros también estuvo cargada de motivos económicos y otros centrados en la difusión de una religión más espiritual y profunda que el cristianismo de la época.

Inocencio III, cuyo nombre de nacimiento era Lotario Conti di Segni, accedió al papado en 1198. Era un teólogo brillante que a partir de 1204, después de imponer definitivamente su poder en Roma, intervino para reorganizar a su manera la cristiandad en Europa. Su sueño era llevar a cabo una cruzada para reconquistar Tierra Santa. Al no poder realizarlo, consiguió imponer su idea de una cruzada contra los grandes príncipes occitanos, culpables de tolerar y proteger la herejía cátara. Entre los destinatarios de la ira de Inocencio III estaban especialmente Raimundo VI, conde de Toulouse, y su sobrino, Raimond Roger Trencavel, vizconde de Carcasona, Albi, Béziers y Limoux. Se trató de una solemne y vibrante llamada a la cruzada, ya que la para la Iglesia los cátaros representaban un peligroso fermento de anarquía en la sociedad.

Bernard de Claraval apoyó esta cruzada. Aunque se manifestaba opuesto al uso de la violencia, más tarde reconoció los límites de la contra-predicación para detener la herejía y dio carta blanca a la represión física.

La cruzada contra los cátaros benefició no sólo a unos cuantos señores feudales, sino también a la Iglesia, especialmente a las órdenes mendicante, franciscana y dominica.

Inocencio III convocó la cruzada contra los cátaros y puso al frente del ejército al abad cisterciense Arnaldo de Amalric y a Simón de Monfort. Fue una cruzada colmada de una terrible crueldad, especialmente considerando que no se combatía al hereje morisco, sino a hermanos franceses. ¿Cómo se pudo alcanzar un sadismo tan exacerbado? La única explicación de los historiadores es el fanatismo religioso de la época y los intereses económicos de la Iglesia y los señores feudales. Cualquier herejía representaba un peligro para la Iglesia, de manera que esta no dudó en repelerla utilizando los métodos que consideró más eficientes. Así, una vez que cayeron los cátaros y sus defensores, la Inquisición se hizo dueña y señora de las tierras francesas, obligando a los cátaros a emigrar a los Pirineos. Entonces la guerra religiosa se convirtió en política, cuando Francia envió sus tropas para integrar esas zonas del sur a su reino.

Las cruzadas se valieron en muchas ocasiones de la inocencia de los niños, como ocurrió en la Primera Cruzada con Pedro de Amiens (el Ermitaño), quien arrastró a unos 10.000 niños, los cuales pasaron terribles penurias y finalmente fueron aniquilados por el ejército otomano. También por entonces tuvo lugar la llamada Cruzada de los Niños, encabezada por el pastorcillo de Vendôme, en Francia, quien agrupó a unos 30.000 niños y jóvenes. Aquel tropel de niños cruzados embarcó en Marsella en varias naves, sin saber que se trataba de mercaderes de esclavos que los conducirían a Egipto, en donde serían vendidos a los sultanes propietarios de serrallos. Aún hubo una tercera cruzada de niños, conocida como Cruzada de los Pastorcillos, en la que participaron miles de jóvenes alemanes que murieron trágicamente en su marcha hacia Brindisi.

El *sanctum officiom sanctissime inquisitionis*

La historia de la Iglesia y sus papas no mejoró durante los años siguientes. No obstante, en honor a la verdad, hay que destacar que también hubo papas ejemplares, como por ejemplo Anastasio IV, quien ejercitó un papado caracterizado por su ética y moralidad. Desgraciadamente, estos príncipes de la Iglesia duraron poco tiempo en sus tronos y sus muertes se produjeron muchas veces en circunstancias misteriosas que suscitaron grandes sospechas.

Inocencio III murió por sus excesos en la mesa, y fue sucedido por Honorio III. Tras este último gobernó Gregorio IX, que fue el encargado de perfilar la institución de la Inquisición, el Sanctunm Ofhcium Sanctissime Inquisitionis, cuya misión era perseguir la herejía a través de tribunales inquisitoriales formados por dominicos. Inicialmente se efectuaban predicaciones por las localidades y se incitaba a la autoincriminación, la pesquisa

Los autos de fe fueron una manifestación pública de la Inquisición. Si la sentencia era condenatoria, el condenado debía participar en la ceremonia, que solemnizaba su retorno al seno de la Iglesia o su castigo como hereje.

y la denuncia. Indudablemente esto originaba que muchas personas fueran acusadas injustamente con cl fin de ajustar rencillas, envidias y odios entre los habitantes. Si bien al principio las penas impuestas eran de deportación, encarcelamiento u obligación de realizar determinadas peregrinaciones, pronto empezó a aplicarse la tortura y la muerte en la hoguera.

A través de la Inquisición la Iglesia procedió a exterminar a las erróneamente consideradas «brujas». La brujería se consideró una religión satánica y herética que suponía un pacto con el diablo, condenada a partir de una bula papal del año 1484. Para investigadores como Hugh Trevor-Roper o Norman Cohn no existieron las brujas sino solamente los perseguidores de brujas, y muchos aquelarres fueron en realidad imaginados por algunos de sus captores. Margaret Murray y James Frazer sostienen que la brujería había consistido en restos a la deriva de antiguos cultos a la fertilidad. Al igual que otros tantos historiadores, Marvin Harris sostiene que el pacto con el diablo, el vuelo en escobas y el aquelarre, fueron invención de los quemadores de brujas. Harris afirma: «La tortura se aplicaba rutinariamente hasta que la bruja confesaba haber hecho un pacto con el diablo y volado hasta un aquelarre. Si una bruja intentaba retractarse de una confesión, se la torturaba, incluso con más intensidad, hasta que confirmaba la versión original».

La Inquisición aprovecha todo el miedo que suscita su cacería para reprimir el sexo y quemar mujeres que se consideran brujas porque son sospechosas de realizar abortos o enseñar artes anticonceptivas, vender plantas alucinógenas o preparar filtros afrodisíacos, ayudar a evitar los dolores de la desfloración, curar enfermedades sexuales o tener profundos conocimientos sobre diversos temas, e incluso por practicar un amor libre.

Sin duda fue una campaña contra la mujer «sabia», uno de los primeros enemigos de la Iglesia desde san Pedro, que ya empezó por apartar a María Magdalena y evitar que se convirtiese en un apóstol más. La mujer sabia, con conocimientos, era descendiente de las Diosas y como tal era considerada una bruja. Según Riane Eisler, ya san Cirilo instigó a los monjes cristianos para que despedazaran bárbaramente con conchas de ostras a Hipatía, notable matemática, astrónoma y filósofa de la escuela de filosofía neoplatónica de Alejandría. La misma madre de Johannes Kepler estuvo a punto de ser enviada a la hoguera por bruja, por haber enseñado a su hijo secretos místicos.

Los filtros y las plantas enteógenas se convirtieron en auténticas pruebas contra las supuestas brujas, especialmente plantas como la belladona, la ruda y la mandrágora. Esta última ya aparece en Génesis 30, 16, en donde dice que se la utiliza como filtro amoroso: «Cuando Jacob volvía del campo a la tarde, salió Lea a él, y le dijo: Llégate a mí, porque a la verdad te he alquilado por las mandrágoras de mi hijo. Y durmió con ella aquella noche».

Finalmente destacaremos que un estudio de H. C. Eric Midelfort sobre 1258 ejecuciones por brujería en el suroeste de Alemania entre 1562 y 1684 demuestra que el 82% de los sentenciados fueron mujeres. Viejas mujeres indefensas y parteras de la clase baja eran las primeras en ser acusadas en cualquier brote local. Pero cuando las llamas rozaban los nombres de las gentes que gozaban de alto rango y poder, los jueces perdían confianza en las confesiones. Si en alguna ocasión alguien era lo bastante necio o necia para mencionar que había visto al obispo o al príncipe heredero en un aquelarre reciente, sin duda terminaba en manos de los torturadores.

¿Cuántas personas quemó la Inquisición? Para J. Ramón Gómez, autor de *Las plantas en la brujería medieval,* cerca de 500.000 personas llegaron a ser quemadas vivas durante la Inquisición. En Alemania la *Nelson Encyclopaedia* estima que la persecución de brujas pudo producir más de 100.000 víctimas en el espacio de dos siglos. La *Chamber Encyclopaedia* señala que en Ginebra, Suiza, sólo en tres meses fueron quemadas 500 supuestas brujas. En Inglaterra, desde la ejecución de María Estuardo hasta que su hijo se coronó rey, durante unos treinta y dos años, fueron ajusticiadas 17.000 brujas. Otras 3.700 durante el periodo de Long Parliament. Otras 40.000 en los ochenta primeros años del siglo XVI. A principios del siglo XVII fueron enviadas a la hoguera por el juez Pierre de Lancre en el País Vasco-Francés 500 personas. Reinando en Francia Francisco I (1494-1547) fueron condenadas 100.000 brujas. En Tréveris, Italia, fueron ajusticiadas en muy pocos años 7.000 brujas. En España, en tiempos de Felipe V, fueron quemadas en la hoguera 1.600 mujeres. La última ejecución de una bruja en la hoguera en España se produjo en el año 1782.

Indudablemente, estas cifras son escalofriantes, pero mucho más aún si recordamos que se trataba de personas inocentes. Semejante matanza fue en realidad un brutal genocidio en el que las personas se ejecutaban por albergar ideas diferentes a la Iglesia de la época. Si a todas estas cifras les añadimos las muertes incruentas de las cruzadas y las muertes de cátaros y templarios, tenemos un holocausto idéntico en magnitud a aquellos originados por el Tercer Reich alemán o la Rusia estalinista.

Los buenos papas mueren envenenados

Siguiendo el recorrido por la historia pontificia nos encontramos con un papa que trató de cambiar las costumbres infames del clero pero murió dieciocho días después de su elección, encarcelado por el propio clero. Ese papa era Celestino IV. Un caso parecido fue el de Inocencio V, cuyas buenas intenciones y deseos de cambio lo condujeron directamente a una muerte por envenenamiento.

Nicolás III (1277-1280) consiguió que su familia, una de las más pobres de Roma, llegara a ser una de las más ricas de Italia. Tras Nicolás III vino Martín IV y tras éste, Honorio IV, un papa libertino y cruel que mandó sus cruzadas contra el reino de Aragón y lanzó la armada francesa contra Cataluña. En el transcurso de estas cruzadas, los guerreros del Papa cometieron las más inimaginables barbaridades, saqueando, pillando y masacrando los santuarios. Los cruzados violaron monjas e incendiaron conventos, cometiendo en su interior terribles escenas de lujuria. Se hacían llamar «vengadores de Dios» y actuaban bajo una consigna de la Iglesia que rezaba: «En nombre del Papa, matad a estos infames aragoneses si queréis ganar el reino de los cielos».

Con Bonifacio VIII (1294-1303) los ajustes de cuentas entre papas continuaron vistiendo la historia de luto. Bonifacio VIII hizo encerrar a Celestino V, su antecesor, y lo condenó a morir de hambre. Con Benedicto XI llegó otro papa cargado de buenas intenciones que tuvo la utópica idea de reformar a un clero corrupto; claro que su final es predecible: murió envenenado por los cardenales. Benedicto XI fue sucedido por Clemente V, quien mandó perseguir y exterminar a los templarios. Juan XXII (1305-1314) hizo quemar durante su reinado a más de diez mil presuntos herejes y persiguió a los sabios e investigadores entregándolos a los tribunales de la Inquisición.

A Juan XXII le sucedió Benedicto XII (1334-1342), hijo incestuoso de Juan XXII y su hermana. Este papa intentó seducir a la hermana del poeta Petrarca, llamada Selvaggia, e incluso propuso al poeta pagar por su virginidad. Aprovechando una ausencia de Petrarca, hizo raptar a Selvaggia cuando la joven tenía sólo dieciséis años y, en su palacio, abusó indignamente de ella.

Los Borgia y el arte de usar más veneno que sal en la cocina

Sin duda, el mérito sobre el uso del veneno para cambiar el rumbo de la historia lo tiene una familia de la nobleza: los Borgia. Se dice de ellos que usaban más veneno que sal en la comida.

Pero, antes de dedicarnos a los Borgia, veamos algunos papas previos a esta familia de empozoñadores.

Urbano VI hizo asesinar a Jeanne de Nápoles y envenenar al papa Clemente VII. Inocencio VII fue envenenado por Benedicto XIII. Así, entre luchas en el papado, llegó Pío II (1458-1464), que en su época de cardenal escribía: «Yo he distribuido numerosos golpes con mi daga a vírgenes tímidas de voluptuosa belleza, y doy gracias a Dios por haberme hecho escapar mil veces de las emboscadas que me preparaban los padres vigilantes o los maridos celosos». Sixto IV (1471-1484) decretó que los hijos bastardos de los papas fueran príncipes por derecho de nacimiento; incluso autorizó la sodomía dentro de la familia del cardenal de Saint-Lucie. Corneille de Agrippa explica en una de sus obras que Sixto IV es el fundador de varios y nobles lupanares de Roma.

De este modo llegamos a Alejandro VI, un papa pervertido que tuvo unas escandalosas relaciones con una mujer de nombre Rosa Venosa, de las cuales nacieron cinco niños. Este papa también cometió incesto con su hija Lucrecia de Borgia y sus hermanos Francisco y César. Entre sus amantes se destacó Giulia, cuya historia se encuentra explicada en cientos de libros que detallan los famosos envenenamientos de los Borgia y las orgías que se celebraban en los palacios del Vaticano, a las que asistían decenas de cortesanas y cardenales. Como muchos otros papas, Alejandro VI terminó envenenado, y debido a que nadie quería transportar su cadáver, los enterradores finalmente decidieron arrojarlo en un agujero.

Ser genial está prohibido por la Iglesia y el Estado

Durante dos mil años de cristianismo, la Iglesia ha sido un fuerte opositor de los avances científicos y de las nuevas teorías que aparecen para dar explicación al mundo en que vivimos. Sin esta oposición y las medidas que tantas veces se tomaron para frenar las ideas más progresistas, la ciencia hubiera podido avanzar mucho más de lo que lo ha hecho y podría utilizar ahora su gran sabiduría para resolver las inequidades del planeta. Pero no ha sido así, ya que la Iglesia tuvo especial empeño en mandar a la hoguera a todos los que propalaban nuevas explicaciones, así como de quemar todos los libros que consideraba heréticos. Algunos ejemplos de este comportamientó ingrato se encuentran en la historia de hombres de gran genialidad como Roger Bacon, autor de *Espejo de la alquimia,* que en el siglo XIII publicó *Tratado de las obras secretas de la naturaleza y del arte,* en donde describía máquinas voladoras, puentes colgantes, barcos sumergidos y vehículos que funcionaban sin la necesidad de tracción animal. Sus ideas avanzadas le costaron la prisión por brujería. También Eckhart de Hochheim, uno de los mayores representantes del esoterismo cristiano, tuvo que enfrentarse a la furia del papa Juan XXII, que le negó la posibilidad de hablar de sus doctrinas e hizo quemar sus libros.

Muchos alquimistas sufrieron la ira de la Inquisición. Uno de ellos fue Arnau de Vilanova, que se salvó por ser el consejero médico de los papas Bonifacio VII y Clemente V. Juan Pico de la Mirándola, iniciado en la Cábala, presentó 900 tesis que fueron rechazadas por Roma y se vio obligado a huir a Francia al ser condenado por Inocencio VIII. La gran biblioteca esotérica del abate Tritheim fue quemada en 1505 por los monjes. Agrippa, filósofo y alquimista alemán, se vio confinado en Grenoble por orden de Francisco I y la Iglesia. La madre de Johannes Kepler, cuyas leyes revolucionaron la astronomía, estuvo a punto de ser enviada a la hoguera por bruja y haber enseñado a su hijo secretos místicos. Giordano Bruno, gran astrónomo que afirmaba que «todo es uno» y que el conocimiento de la filosofía es llegar al conocimiento de esa unidad, fue detenido por la Inquisición en 1591, llevado a Roma y quemado en la hoguera por panteísta. En el siglo XVII era quemada la biblioteca de Convenio, Cagliostro era condenado por estar contra la religión cristiana, Stanislas de Guaita moría envenenado y eran quemados sus documentos por maléficos. En el siglo XVIII, el naturalista Bufón era condenado a retractarse por haber asegurado que la Tierra era mucho más antigua que la fecha bíblica de seis mil años. Un contemporáneo suyo, Giraud-Solavie, aseguraba que la Tierra tenía una antigüedad de siete millones de años. Esta aseveración le convirtió en un hombre perseguido que murió abandonado.

Los evolucionistas se convirtieron también en objetivo de la Iglesia, ya que esta no aceptaba bajo ningún pretexto la posible descendencia del hombre a través de una cadena evolutiva que lo remontaba hasta el primate. Así, Lucillo Vanini (1584-1619) fue sometido a terribles torturas —como arrancarle la lengua y ser quemado en la hoguera— por haber planteado la posibilidad de que el semen del pez pudiera engendrar a un hombre. Lamark también fue perseguido por su obra *Filosofía zoológica e historia de los animales invertebrados*. El odio hacia él fue tan grande que tras su muerte sus restos fueron sacados de su tumba y arrojados a una fosa común. El caso más conocido de persecución, que aún persiste en algún estado de Estados Unidos, ha sido contra Charles Darwin, por su obra *El origen de las espe*cies, donde da sentido a la paleontología y describe la evolución de los seres vivos del pasado. Entre los evolucionistas cabe destacar al jesuita Teilhard de Chardin, cuyas teorías sobre la cosmovisión y sus descubrimientos paleontológicos le enfrentaron con su propia Iglesia. Como bien decía Jean Rostand: «Los descubrimientos que entusiasman a los biólogos son, a menudo, desconcertantes para los moralistas». Incluso Albert Einstein fue mal

Santo domingo quemando los escritos de los albigenses
(pintura de Pedro Berruguete, 1450-1504, Museo del Prado).

visto por la Iglesia cristiana, tal vez por su doble condición de científico y judío. El *Obsservatore Romano* decía de él que «sus teorías científicas tendían a separar la fe de Dios de la vida humana».

Piromanía eclesiástica

La Iglesia ha puesto un especial interés y esfuerzo en destruir todos aquellos libros y teorías que no compartía o que ponían en tela de juicio algunos de sus dogmas. Cuando el estado no le ha permitido la destrucción de algunas de estas obras, se ha valido de otros métodos para prohibir su lectura, así creó el llamado Indice (o Index), en el que aparecía un extenso listado de autores proscritos por la Iglesia y cuya lectura representaba la excomunión inmediata. Entre estos autores estuvieron Federico García Lorca, Ramón J. Sender, Alejandro Casona, Karl Marx, Friedrich Engels, André Malraux, Jean-Paul Sartre, Rafael Alberti, Ernest Hemingway, Arthur Miller, Pablo Neruda, Salvador de Madariaga, Friedrich Nietzsche, Alejandro Dumas, Victor Hugo, Emile Zola, Miguel de Unamuno, Arthur Schopenhauer, Arshille Gorky, Konrad Lorenz, Teilhard de Chardin, Voltaire, Jean-Jacques Rousseau, etc.

Obras de arte y textos perdidos

Una prueba evidente de las obras destruidas, de las bibliotecas quemadas y del gran saber perdido, lo tenemos en esta lista incompleta:

Año 54: San Pablo, Pablo de Tarso, condena en Éfeso a un auto de fe a todos los libros que tratan de «cosas curiosas». Son quemadas decenas de textos.
Siglo III: Los emperadores cristianos, a través de autos de fe, queman y destruyen el templo de Diana en Éfeso y sus archivos son calificados de paganos.
Año 490: Los cristianos incendian la Biblioteca de Alejandría.
Siglo VII: Monjes irlandeses queman 10.000 manuscritos rúnicos en corteza de abedul que contenían las tradiciones y los anales de la civilización céltica.
Año 789: Carlomagno, dando vigencia a los decretos de los concilios de Arles, Tours, Nantes y Toledo, prohibe el culto a los árboles, piedras y fuentes y ordena la destrucción de todo objeto y documento relacionado con este rito pagano.
Año 1204: Durante la cuarta cruzada, miles de libros son quemados tras la conquista de Constantinopla.
Año 1242: 24 carretas de manuscritos del Talmud fueron quemados en lo que hoy es la plaza del Hotel-deVille en París.
Siglo XIII: Los católicos destruyen los libros cátaros.
Año 1500: Francisco Jiménez de Cisneros quema 5.000 libros de la cultura árabe en Granada.
Año 1505: Los monjes queman la biblioteca del abate Tritheim, por considerarla mágica y peligrosa.
Año 1530: Son quemados los códices de los mayas en Tetzcoco por orden de fray Juan de Zumárraga.
Año 1553: Miguel Servet es quemado en la hoguera junto a sus libros por sostener que la sangre circulaba por el cuerpo.

Año 1559: Se queman 12.000 textos hebreos en la ciudad de Cremona. La Iglesia católica crea el Índice de libros prohibidos.
Siglo XIV y XV: La Inquisición quema los manuscritos heréticos. Cuando la Inquisición enviaba a la hoguera a los judíos también quemaba sus libros talmúdicos.
Año 1687: Un sospechoso incendio destruye toda la biblioteca que había pertenecido a Pico della Mirandola.
Siglo XVI: Los conquistadores cristianos y el obispo Diego de Landa destruyen la casi totalidad de los libros sagrados de México.
Siglo xvi: La Inquisición ordena que sean quemados los libros de Garcilaso de la Vega.
Año 1520: Cortés, al conquistar México, ordenó la quema de todos los libros aztecas para evitar que ese pueblo tuviera memoria histórica de sus proezas y sus héroes.
Año 1566: El virrey del Perú, Francisco de Toledo, destruye un inmenso caudal de tejidos incas y tablillas pintadas que contenían la historia antigua de América.
Siglo XVI y XVII: La biblioteca de John Dee (1527-1608), astrólogo y alquimista, fue quemada intencionadamente. Contenía más de 4.000 volúmenes. Con ella desaparecieron notas y documentos valiosos.
Año 1709: La Inquisición quema los documentos científicos de Gusmao, en Lisboa.
Año 1897: Se queman libros y notas manuscritas de la biblioteca privada de Stanislav de Guaita, tras su muerte, por considerarla maléfica.

¡Veneno por compasión!

Durante el siglo XVI no cambió demasiado la historia del papado de Roma. Así, Julio II (1503-1513) fue acusado de crímenes, incesto con su hermana y su hija, sodomía y envenenamientos. De vez en cuando surgió por entonces un papa ejemplar, un hombre santo dispuesto a introducir reformas en el clero para acabar con los abusos que cometía la Iglesia. Adriano VI reconoció en su nombramiento que «durante algunos años muchas cosas abominables han tenido lugar en esta Santa Sede [...], todos nosotros, prelados y clero, nos hemos desviado del cansino recto».

Estas palabras de su nombramiento seguramente no gustaron demasiado, ya que representaban una seria amenaza para aquellos que no estaban en el camino recto. Así que Adriano VI murió envenenado por los propios curas que le rodeaban. De él diría el cardenal Pallavicini: «Era un hombre piadoso, desinteresado, que quería el bien de la religión..., un papa mediocre que desconocía las flexibilidades del arte de reinar». Le sucedió Clemente VII (1523-1534), que también murió envenenado por los cardenales, pero en este caso el motivo fue su carácter cruel.

Otro papa que dio que hablar fue Julio III (1549-1555), debido a sus amores con Bertuccino. A Julio III le encantaba correr desnudo por los jardines del Vaticano, cantando románticas canciones. Sus excesos en la mesa acabaron con él. Le sucedió Marcelo I, otro papa ingenuo que quiso reformar la Iglesia y que, evidentemente, no podía vivir mucho tiempo. Murió envenenado a los veinte días de su nombramiento.

Pío V (1566-1572) fue un de los papas más odiados de Roma, ya que aprovechó la Inquisición para mandar asesinar a muchas familias romanas que estuvieron en contra de su nombramiento. Durante su reinado cometió torturas incontables. Tras su muerte, el trono de Roma fue ocupado por Gregorio XIII, responsable de la jornada de San Bartolomé que cubrió Francia de miles de cadáveres.

Sixto V (1585-1590) tuvo amores y armó reyes contra reyes. Su principal error fue realizar reformas en la Orden de la Compañía de Jesús, los jesuitas, posible motivo de su muerte por envenenamiento. Le sucedió Urbano VII, que también intentó reformar la orden jesuita, y también murió envenenado. Un tercer papa, Inocencio IX, también murió envenenado a los dos meses de ser nombrado, una vez más se acusó a los jesuitas de su muerte. Y aún hubo un cuarto caso, el de Clemente VIII (1592-1605), que amenazó con disolver la orden de los jesuitas a causa de las guerras que provocaban. Clemente VIII murió envenenado, igual que su sucesor, León XI, tras veintiséis escasos días de reinado.

El veneno se convirtió en Roma en uno de los instrumentos más eficaces para cambiar el poder del trono del Vaticano. Urbano VIII (1623-1644) consiguió el trono de Roma envenenando a sus competidores en el mismo cónclave.

Urbano VIII no tuvo reparos en unirse a los protestantes para combatir al cardenal Richelieu; tampoco tuvo reparos en hacer asesinar al joven Urbino, ni en condenar a Galileo Galiei, ni en quemar a miles de mujeres acusándolas de brujería. Le sucedió Inocencio X (1644-1655), papa que cometió incesto con la bella Olimpia, su hermana. Cuando murió nadie quiso pagar sus funerales, por lo que su cuerpo estuvo tres días tirado en palacio. Durante el reinado de su sucesor, Alejandro VII, los jesuitas incendiaron gran número de casas de Londres para aniquilar a los presbiterianos. Alejandro VII hizo la vista gorda a estos hechos y decidió trasladarse a Castelgandolfo, en donde se vio libre para celebrar numerosas orgías.

En el siglo XVIII el veneno continuó siendo una de las fórmulas más eficaces para terminar con los papas. Benedicto XIII fue envenenado por el cardenal Tournon, y su sucesor, Inocencio XIII, que anunció la reforma de la Compañía de Jesús, también murió envenenado.

Durante el reinado de Clemente XIII (1758-1769) la Compañía de Jesús se enfrentó a la bancarrota y el fraude en su propio seno y resultó abolida en Francia. La abolición se extendió rápidamente a otras regiones, de donde también fue expulsada, como España y los reinos de Nápoles, Sicilia, Malta y Parma. La orden fue acusada de perniciosa para la sociedad, sediciosa e instigadora de complots y corrupciones. Ante estos hechos tan claros, Clemente XIII anunció su abolición, pero murió el día antes de promulgarla, víctima de fuertes dolores estomacales. El veneno había actuado otra vez. Su sucesor, Clemente XIV (1769-1774), pareció ceder inicialmente ante el poder de los jesuitas, pero unos años más tarde suprimió a la Compañía de Jesús en todo el universo cristiano y arrestó al general de la orden, el jesuita Lorenzo Ricci, así como a los principales representantes de la orden. Tras esta decisión, Clemente XIV murió envenenado. Fue Pío VII (1800-1823) quien restableció a los jesuitas en toda Europa, por lo que se aseguró un reinado largo y unas digestiones seguras. Más tarde, con León XII (1823-1829), los jesuitas obtuvieron la exclusividad de la enseñanza en los estados de la Iglesia.

En España, Fernando VII restableció la Inquisición y los jesuitas de Valencia celebraron un acto de fe en el que quemaron a un pobre judío condenándolo por hereje. Con Gregorio XVI (18291830) llegaron nuevamente los escándalos sexuales al Vaticano. A este papa se le atribuye emborracharse con vino de Orvietu mezclado con champaña, y también la paternidad de los hijos de Cajetanina.

Dice el paleontólogo Robert Ardrey en *El génesis africano* que «nosotros provenimos de monos avanzados, no de ángeles caídos, y los monos eran, además, matadores armados. Así, ¿de qué nos asombramos? ¿De nuestros crímenes y matanzas, de los misiles y de nuestros ejércitos irreconocibles?». La historia de la Iglesia ha sido un abominable tránsito lleno de crímenes y matanzas, en su herencia arrastra ese terrible pecado del que nunca ha querido confesarse ni pedir perdón. Las costumbres y las actitudes de la curia no parecen actos angelicales, sino, más bien, todo lo contrario. Por ello no nos debe extrañar que a las puertas del siglo xx siguieran produciéndose hechos indignos en la casa de la religión católica.

Siglo xx: la colaboración con el nazismo

Pío IX (1846-1878) publicó su *Syllabus de los errores,* en donde condenaba la libertad de culto, insistía en el poder directo e indirecto de la Iglesia y en que esta debía mantener su inmunidad, acusaba de división religiosa a otras religiones, consideraba a la religión católica como la única religión de estado y sostenía su oposición a pactar con el progreso, el liberalismo y la civilización moderna. Unas posturas que significaban un grave retroceso de la Iglesia, que perdía así una oportunidad de dar un salto adelante.

Su sucesor, León XIII (1878-1903), no fue tampoco muy progresista, a la vez que carecía de una visión política clara. ya que aún mantenía la idea conquistadora de cristianizar el Islam. En su encíclica *Rerum Novarum* mantuvo que era una inmoralidad extraer el feto del cuerpo materno en caso de peligro de muerte de la madre, lo que representó la muerte de muchas mujeres durante el parto, que así dejaban a su suerte tanto a su hogar como a sus otros hijos.

Tras la muerte de León XIII y elegido tras siete escrutinios, le sucedió Pío X (1903-1914). Entre los cambios interiores que realizó Pío X estuvo el de modificar el nombre de la Inquisición por el de «Santo Oficio». Pero sus ambiciones estaban puestas en otros aspectos de la política internacional, así que presionó a Austria para que declarase la guerra a Servia, con la idea de crear un reino católico eslavo, cuya raza ascendería triunfalmente. Asoman en estas iniciativas unas claras tendencias racistas, peligrosas para el mundo y la humanidad. También dijo de la religión judía: «La religión judía fue la base de la nuestra, pero fue reemplazada por la doctrina de Cristo y no podemos adjudicarle su supervivencia ulterior». Con estas palabras Pío X había sembrado las semillas de Auschwitz, Dachau, Treblinka y Mauthausen.

Su sucesor fue Benedicto XV (1914-1922), que llegó al papado de Roma con un sospechoso antecedente, la muerte enigmática del cardenal Tarnasi, su más terrible opositor. Los rumores hacían responsable de esta muerte al Papa que alcanzó el trono de Roma tras diecisiete votaciones. Su postura en la Primera Guerra Mundial fue siempre al lado de las potencias centrales, hasta que estas empezaron a perder la guerra y entonces se inclinó hacia las potencias del entente.

A Benedicto XV lo sucedió Pío XI (1922-1939), quien obtuvo el trono tras catorce votaciones. Si anteriormente a ser nombrado pontífice amenazaba con excomulgar a Mussolini, cuando accedió al trono de Roma pareció casi inmediatamente cambiar de opinión. Hemos de recordar que el Duce era un anticatólico visceral que escupía sobre los dogmas, utilizaba en público un terrible vocabulario soez y que, incluso, había escrito dos libros irreverentes hacia la Iglesia y la religión en general, *Dios no existe* y *La querida del cardenal.* Pero el odio que tanto Mussolini como Pío XI tenían por los comunistas unió a los dos jerarcas en un pacto antinatura. De manera que muy pronto Mussolini ordenó reponer los crucifijos en las escuelas y enseñar el catolicismo, al tiempo que ayudó al Vaticano cuando estuvo a punto de quebrar el Banco di Roma, en donde la Santa Sede tenía confiado su capital. El papa Pío XI le recompensó haciendo la vista gorda ante los crímenes y abusos provenientes del gobierno fascista, y también dando su apoyo a la cruenta y bárbara campaña militar de Mussolini en Abisinia, en donde se saqueó, se violó y se asesinó indiscriminadamente.

Pero a Pío XI le correspondió una época particularmente convulsa. Por entonces no sólo gobernaba Mussolini sino también se empezaban a mover estratégicamente Adolf Hitler y Francisco Franco en España. Pío XI apoyó de un modo descarado el ascenso de Hitler, legitimizándolo así. En España, tras el golpe de estado de Franco la guerra civil se había convertido en una cruzada anticomunista. Terminada la guerra, Franco se autonominó «Caudillo de España por la gracia de Dios», lo que le daba derecho a circular bajo palio, pese a haber fusilado tras la guerra a unas 200.000 personas. Pío XI se mantuvo en el más absoluto silencio: la primera bandera extranjera que había ondeado sobre el cuartel de Franco era la papal.

A Pío XI lo sucedió Pío XII (1939-1958). Este papa que llegó a Roma rodeado de una corte de prelados alemanes y de una monja, también de origen alemán, que pronto fue conocida en el ambiente de Roma como «La papisa». Pío XII fue un pontífice contradictorio, que condenó el método anticonceptivo de la temperatura basal, pero nada dijo sobre el genocidio de once millones de personas en los campos de concentración nazi. La aniquilación de comunistas, socialistas, liberales y judíos parece considerarse un bien para el mundo, una limpieza de tantos hombres que se opnían a la concentración de poder de la Iglesia cristiana. Muchos historiadores afirman que Pío XII se sintió jubiloso tras la invasión de Rusia, ya que Hitler estaba dispuesto a aplastar a todos aquellos rojos ateos. Como tantos otros papas en tiempos tumultosos, Pío XII hizo un llamamiento a la paz, pero al mismo tiempo manifestó su admiración por las cualidades del Führer, amenazando con que todo el que negase su obediencia incurría en pecado.

Todo lo que no es sagrado, es secreto

Se sabe que Pío XII ordenó a su Secretaría de Estado y al padre general de los jesuitas, Wladimir Ledochowski, quien dirigía Radio Vaticano, que disminuyesen las críticas al Reich por la invasión de Polonia.

Su mutismo ante la muerte de millones de judíos y otras personas en los campos de concentración nazi proyectó un triste reflejo de él. Se sabe que la Iglesia ayudó a muchos jerarcas nazis después de la guerra, ocultándolos en conventos y proveyéndoles documentaciones falsas que les permitieron escapar de los tribunales de Nuremberg y establecerse en otros continentes, en una operación que se conoce con el nombre de Red Odessa.

En Cortile del Belvedere se encuentra el Archivo Secreto Vaticano, al cual se accede desde el puesto de vigilancia de Porta Sant'Anna. Una parte de los nuevos locales están en el subsuelo del Cortile della Pigna y fueron inaugurados por el papa Juan Pablo II el 18 de octubre de 1980. En estos archivos se encuentra todo lo referente a las operaciones encubiertas de espionaje y contra-espionaje de la denominada Santa Alianza, el Sodalitium Pianum. Para el Vaticano, todo lo que no es sagrado, es secreto.

Por citar algunos asuntos interesantes, hablaremos del informe del obispo Alois Hudad, un texto que este escribió para presentarlo a Adolf Hitler y al papa Pío XII, en el que presentaba diversos alegatos en pro de la reconciliación entre la Iglesia católica y el régimen nacionalsocialista. El Papa ordenó que este documento fuese archivado en el llamado Archivo Secreto Vaticano. Esta decisión se tomó por el hecho de que el documento demostraba que Pío XII estaba al corriente de la llamada «Solución Final», sobre asesinatos y deportaciones masivas.

La colaboración con el nazismo es una grave mancha en la piel de la Iglesia católica. Muchas personas se alejaron de ella y abandonaron la fe en su religión por esta razón. Y, lo que es más triste, esa mancha amenaza con fortalecerse cada vez que se menciona la idea de beatificar a Pío XII.

La relación con la masonería

Una anécdota sobre la sucesión de Juan XXIII nos revela la influencia que la masonería empezaba a tener en el Vaticano, una influencia que se haría notar durante los años siguientes, especialmente durante al papado de Pablo VI. Tal como narra el libro de Eric Frattini *La Santa Alianza,* a finales de 1962 Juan XXIII vivía los últimos momentos de su pontificado, fallecía el 3 de junio y el trono de Pedro debía ser ocupado por un nuevo papa. Días antes de recluirse en cónclave, los cardenales, liderados por Giacomo Lercaro, de Bolonia, se reunieron en Villa Grotta-Ferrata, propiedad del masón Umberto Ortolani. Allí, protegidos por la noche y por los agentes de la Santa Alianza, el servicio secreto del Vaticano cuya misión era custodiar a sus eminencias antes de la reunión en la que debían elegir al nuevo pontífice, se decidió el nombre del cardenal a quien debían apoyar. El elegido fue Giovanni Battista Montini, arzobispo de Milán y a quien ya se había informado de la reunión en casa del famoso miembro de la masonería.

En la quinta votación del cónclave, que dio comienzo el 19 de junio de 1963, fue elegido papa el cardenal Giovanni Battista Montini, quien adoptaría el nombre de Pablo VI. Tras la coronación nueve días después, la primera decisión del nuevo papa fue recompensar la hospitalidad del masón Ortolani nombrándolo «gentilhombre de Su Santidad».

El escándalo Propaganda Due

El asunto de la logia masónica Propaganda Due (P2) y su relación con el Vaticano es, sin duda, uno de los escándalos más impactantes del siglo XX en el seno del catolicismo.

La logia Propaganda Due tenía un carácter secreto con el fin de que pudieran iniciarse en ella personajes públicos sin que su paso por la masonería transcendiese al dominio popular. Se trataba de una organización en la que los hermanos masones afiliados no estaban obligados a participar en los trabajos del taller ni a figurar en listas oficiales; la ceremonia de iniciación había consistido en muchos casos en la firma de unos documentos en la habitación de un hotel, sin ningún tipo de ritual masónico.

Hasta aquí parece no haber nada especialmente particular al respecto. Pero pronto apareció un personaje que cambiaría el contexto tras infiltrase en las más altas cotas del poder político y militar e incluso en los servicios secretos de Italia, para conseguir extender su influencia hasta el Vaticano, creando en su interior una logia masónica. Este personaje fue Licio Gelli. En 1966, Gelli alcanzaba el grado de maestro y se incorporaba a la logia secreta Propaganda Due.

En 1969 Gelli inició a 400 oficiales del ejército y varios diputados democristianos para preparar con ellos un golpe de estado en la Italia turbulenta de aquellos años. En 1971 las actividades de la P2 no había sido bien vistas por el resto de la masonería, pero Gelli, tras acusaciones y denuncia contra hermanos masones, se hizo con el poder de la P2 sin ningún tipo de restricción.

El gran escándalo fue en los años 1973 y 1974, a raíz de que se conocieran de manera pública las estrechas relaciones que mantenía con el Vaticano el financiero y miembro de Propaganda Due Michele Sindona. Para entonces, la P2 era la logia más poderosa de Italia, con el mayor tráfico de influencias y una gran influencia. En 1981 la presidencia del Consejo italiano publicó una lista con los nombres de más de mil miembros de esta logia, en donde figuraba un gran número de industriales, empresarios y funcionarios del estado. En la lista abundaban los nombres de directivos de importantes firmas, miembros de los servicios secretos y militares de alta graduación, así como miembros del Ministerio de Defensa, jueces, banqueros, embajadores y políticos de casi todos los partidos, incluyendo diputados y senadores. Incluso recogía personajes secundarios en aquellos tiempos, pero importantes ahora, como Silvio Berlusconi.

La relación con el Vaticano se estableció a través de Roberto Calvi, que era director adjunto en el Banco Ambrosiano, una entidad perteneciente a una red creada por católicos del norte de Italia. En 1956 Calvi se hizo amigo de Michele Sindona. Ambos conectaban en diversas operaciones con el Instituto per le Opere di Religione, el IOR del Vaticano. Ambos solicitaron su ingreso en la Propaganda Due de Licio Gelli. A partir de su ingreso el centro de la Santa Sede, IOR, banco propiedad del Papa que operaba a través del tráfico de influencias y blanqueo de dinero de la P2.

Cuando el gobierno socialista italiano decidió privar a la Santa Sede de su exención total de impuestos, el Papa ordenó la venta de activos mobiliarios de la Administración del Patrimonio de la Sede Apostólica, ASPA, y del IOR. Michele Sindona fue la persona encargada de cerrar la operación, tras lo cual se ganó la aceptación del papa Pablo VI. A partir de ese momento el Papa nombró a monseñor Capri secretario de la ASPA y al obispo norteamericano Paul Casinir Marcinckus, secretario del IOR. Marcinckus, que era un empedernido fumador y bebedor de whisky, fue seducido por Sindona y Calvi, cerrando importantes operaciones bancarias del Vaticano que Sindona y Calvi agradecieron invitándolo a un viaje a las Bahamas.

Paul Casinir Marcinckus había nacido y se había criado en Cícero, el suburbio de Chicago en donde también naciera el famoso capo-mafia Al Capone. Mientras que al último lo llamaban «Cara cortada», a Marcinckus lo llamaban por los pasillos del Vaticano «El gorila». Marcinckus almacenaba toda la información en su extraordinario cerebro, lo más próximo a un computador humano que tenía el Vaticano. Se asegura que por aquellos tiempos las reservas de oro del Vaticano en Fort Knox superaban los 3.000 millones de dólares. De manera que Casini Marcinckus fue elegido para asumir el control de más dinero del que manejaban muchos bancos privados del mundo. Marcinckus decía, bromeando, que sólo respondía ante el Papa y ante Dios.

Marcinckus se embarcaba cada vez en operaciones financieras más imprudentes y peligrosas, que implicaban muchas veces tráfico de divisas al extranjero y también en manejos de carácter político, como fue la financiación de la vuelta del general Juan Domingo Perón al poder en Argentina.

Pronto Sindona cometió gran número de fraudes fiscales, lo que hizo sospechar a la policía italiana. Los movimientos financieros de Sindona, Calvi y Marcinckus desembocaron en algunos asesinatos sospechosos. Al quebrar los negocios de Sindona en Europa todas las sospechas recayeron sobre el Banco Ambrosiano y el IOR. Sindona huyó primero a Extremo Oriente y más tarde se refugió en Estados Unidos. Mientras Marcinckus y Roberto Calvi capeaban el temporal como podían, Gelli trataba de ganar poder realizando compras de periódicos.

El papa Pablo VI ya estaba al corriente de la catastrófica situación que asociaba las finanzas del Vaticano con la masonería y con mafiosos especuladores. Fue el dirigente de la Democracia Cristiana Aldo Moro quien reconoció públicamente que personalidades de la Iglesia y de su partido fomentaban la corrupción, el robo y el engaño. Curiosamente, poco después de su firme intento por desentrañar estos hechos, Moro fue secuestrado y sus cinco guardaespaldas fueron asesinados por las Brigadas Rojas. Todo hacía prever un fatal desenlace. Pablo VI, que era amigo personal de Moro, intentó usar su influencia para salvarle. Pero nada se pudo hacer y el dirigente democristiano resultó ejecutado por sus raptores tras ser torturado, posiblemente con el fin de averiguar cuánto conocía sobre los implicados y el *modus operandi* de las turbias operaciones especulativas y financieras.

El decreto *Dignitatis humanae*

El 7 de diciembre del año 1965, en el marco del Concilio Vaticano II, Pablo VI presentó su progresista *Dignitatis humanae. Dignitatis humanae* es una declaración sobre la libertad religiosa y establece el núcleo esencial de la antropología moderna al sostener que la dignidad de la persona humana se fundamenta en la libertad. Podría decirse que se trata de todo lo contrario al *Syllabus* del beato Pío IX. En la proclamación de Pablo VI el Santo Pontífice expresa claramente la dignidad de las personas y el derecho a la libertad social y civil en materia religiosa. Esta propuesta se aprobó con 70 votos en contra, muchos procedentes de los obispos españoles, y 1.300 votos a favor.

Con el Vaticano II se consagraba un principio que ya estaba en la Declaración de los Derechos Humanos. Y se enfrentaba a la teoría de Pío IX de que «el error no tiene derechos», lo que permitía a la autoridad papal impedir actuaciones en contra de la verdadera religión, llegando a poder aplicar castigos.

Dos papas muertos y el final de los escándalos financieros

Tras la muerte de Pablo VI, subió al trono de Roma Juan Pablo I. Este papa resolvió casi inmediatamente realizar una limpieza a fondo de los «financieros» del IOR y el Vaticano. Pero Pablo I murió misteriosamente a los treinta y tres días de su reinado. Tan misteriosa fue su muerte que ningún médico quiso firmar el acta de defunción con las causas que se les proponía.

Mientras Juan Pablo II era elegido sucesor, en Roma acaecían hechos sorprendentes con relación a la P2. Un periodista moría asesinado días antes de que se entrevistase en secreto con Licio Gelli. Michele Sindona era encarcelado y, en marzo de 1986, era encontrado muerto debido a la ingesta de cianuro en una dosis cien veces superior a la mortal. También moría asesinado un fiscal encargado de los escándalos financieros de la IOR, Giorgio Ambrosoli, y eran abatidos a tiros el teniente coronel de los servicios de seguridad de Ambrosoli y el investigador de la policía siciliana Boris Giuliano, colaborador de Ambrosoli. Finalmente, fue destrozado a balazos el juez Amilio Alessandrini, encargado de los sumarios del escándalo financiero.

Ante aquella oleada de crímenes y después de que le fueran confiscados los documentos de la P2, Licio Gelli abandonó Italia. Calvi fue detenido, pero antes Marcinckus había conseguido que firmase un documento que exoneraba al IOR del escándalo financiero y de toda responsabilidad, algo que ningún medio informativo, político y policial, jamás creyó. Calvi fue encontrado ahorcado en el puente de Blackfriars de Londres, colgado de una viga y con los bolsillos llenos de piedras.

Gelli fue detenido y, tras varias fugas rocambolescas, en el año 2000 fue ingresado en el hospital de Florencia debido a una osteoporosis. Para entonces ya tenía ochenta y dos años.

Paul Marcinckus fue destituido de todos sus cargos y obligado a vivir dentro del Vaticano el resto de sus días, ya que tanto la Interpol como el FBI tenían una orden de arresto que se hacía efectiva si abandonaba su refugio en la Ciudad Santa.

La logia secreta del Vaticano

A pesar de tanta brutalidad y muerte, el escándalo económico y la misteriosa muerte del papa Juan Pablo I, que veremos con más detalles seguidamente, no fueron los hechos más impresionantes en los que se viera involucrado el Vaticano durante el siglo XX. Al parecer, en el interior de la Santa Sede se había constituido una logia secreta.

Aldo Mora, historiador masónico bastante riguroso, sugiere que Pablo VI fue iniciado en la masonería. Lo mismo corrobora el padre Malachi Martín en su novela publicada en Nueva York en 1986, *Vatican,* donde acusa a Pablo VI de pertenecer a una logia secreta. También encontramos referencias similares en el libro *All 'ombra del Papa inferno,* en donde se menciona la existencia en el Vaticano de dos grupos muy diferenciados: por un lado, el grupo «masónico-curial», formado por prelados y miembros de la curia afectos a la masonería, y por el otro, los sacerdotes que pertenecen al Opus Dei. Ambos grupos se mueven en una lucha permanente por el poder del Vaticano. El libro en cuestión hace referencia a la existencia de una organización llamada Logia Ecclesia, que estaría activa en el Vaticano desde 1971 y de la que forman parte más de cien personas entre cardenales, prelados y monseñores de la curia. El libro detalla incluso que las reuniones se realizaban los viernes por la noche en un sótano del Archivo Secreto del Vaticano, e insinúa que el cardenal Samore era el encargado en mantener un contacto abierto con el gran maestro de la Gran Logia Unida de Inglaterra, el duque de Kent.

En 1976 aparece en internet una lista de prelados que pertenecen a la citada logia secreta del Vaticano. En este contexto el cardenal Siri, encargó al general Mino una investigación sobre la curia y la posible infiltración de la masonería en el Vaticano. El general Mino no pudo nunca entregar el resultado de su investigación, ya que en 1977 murió de una extraño accidente de automóvil.

La citada lista que el grupo Cephas Ministry publica en internet incluye los siguientes nombres:

OBISPOS
Alberto Albondi, obispo de Liborno.
Fiorenzo Angelini.
Salvatore Baldassarri, obispo de Ravenna.
Luigi Bettazzi, obispo de Ivera.
Gaetano Bonicelli, obispo de Albano.
Michele Buro.
Mario Ciarrocchi.
Donate De Bous.
Aldo Del Monte, obispo de Novara.
Angelinin Fiorenzo.
Antonio Mazza, obispo de Velia.
Luigi Maverna, obispo de Chiavari.
Marcello Morgante, obispo de Ascoli Oiceno.
Francesco Salerno.
Mario Schierano, obispo de Acrida.
Dino Trabalzini, obispo de Rieti.

ARZOBISPOS
Mario Brini.
Annibale Bugnini.
Enzio D'Antonio.
Alessandro Gottardi.
Albino Mensa.
Aurelio Sabbatini.
Mario Guiseppe Sensi.
Antonio Travia.
Lino Zanini.

CARDENALES
Agustín Bea.
Sebastiano Baggio.
Agostino Casaroli.
Achille Lienart.
Pasquale Macchi.
Salvatore Pappalardo.
Michele Pellegrino.
Ugo Peletti.
Leo Suenens.
Jean Villot.

PRELADOS, NUNCIOS Y OTROS
Ernesto Basadonna, prelado de Milán.
Mario Bicarella, prelado de Vicenza.
Luigi Dadagio, nuncio del Papa en España.
Pio Laghi, nuncio apostólico delegado en Argentina.
Virgillio Levi, de *L'Osservatore Romano.*
Paul Marcinckus.
Dante Pasquinelli, Consejero del nuncio de Madrid.
Roberto Tucci, director de Radio Vaticano.

En las actualidad algunos de ellos han fallecido y otros ya no ocupan los cargos en los que la lista los catalogó en aquel tiempo. La lista publicada en internet asciende a 116 miembros de la curia.

La misteriosa muerte de Juan Pablo I

Juan Pablo I pasó por el Vaticano tan fugazmente como un meteorito. Fue elegido tanto por su honestidad como por su sinceridad; era un hombre consecuente y franco, pero sus detractores veían en él a un pueblerino que nunca entendería los asuntos políticos de la Santa Sede.

Juan Pablo I era un hombre de gran humildad, hasta el punto que no permitió nunca que los guardias suizos del Vaticano se prosternasen a su paso. Inmediatamente después de ocupar el trono del Vaticano, comenzó a dar lugar a unas innovaciones teológicas que produjeron profunda preocupación entre el clero conservador, que no estaba dispuesto a tolerar cambios relevantes. Juan Pablo I era partidario del control artificial de la natalidad, ya que era consciente de que millones de niños morían por desnutrición en el mundo. Pero también, y esto desató aún más preocupación, se manifestó dispuesto a llevar a cabo una depuración en el Vaticano, especialmente relativa a los movimientos especulativos y financieros. Probablemente su error fue anticiparse a los hechos al anunciar que iban a caer algunas cabezas. En la lista figuraba el cardenal secretario de Estado, el masón J. Villot, de quien se sospechaba que formaba parte de una logia masónica desde el año 1966 y que ocupaba un cargo elevado en la presunta logia masónica del Vaticano, conocida como Ecclesia. Otra cabeza que podía caer era la del obispo Marcinckus, debido a sus relaciones con los banqueros de la logia Propaganda Due Calvi y Sindona. También figuraba entre los «sucios» el obispo de Chicago, monseñor Cody, de quien se aseguraba que gastaba los fondos de su iglesia con una amiga que incluso lo acompañó a Roma con motivo de su nombramiento cardenalicio.

Con sus nuevas ideas teológicas y la «limpieza» de corruptos en el Vaticano, Juan Pablo I firmó su sentencia de muerte.

Alrededor del 23 de septiembre el papa Juan Pablo I contaba con abundante información sobre las maniobras financieras del Vaticano. Incluso disponía de referencias sobre otro oscuro personaje que se movía entorno a las finanzas del Vaticano, monseñor Pavel Hnilica.

Pavel Hnilica, fundador de Pro Fratibus, fue responsable de intentar recuperar la cartera que Roberto Calvi llevaba consigo antes de ser asesinado en Londres. Hnilica estaba dispuesto a pagar millones por esta cartera en donde, se supone, Calvi llevaba información valiosa v comprometedora.

El 28 de septiembre de 1978 fue el último día de la vida de Juan Pablo I. Aquel día, como los demás, lo inició con una oración en su capilla privada, un desayuno frugal mientras escuchaba los informativos de la RAI y la habitual toma de contacto con sus secretarios John Magee y Diego Lorenzi. Luego vinieron las audiencias con el cardenal Bernardin Ganti y el padre Riedmatten. Más tarde almorzó con los cardenales Jean Villot y los padres Lorenzi y Magee. Tras el almuerzo hizo un paseo por los jardines del Vaticano. Durante toda la tarde estuvo revisando documentos, luego habló bastante con el cardenal Jean Villot, y también se comunicó por teléfono con los cardenales Giovanni Colombo, arzobispo de Milán, y Benelli. Luego, como tenía costumbre, sobre las ocho de la tarde, se retiró a rezar el rosario en compañía de dos monjas y sus dos secretarios. La cena fue una sopa a base de pescado, judías verdes, queso fresco y fruta. Luego volvió a ver por la televisión los informativos. Finalmente se retiró a su dormitorio y murió alrededor de las cuatro de la madrugada.

Su muerte se encubrió desde un principio con un sinfín de explicaciones confusas y mentiras. El Vaticano expresó que Juan Pablo I había muerto en la cama leyendo *La imitación de Cristo* de Tomás de Kempis, una de las obras de la literatura cristiana más difundida después de la Biblia y en donde el autor presenta la vida de Cristo como ejemplo. Sin embargo, más tarde se supo que aquello no era verdad. La madre Vicenza lo encontró muerto en su escritorio, supuestamente mientras examinaba un documento secreto procedente de la Secretaría de Estado. Sí era verdad que en su mesilla de noche tenía el libro *La imitación de Cristo.* Lo cierto es que la causa de la muerte de Juan Pablo I no fue aclarada, y que el testamento que había escrito en el Vaticano después de su nombramiento desapareció. Su hermano Eduardo, de setenta y cuatro años de edad, había ido a visitarle tres días antes de su muerte, sobre lo cual explicó: «Nunca nos habíamos besado ni abrazado, pero aquella tarde él quiso besarme y me abrazó con fuerza. Le pregunté si estaba bien y me dijo que sí. Pero yo me fui con un extraño presentimiento». Eduardo relata que a lo largo de la conversación con su hermano este le confió: «Hasta los bancos fundados por los católicos y que deberían disponer de gente de confianza se apoyan en personas que de católicos no tienen ni el nombre».

El abad Ducaud-Bourget diría sobre la muerte de Juan Pablo I: «A la vista de todas las criaturas del diablo que moran en el Vaticano, resulta muy difícil creer que se trató de una muerte natural». David A. Yallop investigó esta muerte a fondo y recordó en una entrevista que se le hizo que ningún médico de la curia asumió la responsabilidad de dar fe de su muerte extendiendo el certificado de defunción. Su médico de toda la vida, el doctor Antonio Da Ros, rechazó que el Papa sufriera del corazón.

Pero estas no fueron las únicas controversias que suscitó la muerte del entonces papa Juan Pablo I. En su libro *La Santa Alianza*, Eric Frattini explica que el termo de café que cada mañana llevaba sor Vicenza al pontífice estaba intacto cuando se descubrió el cadáver y que desapareció después sin dejar rastros. También se habían retirado los hombres que se encargaban de la vigilancia ordinaria del Papa, sin dilucidarse nunca quién había dado la orden de aquella retirada. Hans Roggan, oficial de la Guardia Suiza, manifestó más tarde que cuando informó a Paul Marcinckus sobre la muerte del sumo pontífice, este no dio muestras de ninguna extrañeza. También hubieron otros aspectos dudosos, como que se informara de que no se había realizado ninguna autopsia, cuando en realidad se habían hecho tres. Los resultados de dichas autopsias nunca se hicieron públicos.

Recordemos finalmente que fue el padre Giovanni Da Nicola quien informó al sumo pontífice de las malversaciones financieras realizadas por Paul Marcinckus y sus socios a través del IOR. Cuatro días después de la muerte de Juan Pablo I, Giovanni Da Nicola apareció ahorcado en un parque de Roma muy concurrido por travestís y prostitutas. Había rastros de lucha y tenía el cuello roto, pero la policía italiana cerró el caso considerándolo como suicidio. El hombre que, junto al Papa, más sabía de los secretos del IOR y sobre Paul Marcinckus, también había sido asesinado.

Para averiguar las causas de la muerte del papa Juan Pablo I, se creó una comisión cardenalicia, dirigida por los cardenales Silvio Oddi y Antonio Samore. La investigación concluyó que había sido una «muerte natural por infarto», aunque quedaban muchas preguntas sin respuesta y demasiados asuntos sin esclarecer. El dossier de la investigación fue clasificado como «secreto pontificio» según ordenara Juan Pablo II y fue trasladado a un oscuro rincón del Archivo Secreto del Vaticano.

14

Una sociedad ocultista secreta: la Thule

Una sociedad secreta que tendía a perpetuar enseñanzas esotéricas procedentes de las viejas tradiciones germánicas paganas tuvo una influencia determinante en el nacimiento y el trayecto del nazismo. Se llamaba *Thule Gesellschfat.* Fue fundada el 25 de diciembre de 1917 (una fecha cuidadosamente elegida). Existía en aquel entonces una Orden de los Germanos *(Germanenorden),* constituida en 1912 en Berlín por el profesor Theodor Fritsch (1852-1933). Este organismo —racista— tenía ya por emblema la cruz gamada.

Suspendido durante la guerra de 1914-1918, su gran maeste Theodor Fritsch confió el 25 de diciembre de 1917 a un tal barón Rudolf von Sebottendorff la tarea de constituir en Baviera una sociedad secreta que dependería de la orden de los germanos y que adoptaría el nombre de Thule. Veremos la significación de ese vocablo después. ¿Pero quién era ese barón von Sebottendorff).

Adam-Alfred-Rudolf Glauer, hijo de un conductor de locomotoras, había nacido en Hoyerswerda (Sajonia) el 8 de noviembre de 1875. Por tanto tenía cuarenta y dos años en esa época, y sin embargo no estaba en el frente, por un motivo que ignoramos. Ese hombre había peregrinado por mucho tiempo por Australia, Asia y el Cercano Oriente. De esta manera había conocido en Turquía al barón von Sebottendorff, el cual lo había adoptado y lo había hecho su heredero universal. Qué valía esta adopción en cuanto al nombre y al título ¡nada! La regla de la nobleza no admite más transmisión nobiliaria que por la sangre; así un bastardo admitido es noble, y uno adoptado es plebeyo.

Durante la guerra de los Balcanes (1912-1913), el nuevo «barón» Sebottendorff desempeñó cierto papel en las formaciones de la Media Luna Roja (análogo a la Cruz Roja occidental). Antes de la Primera Guerra Mundial, había pertenecido a una orden rosacruciana donde había recibido las enseñanzas de un tal Termudi, judío de origen desconocido, sabio cabalista. Finalmente, de sus viajes por Asia había recibido aquí y allá otras enseñanzas diversas, más o menos, amalgamadas, que le conferían un bagaje bastante válido en el terreno del ocultismo.

En enero de 1918, tras las instrucciones de Theodor Fritsch, fue de inmediato a instalarse en Munich, capital de Baviera y feudo que la Orden de los Germanos acababa de confiarle para una misión muy precisa: constituir una sociedad secreta con el nombre de «Thule». Inmediatamente le dio por emblema una cruz gamada sinistrógira, atravesada por dos lanzas en forma de aspa. Luego, moficando ese emblema, adoptó una espada vertical, rodeada de hojas de roble en un resplandor solar, la espada estaba sobre una cruz gamada sinistrógira con ramas curvadas, para subrayar mejor el sentido de su torbellino contrario a la rotación normal (dextrógira). ¿Pero cuál era entonces el significado esencial de se nombre: Thule?

Hay que decir que desde siempre los germanos han perpetuado en sus tradiciones la de un mito hiperbóreo, donde se encuentran fra; mentos de la leyenda apoloniana, del regreso del dios en la primavera a su santuario de Delfos, anunciado por el vuelo de los cisnes. S embargo, en el mito germánico, el dios de Delfos no desempeña ningún papel con ese nombre. Está esencialmente germanizado. Por ello, para encontrar algunos detalles sobre esa enigmática Thule, debemos retomar a los autores antiguos.

De esta manera, Plinio, en su *Historia natural,* nos dice que la isla de Thule es la más lejana de las tierras conocidas, que no tiene noche en el solsticio de verano, pero en cambio, las tinieblas reinan tota mente en el de invierno. Para Tácito, se trata de un «océano petrificado», donde «el último reflejo de un sol que se pone persiste hasta nacimiento de un nuevo día». Allí, Tácito se convierte en iniciador sin saberlo, pues ese océano petrificado (los hielos polares), donde el último rayo de un sol que se ha puesto espera el despertar de ese mismo sol, es el «mundo blanco» de los celtas, el *Gwenved,* donde las almas bienaventuradas —tras su muerte terrestre en *Abred*— esperan, con sus méritos agotados, el descenso a ese mismo Abred para una nueva evolución. En esa enigmática Thule, Plutarco señalaba ya el fenómeno de una persistencia de la luz solar. ¿Pero dónde se encontraba exactamente esta misteriosa isla de Thule?

En su libro *L'Or de l'Islande* (El oro de Islandia), Samivel menciona que la palabra podría derivar de *Thu-al,* etimología céltica que significaría norte. Y añade que: «En verdad, hubo tantos Thules como nortes para los aventureros que viajaban a lo largo de los ejes terrestres. La Thule de Ouessant, la Thule del Báltico, la Thule de Albión, la Thule noruega, la Thule de Pythéas... Cada una de esas Thule no es más que el reflejo temporal de una hiper Thule ya soñada por los antiguos, hacia la cual se orientarán siempre los viejos deseos de los hombres; y definitivamente inaccesible.»

Y efectivamente, como lo señala Samivel, la verdadera Thule es inaccesible, pues no se encuentra en nuestro mundo de tres dimensiones. En nuestra obra *Au pied des Menhirs* (Al pie de los menhires, introducción al estudio de las doctrinas célticas, París, 1945, Niclaus edit.), precisábamos la imposibilidad de situar aquí abajo esta Thule que el gran iniciado que fue Plutarco describe muy claramente para quien sabe leer entre líneas.

Si nos remitimos al texto de este autor (que fue sacerdote del Apolo délfico), en su obra *Du Visage du rond de la Lune* (De la cara redonda de la Luna) encontramos esto con respecto a las «Islas Afortunadas»:

«Comenzaré por presentar al autor de la pieza, tras haberles ofrecido un comienzo tomado de Homero con su permiso:

»Ogigia es una isla, muy lejos en el mar», «a cinco días de Gran Bretaña para un *dromon* que navega hacia el oeste.» (*Op. cit.*)

Detengámonos ya. Estamos en presencia de una tradición céltica de orden metafísico y de ninguna manera geográfico. En efecto, la narración que Plutarco pone en boca de Sila nos lo demostrará categóricamente:

«Otras islas, en cantidad de tres, tan alejadas de la primera como entre sí, están situadas adelante, exactamente en la dirección del ocaso de verano. Fue en una de ellas donde, según la mitología de los bárbaros, Zeus hizo prisionero a Cronos.» (*Op. cit.*)

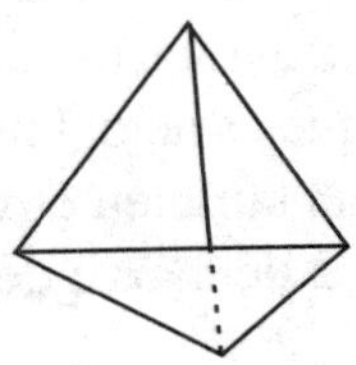

El tetraedro, uno de los sólidos platónicos.

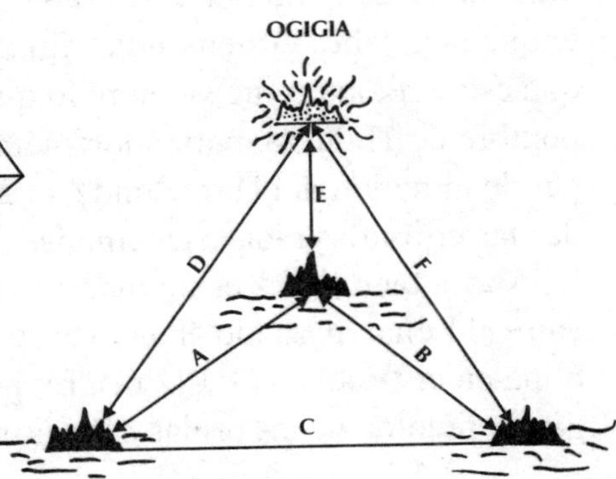

Esquema de las islas Afortunadas y Ogigia.

Por ello, en esa isla, el Tiempo (Cronos) está suspendido y deja pasar. Comprobaremos que esa narración es puramente esotérica pues si intentamos determinar sobre un plano tres círculos tan alejados de un cuarto como entre sí, ¡comprobaremos que es imposible! Eso equivaldría a intentar construir un triángulo equilátero cuyo lado fuera igual al radio del círculo circunscrito... Por consiguiente, en nuestra «dimensión», el archipiélago de las islas Afortunadas no puede existir. Concluyamos que no es de nuestro «mundo». Por el contrario, *un tetraedro regular* que tiene como caras cuatro triángulos equiláteros iguales, sí. He aquí la fórmula. Si a es la longitud de su arista, su superficie total será: $a^2 \sqrt{3}$, y su volumen será:

$$\frac{a^3 \sqrt{2}}{12}$$

Así, ciertamente, pueden existir tres islas dominadas por una cuarta, ¡situada en el espacio! La Thule, isla misteriosa, no es de este mundo. En realidad, Sebottendorff no había adoptado por sí miss ese nombre, en realidad fue, como lo señala René Alleau en su lil *Hitler et les sociétés secrètes* (Hitler y las sociedades secretas), miembro de la Orden de los Germanos llamado Walter Nauhaus, discípulo del profesor Wacherlé. El vocablo lo sedujo por esa evocaci de las regiones polares donde, antes de que se modificara el eje de rotación terrestre, reinaba una eterna primavera. Allí vivían los hiperbóreos, esos «hombres transparentes», de los autores antiguos que hablaron de Thule, definición que demuestra que no se trataba de humanos reales. «Más allá de la espesas nieblas que impiden el acceso..., en esa isla Afortunada reinaba un grato calor al que se aclimataba perfectamente una vegetación verdeante. Las mujeres eran de una belleza inefable. Las que habían nacido en quinto lugar en cada familia detentaban el don extraordinario de la clarividencia.» Por una causa ignorada, un cataclismo la hizo desaparecer hace más de seis mil años. Es evidente que la palabra Groenlandia significa tierra verde, lo cual tiende a recordar que esta región no fue siempre lo que es actualmente. Sin embargo, detrás del nombre de Thule, Sebottendorff leía también otro vocablo, el de Thalé, un lugar de la región del Harz donde, el 2 de marzo de 19 14, se habían reunido todas las cofradías racistas alemanas...

Ahora bien, Harz es un macizo cristalino de Alemania Occidental, situado entre el Leine (pasando Hannover) y el Saale (pasando a Jena). Ese macizo culmina en el Brocken (1.142 m). En las leyendas alemanas, el Brocken es el lugar de reunión de las brujas cada primero de mayo, durante la célebre *noche de*

Walpurgis. Ese nombre procede paradójicamente de santa Walpurgia, famosa religiosa inglesa que fue abadesa de Heidenheim en Bade-Wurtemberg, y cuyo aniversario luctuoso se celebra justamente el primero de mayo.

Desde luego, fue en recuerdo de esa noche de sublevación espiritual y de elaboración de maleficios por las brujas en sus calderos mágicos, por lo que los pangermanistas neopaganos eligieron Thalé, en el Harz. Ese día primero de mayo era también la fecha en que los francos organizaban su campo de mayo, cuarenta días después del equinoccio de primavera, antes de partir para una nueva expedición guerrera. Era igualmente un día consagrado al culto de *Freyja,* diosa de la fecundidad y del amor, cierto, pero también de la libertad. Y el aquelarre de la brujería era también una «liberación de los instintos». Finalmente, allí eran los fuegos de Beltrán de los celtas.

Ese mismo día primero de mayo fue elegido por el nuevo gobierno de Vichy como fiesta nacional, en vez del 14 de julio, porque era la fiesta de Philippe Pétain, pero regresemos a la Thule.

Sebottendorff pasó rápidamente a la acción en el seno de esta secta. François Ribadeau-Dumas nos informa en su libro *Hitler et Ia sorcellerie* (Hitler y la brujería) que los miembros tuvieron que oír las conferencias del escritor Gottfried Feder del editor pangermanista Lehmann (¡que sin duda tenía ancestros judíos!), y que Walter Neuhaus animó un «Círculo para la promoción de la civilización norgermánica». Johann Herign dirigía los estudios del antiguo derecho germano y regularmente aparecía una revista, la *Rote Hand* (La mano roja). Thule alimentó las cajas de la Bürgerwehr, milicia nacionalista que participó con los cuerpos francos *Oberland en* diversos sabotajes.

Karl Haushofer, geopolítico nacido en 1869 que se suicidó con su esposa el 14 de marzo de 1946, había tenido un hijo que participó la tentativa de atentado contra Hitler el 20 de julio de 1944 y que fue ejecutado por ello. Haushofer formaba parte primera del Vril, otra sociedad secreta ferozmente anticristiana donde se practicaban, según nuestras propias investigaciones, técnicas tántricas heredadas dire tamente de los *bonpos,* tibetanos llamados aún *Gorros negros,* opuestos a los *Gorros amarillos* del budismo tradicional. (Entre ellos se sitúan los *Gorros rojos,* a medio camino, espiritualmente, de los dos.) Los *bonpos* practican un chamanismo mezclado con tantrismo, con ritos sexuales y sacrificios animales (antaño humanos), y su cruz gamada es sinistrógira, contrariamente a la de los Gorros amarillos que es dextrógira.

Karl Haushofer había comprometido al *Vril* desde 1926 en relaciones con los tibetanos de la «mano izquierda», los *bonpos* antes mencionados. En 1929 llegaron grupos a Alemania a crear templos en Berlín, Munich y Nuremberg.

Hitler debió de haber tenido contactos con su jefe, según Trevor Ravenscroft en su libro *La Lande du destin* (La lanza del destino). (Albin Michel ed., París, 1973). Al parecer, este autor (que fue oficial de comandos durante la Segunda Guerra Mundial) gozó de informaciones no divulgadas, por desgracia mezcladas en su libro con especulaciones teosóficas. Ante las previsiones alentadoras de esos lamas tibetanos, Himmler decidió constituir en el seno de la SS una nueva organización más, de la que hablaremos después: el *Ahnenerbe*.

Sin embargo, cuando llegaron las derrotas, no previstas por los lamas (un capítulo dirá más tarde cómo y por qué), Hitler, furioso, les aplicó el régimen alimentario de los campos de prisioneros de guerra. Y cuando las tropas soviéticas penetraron en los suburbios de Berlín y en esos templos particulares, descubrieron cuerpos desnudos, tendidos en varias filas, con un puñal clavado en el abdomen. ¿Suicidios o ejecuciones? El enigma sigue. Tal vez en realidad eran japoneses, miembros de la secta del «Dragón Verde», a la que pertenecía Haushofer desde hacía mucho tiempo, pues éste se suicidó en 1946 de esta manera, imitada del *hara-kiri* japonés.

Ahora bien, Karl Haushofer había comunicado a Sebottendorff sus intenciones al darle su apoyo:

«Tengo la intención de comprometer a la Thule en el combate mientras tenga yo el martillo de hierro (emblema de la autoridad). Yo he jurado sobre la svástica, ese signo que nos es sagrado, a fin de que tú lo oigas, oh, Sol Triunfante, y mantendré mi fidelidad para con usted. Téngame confianza como yo se la tengo a usted. Nuestro Dios es el padre del combate y su astucia es la del águila, símbolo de los arios. Por eso, para indicar la combustión espontánea del águila, se le representará en rojo. Ese es nuestro símbolo; el águila roja nos recuerda que debemos pasar por la muerte para poder revivir.»

Sin duda, Adolf Hitler jamás perteneció a la Thule, pero Rudolf Hess, que fue el primer secretario y ayudante de campo del Führer fue miembro asistente de Karl Haushofer. Más tarde, se convirtió en el suplente de Hitler en la dirección del partido nacionalsocialista. Es decir que a través de él el espíritu de la Thule siguió conduciendo todo el hitlerismo con las deidades negras del Tíbet chamanista por detrás.

Sin embargo, cuando algunos suponen que Rudolf Hess, miembro de la Thule, se entrevistó durante su llegada a Inglaterra con algunos miembros de la *Golden Dawn,* sociedad secreta mágica, cometen un error, pues esta sociedad ya no tenía grupos en actividad en Inglaterra en esa época, como tampoco en Alemania.

En efecto, detrás de la mística de la isla de Thule, detrás de un pangermanismo racista de combate, detrás de los viejos dioses de germanos, había otra cosa: había sectas tibetanas y su magia.

En una obra consagrada a la magia en París, y con un seudónimo, Maurice Magre recordó la acción de lamas llegados del Tíbet para actuar políticamente en Europa por medio de la magia tántrica. Ahora bien, antes de la guerra de 1938-1940 había conocido muy bien a Otto Rahn, joven intelectual alemán que había ido a Ariege a estudiar el catarismo, al menos ofcialmnente, pues veremos quién era en realidad Otto Rahn en un capítulo que le será enteramente consagrado. Miembro de los SA en esa época, subirá todos los escalones de la SS en el entorno inmediato de Himmler. Muy probablemente en conversaciones triviales, Rahn llegó a hablar a Maurice Magre de esos lamas tibetanos que habían llegado a Berlín, y Magre no entendió nada.

Por lo demás, de abril de 1938 a agosto de 1939, es decir durante dieciséis meses una misión nacionalsocialista se había quedado en el Tíbet bajo la dirección del doctor Ernst Shäfer y había realizado una película. Es evidente que esa película no fue más que una motivación oficial para los europeos occidentales, pues el motivo era muy distinto.

En efecto, esta misión había sido organizada por la *Ahnenerhe,* es decir por «la herencia de los ancestros», encargada de trabajos ultra secretos e integrada a la SS general en marzo de 1938 por el propio Himmler. Dependía de Karl (o Nat) Wolf, superior de Otto Rahn (véase capítulo consagrado a éste), y miembro del estado mayor p sonal de Himmler. Los miembros de ese estado mayor llevaban todos en la manga izquierda de su chaqueta el brazalete de tela significativo de ese cargo: negro bordado en plata.

Después de esto, siempre se nos podrá afirmar que esta misión en el Tíbet era de orden puramente «ziendívigo»... pues su regreso coincidió, en agosto de 1939, con la invasión de Polonia y el comienzo de la Segunda Guerra Mundial.

Observaremos que la Alemania nazi, tan ansiosa de buscar sus raíces arias en Asia, había pasado por alto enviar esas misiones a la India, donde el *Intelligence Service* inglés habría descubierto fácilmente los verdaderos motivos de semejante llegada. Además, la India tradicionalista sólo utiliza la cruz gamada dextrógira, y la de los nazis hubiera sido inmediatamente catalogada como signo de personas «de la mano izquierda». Conocemos el ostracismo de esa mano en el hinduismo; está reservada a los usos ruines de cualquier naturaleza.

Otro detalle va a coincidir con eso. Marqués-Rivière, que fue en Francia el jefe del servicio encargado de las sociedades secretas francesas (abandonó París en agosto de 1944 con una escolta de milicianos y fue condenado a muerte en rebeldía), había insertado un pasaje en su libro *Vers Bénarès la ville sainte* (Hacia Bemarés, la ciudad santa) (París, 1930, Ed. V. Attinger), donde se habla de la sociedad secreta asiática del *Toro Rojo* que agrupa a musulmanes de la India y a budistas tibetanos. Objetivo de esta secta mixta: la guerra santa contra los ingleses. Al averiguar, durante la liberación, en su domicilio del Quai-aux-Fleurs en París, la policía descubrió un *occultum* (oratorio-laboratorio de los ocultistas) cuyo simbolismo de magia negra no dejaba la menor duda sobre las orientaciones de Marquès-Rivière, sobre todo porque había publicado un ritual tántrico por el estilo en las Editions Véga: el *Yantra Chintainani.* En efecto, Marquès-Rivière había estado en la India provisto de algunas recomendaciones y se había entrevistado con personajes capaces de documentarlo, después de haberse hecho «reconocer», desde luego.

Por otra parte, en su libro sobre la leyenda del *Gesar de Ling (véa*se pág. 134), Alexandra David-Neel nos aporta algunas informaciones sobre las «ciudades subterráneas» del Agartha y de Kambalah, que infestaron algunos cerebros nazis. Aquí citamos a Alexandra David-Noel:

«¿Kambalah ha sido alguna vez el nombre de cuna ciudad o de una comarca? Es posible, pero no existe ninguna prueba. (...) Aquellos que —mucho menos numerosos de lo que algunos extranjeros parecen creer— hablan, en el Tíbet, de la hipotética Kambalah, la consideran una isla situada en alguna parte en el norte... (...) Tres brujos *bon-nag* a quienes tuve ocasión de hacer un favor en el curso de un viaje y que acamparon algunas semanas cerca de mis tiendas de campaña, me dijeron que sus correligionarios se transmiten oralmente antiguas tradiciones concernientes a una tierra de la quietud, situada en el norte. Tal vez podríamos buscar el origen de Kambalah en el folclore de los *bon* autóctonos del Tíbet. Por otra parte, el origen de la creencia en Kambalah en el Tíbet, puede explicarse de manera muy sencilla. Los hindúes hablaban antaño de una "tierra de la eterna beatitud" que llamaban Utara Kuru: "el país septentrional de los kurus".»

También allí encontramos la influencia de las tradiciones asiáticas y sobre todo tibetanas en la mitología particular creada entre los nazis por la Thule y sus doctrinarios, concerniente a una misteriosa Hiperbórea.

Concluido este preámbulo necesario para determinar los lazos entre el hitlerismo alemán y algunas sectas de Asia Central, vamos ahora a toparnos con un personaje importante.

En 1918, la Thule se componía en Baviera de unos mil quinientos miembros. Entre ellos un tal Dietrich Eckart, nacido en 1868, muerto en 1923. Hijo de un magistrado, amante de la buena vida, hombre de mundo aceptado tanto en la nobleza como en la alta burguesía gracias a los miembros de la Thule de esos círculos, fue el alma oculta de ésta. Primero periodista, crítico dramático, fácilmente se convirtió en autor de éxito al ser interpretado en 1906 en el Teatro Real de Berlín.

Amigo de Sebottendorff, publicó en Munich en diciembre de 1918 un semanario: *Auf gut Deutsch* (En buen alemán), del que tiró veinticinco mil ejemplares que distribuyó ampliamente. Ese semanario atacaba a los responsables del armisticio de 1918, los traidores del interior, los que sacaron provecho de la guerra y desde luego, en primer lugar a los judíos. Según él, la ley debía castigar con tres años de cárcel a todo judío que hubiera mancillado a alguna alemana con matrimonio y en caso de reincidencia, con la pena de muerte.

Cuando conoció a Adolf Hitler, lo tomó en sus manos y le enseñó muchas cosas, ajenas al ex cabo: cómo hablar, cómo desarrollar la confianza en sí y sobre todo cómo desarrollar sus facultades supranormales. Esto tal vez lo debía a los métodos divulgados por Sebottendorff, pero sin duda hubo otra cosa. Hitler le expresó su agradecimiento y le dedicó un largo pasaje de *Mein Kampf*: «A los dieciséis héroes a los cuales dediqué el primer volumen de esta obra deseo, al terminar el segundo, ponerlos como ejemplo a los partidarios y a los paladines de nuestra doctrina, como héroes que, con plena conciencia, se sacrificaron por todos. (...) Y quiero incluir entre ellos, como uno de los mejores, al hombre que consagró su vida a despertar a su pueblo, a nuestro pueblo, por la poesía y por el pensamiento y finalmente por la acción: Dietrich Eckart...».

No es poco homenaje. Como vemos, Hitler considera no deber nada a Sebottendorff; por tanto no fueron los ejercicios psíquicos impartidos en su obra *Pratique opérative de l'ancienne francmaçonnerie turque* (Práctica operativa de la antigua masonería turca) los que desarrollaron la mediumnidad en el Führer.

Ahora bien, en diciembre de 1923, en Munich, Dietrich Eckart, antes de comenzar a agonizar, hizo una oración muy personal ante un meteorito negro del que decía: «Es mi piedra de Kaaba...» Piedra que le legó a uno de los creadores de la astronáutica, el profesor Oberth. Y si regresamos a esos pasajes de la obra de Marquè-Rivière, *Vers Bénarés la ville sainte* (citada anteriormente), comprobaremos que esos personajes, que se entrevistarán con uno de los jefes del *Toro Rojo,* mencionan en algún momento su trayecto hacia la Kaaba, la piedra negra de La Meca.

Sin embargo, no era bajo este ángulo como Dietrich Eckart consideraba esta piedra negra a la que rezaba como a algo vivo cuando se encontraba a las puertas de la muerte. Y esto amerita que hablemos sobre el carácter demoníaco de los ritos de los nazis.

En el *Talmud* se da el nombre de «flechas de Lilith» a pequeños meteoritos tetraédicos y de color negro, siendo Lilith, en la tradición de la cábala, la hermana y la compañera de Samael, el Satán hebraico. Lilith significa «la noche». Es evidente que el meteorito de Dietrich Eckart era para él una «flecha de Lilith». Ahora bien, cabalísticamente, Lilith compañera de Samael es la antítesis de la *Shékinah,* la «Presencia Divina», análoga a la *Sofía* de los gnósticos, la *Sabiduría* de las Escrituras. Concluyamos de lo anterior que Dietrich Eckart entraba en la categoría de los satanistas conscientes, él que participó el 9 de noviembre de 1923, al lado de Adolf Hitler, en la tentativa de golpe de Estado en Munich.

¿De dónde venía esa piedra negra? Según sus tradiciones, los mongoles poseían desde Gengis Kan una piedra negra talismánica que los antiguos bogdo kans utilizaban para interrogar el futuro. En su cara, durante una contemplación ritual, aparecían inscripciones e tibetano que bastaba con traducir. En la época del zar Alejandro I y de la célebre baronesa de Krüdner, su consejera, es decir durante nuestro Primer Imperio, la piedra negra de Gengis Kan estaba aún en manos del Buda vivo, en aquel entonces un hombre muy joven, que interrogó a la piedra negra para el zar Alejandro y le reveló su destino trágico. A partir de esa época, la piedra negra desapareció. ¿Era la que tenía Dietrich Eckart? Pero regresemos a sus últimos instantes.

En ese lecho de muerte, Dietrich Eckart tenía a su lado a Karl Haushofer, geopolítico, el cual, durante sus viajes por Asia, había formado parte de una secta japonesa heterodoxa donde había sido «iniciado», pero que, sobre todo, había pasado una larga temporada en el Tíbet, ayudado por esa iniciación japonesa a un budismo heterodoxo. Allí Haushofer había aprendido muchas cosas, y desde luego no entre los Gorros Amarillos de cruz gamada dextrógira, sino entre los Gorros Rojos, tal vez los Gorros Negros bonpos, ambos utilizadores de la cruz gamada sinistrógira.

Finalmente estaba allí también Alfred Rosenberg, el doctrinario del nazismo. Y las últimas palabras de Dietrich Eckart fueron:

«Sigan a Hitler. ¡Bailará! Pero fui yo quien escribió la música. Nosotros le dimos los medios de comunicarse con Ellos. No me extrañen; habré influido en la historia más que cualquier alemán...» (Citado por André Brissaud: *Hitler et l'Ordre noir* (Hitler y la Orden negra) (Ed. Perrin, 1969.)

¿Qué quiere decir Eckart con esta frase: «Nosotros le dimos los medios para comunicarse con Ellos...? ¿Se trata de tibetanos, es decir, de seres de carne y hueso o de entidades pertenecientes al plano supranormal, ese mundo de dos dimensiones que interpenetra nuestro mundo de tres dimensiones, el astral de los ocultistas? La realidad de esas entidades es indiscutible; la afirman todas las religiones: judaísmo, cristinanismo, islamismo, budismo, hinduismo. Y los fenómenos de posesión controlados han revelado la existencia de un lenguaje particular de esas entidades, que desde John Dee (1527-1608) y sus evocaciones en Praga en el palacio del emperador Rodolphe, se llama la lengua enoquiana, (véase al respecto la obra de Mëric Causabon: *Relation fidèle et véridique de ce qui s'est passé durant de longues années entre John Dee el quelques Esprits* (Relación fiel y verídica de lo que sucedió durante largos años entre John Dee y algunos espíritus.) John Dee había sido con anterioridad el mago de la reina Isabel (1533-1603), y tal vez un amante platónico de ella según G. Meyrink *(cf. L 'Ange à la fenêtre d 'Occident* [El ángel en la ventana de Occidente]).

Haushofer se suicidará con su mujer el 14 de marzo de 1946, tras haberse enterado por fin de la ejecución de su hijo Albrecht, comprometido con otros oficiales en el atentado malogrado contra Hitler el 20 de julio de 1944. Para ello, tras haber matado a Martha su esposa, Haushofer se hizo el *hara-kiri* según el rito japonés. Ante su cadáver, se encontró un poema manuscrito, escrito por su hijo antes de su ejecución, y que le entregaron no se sabe cómo. Ese poema dice mucho sobre las actividades de su padre, que él conocía; ésta es su traducción:

Una leyenda profunda de Oriente
nos infòrma que los espíritus del mal
están cautivos en la noche marina,
sellados por la mano prudente de Dios,

hasta que la suerte, una vez cada milenio,
otorgue a un solo pecador el poder
de romper las cadenas de los prisioneros
si no devuelve innmediatamente su botín al mar.

En el caso de mi padre, el destino había hablado.
Su voluntad tenía antaño la fuerza
de devolver al Demonio a su prisión.

Mi padre rompió el sello,
no sintió el aliento del maligno,
soltó al Demonio en el mundo.

Reconocemos allí una vieja leyenda procedente de las tradiciones relativas al rey Salomón, el cual encierra a un mal genio en una tinaja precintada con su sello. Un pescador trae consigo la tinaja en su red rompe imprudentemente el sello y un humo que escapa se transforma, rápidamente en un monstruoso demonio.

Inconscientemente, el Sello de Salomón, la estrella de seis picos emblema de Israel, no podía más que oponerse a la cruz gamada de la Thule antisemita. Y como lo hemos informado en *Le Secret de Bonaparte* (El secreto de Bonaparte), fue el hérem judaico el que triunfó sobre el hitlerismo.

Sea lo que fuere, y para concluir, no hay duda de que los hitlerianos establecieron contactos estrechos y serios con la India y el Tíbet.

En la India, como sabernos, el Congreso que dirigía Gandhi hacía la guerra de independencia contra los ingleses. En agosto de 1942 uno de los jefes extremistas de ese Congreso llamado Subhas Chandra Bose y que había llegado a Berlín desde 1941, fundaba un «ejército nacional indio» con voluntarios reclutados entre los prisionero de guerra capturados por los japoneses, en aquel entonces en las puertas de la India. Existe una fotografía de dos de esos voluntarios colocando alambre de púas en el frente del este en octubre de 1944 bajo el mando de un soldado de la Wehrmacht.

Aquí concordamos con lo que decía Marquès-Rivière citado antes.

Emblema y símbolos de la Thule.

Se observará que Hitler no conservó la svástica en su posición normal, es decir como una cruz de brazos verticales. Intencionalmente, la torció a un lado para hacer recordar simbólica y discretamente cierta actitud de Shiva, dios hindú de la destrucción, al que se representa bailando en la rueda de las existencias y de los mundos. Y esto se lo aconsejaron sus intructores secretos Karl Haushofer y Dietrich Eckart, quienes estaban en contacto con tántricos de la India y del Tíbet. Y Shiva es el adversario de Vishnú, el dios conservador de la vida. De él procede la svástica dextrógira.

Por otra parte, sería en 1906, en el Tíbet, donde Karl Haushofer sería instruido sobre la leyenda relativa a las simbólicas ciudades subterráneas de Agartha y Kambalah, leyenda que trastornaría a bastantes cerebros simplistas entre los SS allegados a Himmler lo que confirma esa estadía de Haushofer en el Tíbet, es que volvemos a encontrarlo al lado de Georges Ivanovich Gurdjieff en el «país de las nieves» en 1903 y luego de nuevo de 1905 a 1907. (Cf. André Brissaud: *Hitler et l'Ordre noir* [Hitler y la Orden negra]).

Sin embargo, debemos citar aquí la opinión opuesta de Alexandra David-Néel; para ella no se trataba de *Gurdjieff, sino* de un lama buriato llamado *Dordjieff* (Cf. *Nouvelles Littéraires, 22* de abril de 1954). Ese lama es citado por K. M. Panikkar en su obra *L'Asie et la domination occidentale* (Asia y la dominación Occidental), citando a Bell: *Biography of the Dalai Lama* (Biografia del Dalai Lama). Sin embargo el propio Gurdjieff confirmó esta identidad. El capitán A. Abdula declaró: «Coincidí con Gurdjieff en Nueva York unos treinta años después en una cena en casa de un amigo común, John O'Hara, ex director del *New York World. Yo* estaba convencido de que él era el "lama Dordjieff". Se lo dije y él me guiñó el ojo. Hablamos en tadjik». (Cf. Louis Pauwels: *Monsieur Gurdjieff,* Ed. De Seuil, París, pág. 59).

Por otra parte, Jacques Bergier confirmó en la radio sus declaraciones concernientes a las relaciones que habrían existido entre Gurdjieff y la Thule. Y afirmó haber encontrado en el campo de reclusión de Mauthausen a oficiales alemanes comprometidos en el complot contra Hitler y que iban a ser ejecutados. Según él, esos oficiales le «hablaron de Gurdjieff» (Cf. la revista *Médium,* número de mayo de 1954.)

Personalmente pensamos que, tomando en cuenta las diferencias de pronunciación entre los dialectos regionales del Tíbet, no hay ninguna imposibilidad de que *Gurdjieff y Dordjieff sean* las denominaciones de un mismo individuo. La opinión contraria de Alexandra David-Néel tal vez tenga una motivación que ignorarnos. Aquélla a quien el doctor A. Rouhier (a cuya casa ella asistía en la calle Madame número 41 cada vez que pasaba por París) llamaba la «vieja astuta», jamás lo dijo todo sobre sus actividades. Era miembro de la Unión Racionalista y no dudaba en «adornar» sus recuerdos. De esta manera, su libro *Magie d 'amour et Magie noire au Tibet* [Magia de amor y magia negra en el Tíbet] (Plon éditeur) es una obra de pura imaginación, como ella lo dice en sus cartas a su marido (cf. *Journal de voyage* [Diario de viaje], Plon éditeur).

Otros títulos de HISTORIA enigmas

Claves secretas de la Historia

Robert Goodman

¿Qué sociedades secretas auspician las decisiones de los líderes políticos mundiales para dominar el mundo?
A lo largo de la historia, el destino de la humanidad ha estado siempre en manos de unos pocos, una elite política que en la mayoría de los casos ha formado parte de alguna sociedad secreta, rosacruces, templarios, masones, Illuminati...; logias que, desde la sombra, han logrado ejercer una influencia crítica sobre las decisiones de los principales líderes mundiales. *Claves secretas de la Historia* disecciona la historia universal para poner al descubierto los ocultos intereses políticos y económicos de carácter internacional que han guiado el destino de la humanidad hasta convertirse en los desencadenantes de las últimas grandes tragedias humanas.

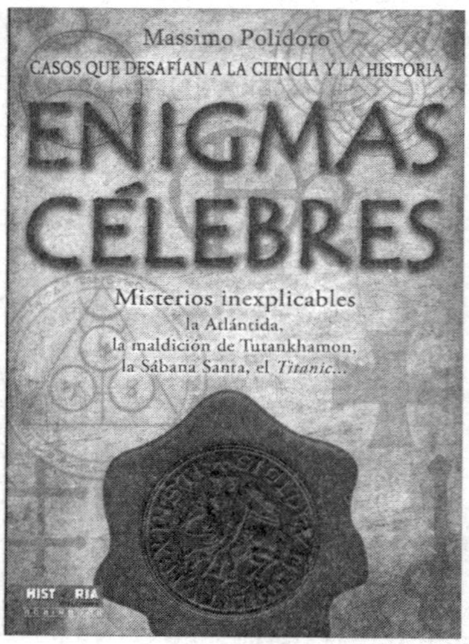

Enigmas célebres

Massimo Polidoro

Nuevos descubrimientos que revelan aspectos desconocidos sobre los más célebres e inexplicables enigmas y misterios de la historia
Este inquietante libro nos sumerge en la cara oculta de misterios históricos tan controvertidos como el de la Atlántida, la maldición de Tutankhamon, las señales en los campos de cereales, el monstruo del lago Ness, el hundimiento del *Titanic*, el triángulo de las Bermudas y otros muchos. El autor realiza una profunda investigación científica sobre los enigmas más célebres de todos los tiempos, valora lo que hay de verdad y leyenda y lo cuenta de un modo seductor y lleno de suspense... En definitiva, un cautivador viaje entre auténticos fraudes, verdaderos misterios y deslumbrantes hallazgos que han vuelto a poner en tela de juicio muchas respuestas a hechos que ya parecían resueltos.